Yo te adoro
y tú me lastimas

Los hombres que hieren
sistemáticamente
a las mujeres

Roberto Navarro

EDITORIAL
PAX
MÉXICO

EL LIBRO MUERE CUANDO LO FOTOCOPIAN

COORDINACIÓN EDITORIAL: Matilde Schoenfeld
CUIDADO DE EDICIÓN: Sagrario Nava
PORTADA: Trazo Magenta/Kathia Recio
ILUSTRACIONES: Roberto Navarro

© 2008 Editorial Pax México, Librería Carlos Cesarman, S.A.
Av. Cuauhtémoc 1430
Col. Santa Cruz Atoyac
México DF 03310
Teléfono: 5605 7677
Fax: 5605 7600
editorialpax@editorialpax.com
www.editorialpax.com

Primera edición
ISBN 978-968-860-854-8
Reservados todos los derechos
Impreso en México / *Printed in Mexico*

Índice

En este libro describo los crecientes avances del narcisismo, que en nuestro país va adoptando nuevas formas. También propongo eficaces técnicas psicológicas para que usted –hombre o mujer– integre su personalidad de manera armoniosa y desarrolle al máximo sus facultades físicas, mentales y espirituales.

Apoyo y complemento a otra de mis obras: *Cuando amo demasiado*, publicada por Editorial Pax México, y muy apreciada por las personas interesadas en su superación personal, así como por los estudiantes y profesionales de la salud (psicólogos, médicos, maestros, psicoterapeutas, etcétera).

En nuestro país, las mujeres consentidoras crían hijos egoístas –machistas y narcisistas– que solamente buscan su propio placer y los aplausos de todos, a pesar de que ya son mayores de edad.

En la democracia mexicana, que no acaba de cuajar, tenemos cuatro poderes: el legislativo, el ejecutivo, el judicial y la televisión. Los medios de difusión nos impulsan al consumo masivo de productos y exhiben a los individuos como si fueran mercancías desechables. Propagan un cúmulo de mensajes engañosos, como las falsas promesas de los políticosególatras, los alimentos chatarra y las dietas milagrosas.

Los que vivimos en sociedades consumistas, tan agresivas y competitivas, experimentamos frecuentes cambios y padecemos estrés, soledad y angustia. A menudo se nos dificulta confiar en las demás personas.

Para muchos mexicanos, el principal propósito de la vida consiste en dar a los demás una buena imagen; se afanan por mejorar su apariencia y se convierten en una especie de productos decorativos, en lugar de realizar actividades que valen la pena, amar con pasión y compromiso, encontrar fuerza dentro de ellos mismos y ayudar a los que menos tienen.

Según Fromm, el dilema mundial –en la segunda mitad del siglo pasado– consistía en *ser, en lugar de tener*; es decir elegir el desarrollo personal en lugar de acumular posesiones inútiles, de acuerdo con el conocido dicho: "Vales cuanto tienes". En mi opinión, los mexicanos de hoy nos enfrentamos a otro dilema de gran importancia: *Ser, en lugar de aparentar ser.*

No es lo mismo presumir que producir. Ante nosotros mismos y frente la comunidad internacional, nos conviene dedicarnos a la búsqueda del propio yo, superando el narcisismo y el machismo ancestral, y luchando por eliminar las mentiras y las falsas apariencias, lo mismo que la improductividad y la violencia familiar y social.

Como individuos, podemos elegir hacernos cargo de nosotros mismos, desarrollar nuestras potencialidades, aprovechar las oportunidades y dejarnos guiar por los mejores pensamientos y sentimientos. Las personas que se dedican a esto, viven más felices, porque tienen contacto con los aspectos fundamentales de su propia existencia y experimentan amor, amistad y compañía, lo mismo que soledad y finitud. Además, son capaces de formar parejas estables que educan a sus hijos con cariño y libertad.

El machismo narcisista es una gravísima plaga emocional que afecta a muchos hogares mexicanos y a la sociedad en general. Sus causas principales son las mentiras y la violencia; estos dos factores, a su vez, originan más engaños y renovada violencia, en un círculo vicioso que nunca parece terminar. Como todos sabemos, las personas que se identifican con su ego narcisista prepotente, abusan de los demás y se comportan de manera falsa, arbitraria y destructiva.

En nuestro país ya se penaliza la violencia familiar, el acoso sexual, el maltrato a menores y las violaciones. Sin embargo, es una urgente prioridad nacional transformar las familias y los sistemas educativos, laborales y económicos, para no continuar enfrentando a los hombres y a las mujeres con actitudes sexistas neuróticas tan fuera de época.

Los narcisistas buscan inútilmente su alma (su propio ser y su vida emocional interior), primero en sus madres y en sus padres; luego en sus parejas; después en la ropa y rodeándose de toda clase de objetos; buscan los aplausos y la fama de manera compulsiva, y muchos de ellos recurren a cirugías plásticas que no vienen al caso. Mantienen la ilusión infantil de que son divinos y su misión en la vida consiste solamente en lucir –y conservar intacta– la grandiosa y bella fachada de su *ego*. No son capaces de apreciar la existencia de los demás (en particular la de su pareja y sus hijos) como ajena y separada de la suya, con motivaciones propias y con el derecho a decidir lo que a ellos más les convenga.

Muchos jóvenes mexicanos desarrollan una identidad muy a flor de piel, debido a que no reconocen su sensibilidad ni se esfuerzan por cultivar y aprovechar sus grandes talentos. Se dedican a copiar la apariencia de los actores y actrices de cine y de otros personajes famosos, con el fin de obtener los halagos y la admiración de las demás personas. Evaden la conciencia emocional de sí mismos, mientras que se dedican a impresionar a los demás y a fabricar diálogos y fantasías absurdas dentro de su cabeza. Se consideran perfectos, bellos y adorables, como les hizo creer su madre cuando eran niños, y se empeñan en que los demás los halaguen y les den trato especial, a pesar de que ellos no ponen gran cosa de su parte. Uno de los principales dogmas machistas es que las mujeres son seres inferiores que deben caer rendidas a los pies del galán narcisista conquistador.

Los narcisistas arrastran graves inseguridades, miedos y vacíos emocionales; por debajo de sus grandiosas fachadas y sus juegos de poder, les atormenta el temor de ser comunes y corrientes, e incluso menos que eso. Son poco productivos, se deprimen y padecen toda clase de malestares psicosomáticos; recurren al alcohol, las drogas, el activismo, las conductas riesgosas y a toda clase de evasiones para llenarse de adrenalina y sentirse acelerados.

Para cualquier hombre o mujer, un *ego* prepotente y mentiroso, acompañado de una imagen falsa y fragmentada de sí mismo, es el mayor obstáculo en la vida cotidiana y en las relaciones con los demás. Por el contrario, las personas que desarrollaron su verdadero ser se consideran valiosos, únicos y distintos a los demás; son productivos en lo que hacen, y también se apegan a algunas personas con lazos afectivos muy profundos y duraderos.

Desde luego que no todos los mexicanos son machistas ni narcisistas, sino que hay muchos que sobresalen, incluso a nivel internacional, por su talento, su laboriosidad, sus logros, su gran sensibilidad y su humanitarismo.

En estas páginas describo la personalidad neurótica de los narcisistas y machistas, con su destructividad, sus mentiras y su improductividad social. Otros temas relacionados son las madres sufridas y complacientes, tan posesivas, que los "chiquean" y los adoctrinan para que se comporten así, y las mujeres, tan parecidas a esas madres, que ellos prefieren como parejas.

Aplico los principios y las técnicas de la psicoterapia corporal Psicoenergética para superar el narcisismo, integrar el propio yo y desarrollar los sentimientos, la intuición y el talento creativo de las personas interesadas. También propongo maneras más constructivas de relacionarnos con nosotros mismos y con las otras personas que nos rodean.

Los hombres y las mujeres con personalidad bien integrada generan en su interior sentimientos de valía y paz; también disfrutan del debido amor propio. Todo esto constituye un núcleo muy estable de identidad que nadie ni nada les puede quitar (su *verdadero ser* o *propio yo*). Es la gran herencia que algunas madres y padres dejaron a sus hijos e hijas; el resultado de un amor profundo, coherente e inteligente, incluyendo los debidos límites, que les permitió madurar y llegar a ser libres y responsables.

Por el contrario, los amores maternales y paternales depresivos, consentidores, resentidos y manipuladores obtienen resultados muy negativos. Los niños y las niñas aparentan ser toda clase de cosas para complacer a sus padres, pero arrastran vacíos, miedos e inseguridades internas. No supieron a qué atenerse con sus propias madres y padres, por lo que tampoco se atreven a confiar en las intenciones de las demás personas.

En este libro utilizo de preferencia términos masculinos, porque la gran mayoría de las personas narcisistas son hombres. Sin embargo, hay mujeres narcisistas, como las frías y calculadoras que utilizan su atractivo físico para manipular a los demás y obtener ventajas indebidas. También están de moda las mujeres anoréxicas y bulímicas, obsesionadas por su belleza, que se la pasan viéndose en el espejo y muriéndose de hambre. A ratos se sienten soñadas y otras veces se creen horribles.

Espero y deseo que los hombres y las mujeres jóvenes de México sean capaces de elegir su propio destino, evitando el machismo y el narcisismo, para que no desperdicien su vida como neuróticos solitarios, depresivos, egoístas y resentidos, como lo fueron algunos de sus familiares.

Para lograr este ideal resulta indispensable crear nuevas sociedades, distintas de las actuales consumistas-televisivas: mucho más humanizadas e igualitarias, que eleven los niveles de empleo y sepan valorar la solidaridad más que el dinero y la cultura educativa más que los espectáculos, los hechos de violencia y la propaganda comercial.

Dedico este libro a mi esposa Mercedes y a mis hijos Alejandra y Roberto.

CAPÍTULO 1

El machismo
y el narcisismo

Desde la niñez adquirimos un conocimiento inicial de los papeles sociales que nos asignan según el sexo. A las niñas les dan muñecas, cocinas de juguete, adornos, etcétera. Sus padres les dicen que deben ser dulces, buenas y limpias. Por el contrario, los juegos de los niños incluyen competencias físicas que imitan las actividades primitivas de la guerra y la caza, en las que la fuerza y la agilidad son necesarias para sobrevivir. Los mayores aprenden a menospreciar a las niñas, por ser más débiles, y también se burlan de sus compañeros menos impulsivos, a los que consideran afeminados.

En contraste con esos juegos infantiles, en la actualidad tenemos computadoras con Internet y juegos electrónicos que no distinguen géneros. La vida del siglo XXI ofrece a muchos jóvenes, mujeres y hombres, nuevas oportunidades para su desarrollo intelectual, emocional y personal, junto con mayor libertad y flexibilidad en su comportamiento social y laboral, lo mismo que en sus diversiones.

Sin embargo, el machismo narcisista sigue vivo en nuestro país como injusta realidad cotidiana. Tomando como pretexto el sexo anatómico con el que nacimos, a las mujeres y los hombres nos encasillan en campos opuestos dentro de la familia, en las profesiones y en muchas actividades. Pocas veces nos podemos relacionar en un plano humano de respeto mutuo, con igualdad de derechos. Esto limita el pleno desarrollo de cada uno de nosotros como personas bien integradas.

Según Progrebin, los estereotipos sexuales que prevalecen en nuestra sociedad transmiten a la infancia dos mensajes: 1. Los niños son mejores y más fuertes, y 2. Las niñas nacieron para ser madres. En general, se motiva a los niños para competir y sobresalir; sin embargo, la mayoría de los hombres no logran alcanzar el éxito que soñaban, sino que descargan sus frustraciones sometiendo a las mujeres.

Por su parte, las mujeres no pueden procrear sin atraer a los hombres. Esto les genera graves preocupaciones acerca de su belleza física y su atractivo sexual; se dedican a mejorar su apariencia externa, aunque se sienten avergonzadas y vacías porque no pueden cultivar sus aspectos más profundos.

Para muchas de ellas, su autoestima depende del éxito de su pareja, y no tanto de sus propios logros personales. Son pocas las que completan estudios universitarios y profesionales. Rodin observa que el concurso de belleza femenina cosmética se está comercializando cada vez más.

Willis pregunta: ¿De qué manera se presiona a las mujeres para que adopten un rol pasivo y dependiente? A lo que responde: 1. Les prometen la recompensa de disfrutar gran estabilidad y tener pocas responsabilidades si se dedican al cuidado del hogar, 2. Las instruyen para que sólo se desenvuelvan como esposas y como madres, y 3. Las enseñan a evitar las presiones y competencias del mundo exterior agresivo (masculino), bajo el pretexto de que no están equipadas ni preparadas para eso.

¿Qué es el machismo?

El machismo mexicano tiene sus raíces en la época de la Conquista, el destructivo choque entre la cultura española y las culturas indígenas (Santiago Ramírez). El mestizaje se originó, casi en su totalidad, por uniones entre hombres españoles y mujeres indígenas. Las mujeres indígenas (como *la Malinche*) fueron incorporadas de manera forzada a una cultura muy distinta, para la cual no estaban preparadas. Fueron poco más que sirvientas, esclavas y posesiones de los conquistadores.

Según Tibón (vea *Ulloa*), el concepto del *nuevo macho mexicano* se remonta al gachupín conquistador y a la india consentidora. Mientras que el padre español trataba a su hijo con gritos e insultos, la madre indígena tendía a protegerlo y consentirlo de pequeño, para después chantajearlo de grande.

Los mestizos, productos de esas uniones, rechazaban a su padre (conquistador, prepotente, agresor y violador) y sentían intenso afecto hacia la madre. Pero se veían obligados a demostrar continuamente que ellos también *eran muy hombres*, como su progenitor. Imitaban el predominio social, la capacidad de conquista y la hombría del padre, exagerando lo masculino. La debilidad, el sometimiento y la devaluación social correspondían a las mujeres; se esperaba que ellas fueran las que se sacrificaran por sus hijos y su pareja.

Más adelante, en la época de las haciendas, tan extensas e importantes en nuestro país, se estableció una separación estricta de las actividades masculinas y femeninas; las mujeres estuvieron subordinadas a los hombres; esto sigue sucediendo en las comunidades indígenas, en las poblaciones rurales del país y en las familias tradicionales de las ciudades.

La imagen idealizada del *nuevo macho mexicano* tuvo su furor en las décadas de los cincuenta y sesenta con ídolos como Pedro Infante y Jorge Negrete, actores versátiles, cantadores, dicharacheros, jugadores y conquistadores.

En las películas que legaron a otras generaciones, el protagonista es un hombre (charro o citadino) machista, valentón, parrandero, jugador y rodeado de una multitud de mujeres sumisas que caen rendidas a sus pies. Otro tema favorito fueron las rumberas y cabareteras –con corazón de oro– explotadas y maltratadas por sus desalmados *chulos*.

Por tradición, a los varones mexicanos se les propone el ideal de machos conquistadores y abusivos. Quienes lo adoptan exageran su hostilidad, dureza e intransigencia frente a los demás hombres. En sus relaciones con las mujeres, exhiben extrema prepotencia sexual y agresividad. Son presumidos, orgullosos y se creen mucho; se supone que todo lo pueden y nada se les atora.

Al contrario, se presiona a las mujeres para que adopten el conocido papel de *sufridas*. Los padres moldean a las niñas para la sumisión, la dependencia, el conformismo, la timidez y escasa iniciativa. Algunas variantes mexicanas (todas denigrantes) de la mujer sufrida incluyen a la *abnegada*, la *abandonada*, la *fregada*, la *arrastrada*, la *malquerida*, la *jodida* y la *chingada*.

En *El laberinto de la soledad*, Octavio Paz advierte que, en México, la *chingada*, la hendida, la violentamente penetrada, es la madre. El agresor, el que hiende, el que abruptamente, sin recato, penetra en la intimidad sexual femenina, el que chinga –el *chingón*– es el padre.

Algunos *albures* sugieren que el macho puede tener relaciones con el hombre del que se burla, tratándolo como si fuera mujer. De los peores insultos hacia un hombre es decirle que es *vieja*. Además, los jefes le dicen *hijo* al subordinado, implicando que tuvieron relaciones sexuales con su madre.

A lo largo de la historia, las estructuras de poder civil y religioso han propuesto el dogma de la supremacía masculina. Las mujeres mexicanas reciben este mensaje de sus padres, maestros y familiares; más adelante, sus parejas (en su mayoría hombres machistas) se encargan de que ellas continúen sometidas de las maneras más opresivas. En el fondo del problema encontramos un profundo sentimiento de inseguridad y minusvalía femenina.

Las madres entrenan a sus hijas para que vean a su padre (o padrastro) como el centro de atención y se sometan, lo mimen y obedezcan sin protestar. Deben quererlo a pesar de todo, porque son sus *buenas hijas*. Santiago Ramírez advierte que el macho ve a las mujeres a través de una dicotomía: hay algunas que son malvadas e infieles, mientras que otras son buenas, *santas y virgencitas*, como también deberían ser sus hijas.

Aunque el machismo existe en todos los países, tiene gran incidencia en nuestro país. Elmendorf opina que, entre los países de Latinoamérica, México es el más afectado por el síndrome del machismo. En algunos países, denominan "marianitas" a las mujeres sufridas porque imitan a la Madre del Crucificado.

En los estratos privilegiados, los padres mandan a sus hijas a los colegios católicos tradicionales; allí, a cambio de elevadas colegiaturas, las indoctrinan en el *sagrado deber de olvidarse a sí mismas para ser felices*. A ellas les corresponde mantener la familia unida mediante su paciente dulzura, su abnegación y sus sacrificios. Si se comportan de manera recatada y sumisa, encontrarán pareja, con mayor facilidad, entre los jóvenes narcisistas de esos niveles sociales.

Una fuerte tendencia cultural impulsa a los jóvenes, en particular los de clase media, a desarrollar al máximo las funciones del pensamiento para ocupar puestos de poder y obtener así mayores ventajas económicas. Por el contrario, se presiona a las jóvenes para el desarrollo exclusivo de sus mejores sentimientos; les *conviene* ser compasivas, tiernas, dulces, sufridas, calladas, bonitas y lindas. También les fomentan la necesidad de gastar mucho dinero en ropa y cosméticos para lucir más atractivas y hacer quedar bien a sus maridos.

Las mujeres pueden expresar sus sentimientos; pero esto favorece actitudes de *sensiblería*, incluyendo cambios emocionales súbitos, enojos y lloriqueos que no llevan a nada (María Teresa González). Algunas telenovelas de moda, igual que las películas de la época de oro del cine mexicano, exhiben un irracional concurso de llantos, gritos histéricos y amor pasional (sufrido e irracional) por los desvalidos personajes femeninos, opuestos a las *villanas*. Se supone que así son –y así deben seguir siendo– las mujeres mexicanas.

Para el padre machista, cuando sus hijas dan muestras de sensualidad e interés por el sexo opuesto se transforman en malas. Son unas *perdidas* que necesitan vigilancia y castigos porque desean salir de su casa, tener novio y les interesan las relaciones sexuales. Además, limitan su educación escolar, porque eso no les va a servir para desempeñar las funciones elementales de tener hijos, alimentar a la familia y cuidar la casa.

Deben pedir permiso a su padre, y más adelante a su pareja, para salir de la casa, gastar dinero en algo, viajar con una amiga. Por otra parte, aprenden a trabajar en la casa desde niñas: limpiar, barrer (aspirar), cocinar, lavar (usar lavadora) y planchar. Necesitan estar siempre limpias y presentables. Su misión es trabajar para los demás, porque sólo para eso sirven. Desde pequeñas se les adjudica el cuidado de sus hermanos menores, empezando por la hija mayor.

Algunos hombres asignan a su pareja un *gasto* que debe alcanzar para todo, aunque sea miserable y raquítico. Con su trabajo como vendedoras, domésticas, obreras y secretarias, muchas de ellas sostienen a sus hijos y también al marido alcohólico que las golpea, abusa sexualmente de ellas y no tiene trabajo fijo.

Las mujeres sufridas mexicanas se comportan de modo abnegado y estoico; tienen gran capacidad para soportar el sufrimiento, los insultos y los golpes. Mientras que en la clase alta es indispensable el matrimonio para evitar las críticas sociales, en la baja se prefiere la unión libre, sin importar que ya tengan hijos de relaciones anteriores. A algunas parejas de la clase media les basta con el matrimonio civil.

Los machos tienen plena libertad para pasar el fin de semana con los amigos y amigas, de llegar tarde o no llegar a dormir cuando así se les antoja. Pueden tener una o varias amantes; los que tienen dinero, les pagan departamentos o *casas chicas*. Algunos tienen hijos con diferentes mujeres como demostración pública de su virilidad, pero los que sólo tienen hijas reciben burlas de sus amigos.

Si la mujer no le da un hijo al macho, no le sirve ni lo complace, por lo que él la puede dejar. Este tipo de hombres ni siquiera tolera que su pareja se ponga encima de él para hacer el amor. En caso de que ella se mueva libre y sensualmente, le entra la duda de dónde y con quién habrá aprendido eso.

Cuando eran novios, ella debía ser virgen, porque existen otras mujeres que son profesionales del sexo y no merecen el menor respeto. En todo caso, para disfrutar el sexo están las amantes, que son las que en verdad "lo comprenden a uno".

El macho le dice a su mujer que le reclama porque él tiene una amante: "Puedes irte de la casa si eso no te gusta. Así puedo traerla a vivir aquí". Muchas de ellas eligen quedarse, porque no han aprendido a relacionarse con otros hombres menos agresivos. Tampoco tienen adónde ir. Sienten cierta admiración por el macho, el golpeador, el narciso.

Los hombres machistas cuidan y celan a su mujer, a la que suponen débil; la tratan de la misma manera que lo hacía el padre de ésta, cuando ella era niña. En el norte del país es común que los hombres llamen *mi hija* a su esposa, tal vez como muestra de posesión poco consciente. A ellos corresponde el trato directo con el mundo exterior, conseguir dinero y decidir los modos de gastarlo.

Las mujeres sumisas llevan en su interior un mar de inseguridades, culpas y angustias que les impiden actuar de manera libre, en consonancia con sus propios pensamientos y deseos. El riguroso control impuesto a sus conductas familiares y sociales, desde la niñez, genera mecanismos automáticos que inhiben sus acciones libres y responsables.

Esas mujeres preocupan a los demás y les arrancan lástima quejándose de malestares reales o fingidos. No se dan cuenta de la relación causa-efecto entre sus alteraciones emocionales neuróticas y los trastornos psicosomáticos que padecen. Al final, cuando arrastran enfermedades que las incapacitan, declaran que están demasiado cansadas y ya no pueden, ni quieren, seguir trabajando.

A los demás les toca cuidarlas y pagarles sus desvelos. Se olvidaron de sí mismas, y ahora requieren cuidados médicos continuos y toda clase de medicamentos, que les proporciona el Seguro Social y otras instituciones. Algunas disfrutan y exhiben continuamente sus malestares, porque son el permiso para descansar y cuidar de sí mismas; sin embargo están disponibles para prodigar su cariño a los nietos preferidos.

Los alcohólicos desempeñan conocidos papeles sociales que los hacen parecer más desvalidos que cualquier niño pequeño. Las mujeres sufridas no encuentran otra salida que cargar con el "enfermito", porque para ellas ésa es *su cruz*. Además, algunos borrachos toman a una de sus hijas por confidente, la animan a beber con ellos y le cuentan lo mucho que sufren porque su esposa no los entiende. Llegan a demandarles relaciones sexuales.

En México el machismo ególatra resurge y gana terreno a medida que la clase media pierde su poder económico. Los niveles educativos de nuestro país están entre los más bajos del mundo. En general, los mexicanos trabajamos más para ganar menos y nos vemos amenazados por despidos y recortes de personal. Muchos padres luchan para convertir en realidad la débil esperanza de que sus hijos podrán tener mejor educación que ellos y por eso les irá mejor (Béjar).

La mayoría de los hombres machistas son rutinarios, autoritarios e intransigentes; se les dificulta tomar decisiones en equipo (creen que lo saben todo, mientras que las mujeres no piensan) y carecen de imaginación creativa. Son incalculables las repercusiones en el retraso tecnológico y económico de un país que limita tanto la participación de las mujeres en el mundo del trabajo y de la política, entre otros ámbitos.

El machismo obstaculiza la posibilidad de que los hombres y las mujeres se apoyen, en plan de igualdad, para complementarse, ser felices y acompañarse en la vida. Ambos se lastiman diariamente; viven deprimidos, resentidos, desilusionados e insatisfechos. Casi no generan sentimientos espontáneos ni pensamientos propios: solamente reproducen los papeles sociales que les asignaron desde su niñez.

Aunque el matrimonio sigue siendo un ideal de las mujeres, el divorcio representa la libertad para las que están hartas de vivir con un hombre machista-narcisista.

La clase media, que comprende una proporción pequeña de nuestro país, es el instrumento más poderoso del cambio social positivo, porque se muestra abierta a otros valores y a los avances tecnológicos y culturales que ocurren en el resto del mundo. Un grave problema social de México es la disminución de la clase media debido a los sucesivos desastres económicos, la corrupción, los mini-salarios, el desempleo y el subempleo, la deficiente educación, la mala administración y los desvíos de fondos en el gobierno.

En conclusión, los niños de las nuevas generaciones mexicanas serán los más perjudicados si el narcisismo avanza y las tradiciones del machismo continúan como hasta ahora. Reciben toda clase de presiones para que se adapten a los tristes papeles que sus padres encarnaron, aunque éstos son cada vez más inútiles y obsoletos en el mundo moderno.

¿Qué es el narcisismo?

La psicología actual emplea el término *narcisismo* para designar un estilo de personalidad neurótica, que adopta un número creciente de hombres y mujeres en las actuales sociedades televisivas e individualistas. Aunque el machismo persiste como la forma más común de narcisismo que exhiben los mexicanos, existen otras modalidades del narcisismo (algunas muy recientes) que iré explicando.

Según el relato de Ovidio, Narciso era un joven tan hermoso que se creía superior a todas las demás personas, a las que miraba con desprecio. En particular, rechazó cruelmente a la ninfa Eco cuando ella se atrevió a confesarle que estaba locamente enamorada de él. Indignado por esta injusticia, el dios Némesis le impuso un terrible castigo: al verse reflejado en un estanque, el joven se enamoró de su propia imagen.

Embelesado sin remedio, Narciso se quedó así, inmóvil, hasta que se murió de hambre; en lugar de su cuerpo muerto brotó la bella flor que lleva su nombre. Por su parte, Eco se desvaneció, y de ella quedó solamente una voz lejana que repite lo que los demás gritan.

De la misma manera, los narcisistas no son capaces de encariñarse de los demás, sino que solamente se aman a sí mismos; dedican su vida a buscar reflejos de su ego engrandecido por todas partes, aunque la mayoría de las veces solamente encuentran adulaciones falsas y ecos vacíos.

A partir de los sesenta se fueron haciendo más populares las prácticas que apoyan la belleza, la salud y el bienestar físico, junto con las ideas de buscar –a toda costa– la libertad personal, el éxito y la fama individuales. Estos factores, y otros que iré explicando, abrieron el camino a las sociedades actuales, cada vez más narcisistas y violentas.

La creciente propaganda comercial fomenta el individualismo consumista y la satisfacción personal a toda costa, sin que importe pasar por encima de los derechos de las demás personas; esto también contribuye –en gran medida– a que aumente la violencia, porque va disminuyendo el interés por el bien común de la familia y de la sociedad.

El individualismo egoísta es una conocida característica del machismo tradicional de los mexicanos: a los machos se les dificulta enormemente trabajar en equipo y colaborar dentro de las empresas. Por si eso fuera poco, ellos alardean que pueden hacer muy bien todo, a pesar de que no cuentan con la debida preparación y tampoco son capaces de invertir suficiente dedicación y empeño.

El narcisismo, como estilo de personalidad neurótica, empezó a llamar la atención de los psicólogos y del público en general, a partir de los setenta, cuando apareció por primera vez en la clasificación diagnóstica de la Asociación Psiquiátrica Americana (APA). Sin embargo, Freud y otros psicoanalistas ya habían tocado el tema a principios del siglo pasado.

Los principales rasgos de las personalidades neuróticas narcisistas son:

- Una concepción grandiosa del yo (de su *ego)*
- Fantasías recurrentes de poder ilimitado, éxito, amor y belleza
- Ansia de atención y admiración continuas
- Sentimientos de ira, humillación, inferioridad, vergüenza y gran vacío interior en respuesta a cualquier crítica y fracaso

Los rasgos secundarios incluyen:

- Poca profundidad en sus relaciones emocionales
- Incapacidad para sentir empatía hacia los demás
- Facilidad para impresionar y manipular
- Firme creencia de que tienen todo el derecho de explotar a los demás

En pocas palabras, lo que juzgan importante estos hombres y mujeres no es lo que llevan dentro, sino lo que aparentan ser cuando utilizan máscaras y estrategias manipuladoras tan destructivas.

La mayoría de las personalidades neuróticas narcisistas son hombres; alrededor de 75%, según Vaknin. Esto es muy explicable: vivimos en sociedades que asignan a los hombres los papeles de dominio, mientras que educan a las mujeres para la sumisión y el cuidado de los demás. Sin embargo, dentro del narcisismo neurótico existen algunas variantes femeninas.

En nuestro país, los hombres narcisistas añaden tintes de machismo a sus comportamientos, incluyendo la dimensión donjuanesca del conquistador: creen que son sexualmente irresistibles, y suponen que todas las mujeres están obligadas a someterse a sus deseos. Los machos mexicanos se dejan llevar por la testosterona por encima de cualquier otra cosa; les falta el cariño, la sensibilidad y el aprecio hacia los demás.

Debido a los conflictos con sus madres (y sus padres), los narcisistas no alcanzan un desarrollo emocional pleno, ni pueden disfrutar los niveles superiores de conciencia y de creatividad exitosa. Muchos de ellos se convierten en una carga insoportable para sus madres y esposas.

A continuación dos ejemplos:

Siendo jefe de diagnóstico clínico en un centro de atención psicológica, un joven de 20 años se presentó en mi oficina y me preguntó: "¿Eres psicólogo?" Le respondí: "Sí, soy doctor en psicología clínica". Continuó: "¿Puedo hacerte una pregunta?" Le dije amablemente: "Desde luego; estoy para eso, ése es mi trabajo".

El joven relató que estaba dudando en hacerse una operación de cirugía en la barbilla, porque no le gustaba como la tenía; le parecía demasiado grande. Me preguntó: "¿Y tú qué opinas?" Yo no vi nada fuera de lo común en su rostro; me dejé llevar por la intuición, y le dije: "Entiendo que estás pensando en esa posibilidad. Sin embargo, quiero preguntarte algo: ¿Cuántas operaciones de cirugía plástica llevas?"

Respondió que hacía tiempo le habían hecho una operación en la nariz, pero no le gustaba como había quedado. Después le habían hecho otra en los lóbulos de las orejas, pero ésa tampoco le había gustado. Mientras me explicaba esto, tocaba su cara inexpresiva sin darse cuenta; supuse que se pasaba las horas examinando su rostro frente a un espejo.

Le pregunté si tenía novia. Me respondió que no, desde hacía algún tiempo, pero antes había tenido muchas amigas. Una de ellas era bonita, pero no le gustaban sus senos, porque eran muy chicos. Otra tenía bonita cara, pero era bajita y sus piernas no eran atractivas. Otra era muy morena, y estaba algo pasada de peso, etcétera. En resumen, todas lo desilusionaban porque las consideraba muy por debajo de sus grandiosas expectativas. Vivía solo con su mamá.

Imaginé que tenía delante a un carnicero que tasajeaba a las mujeres con sus pensamientos analíticos fríos, como si fueran animales muertos; luego las desechaba porque sus proporciones anatómicas no eran perfectas. Ubicado en su *ego* narcisista, no sentía cariño ni aprecio por nadie; tampoco percibía, como un conjunto único, el atractivo particular de cada mujer, ni su riqueza hormonal, sentimental, intelectual, etcétera.

El joven era muy tímido y se autodevaluaba; a causa de su escaso desarrollo emocional, carecía de empatía hacia las demás personas. Tenía una imagen corporal (y sexual) tenue, indefinida y fragmentada. Consideraba su rostro como una máscara que necesitaba embellecer mediante cirugías; de esta manera sería admirado y envidiado por todos, como nuevo galán de cine.

Este neurótico narcisista: ¿Habitaba sólo en su rostro y quería transformarse en un "carita"? ¿Para eso lo había programado su madre? ¿Se amaba a sí mismo o estaba empeñado en destruirse? ¿No iban a despertar nunca sus sentimientos, su inteligencia y su visión interior? Algunas cirugías plásticas mejoran de manera notable la apariencia de las personas, elevan su autoestima y les brindan mejores oportunidades sociales, pero él necesitaba otra cosa.

Le expliqué que si no estaba satisfecho con sus operaciones era probable que tampoco se sintiera a gusto con la siguiente, ni con otras que pensara hacerse en el futuro. En mi opinión, le convenía iniciar un proceso de psicoterapia, porque tenía poco entusiasmo, estaba preocupado por su apariencia física y no tenía suficiente confianza en sí mismo.

De esta manera, podía conocerse mejor y valorar sus sentimientos (su belleza y alegría internas); también necesitaba considerar que los sentimientos de las mujeres, su inteligencia y preparación son muy importantes, y no sólo su belleza física. Sin embargo, este joven estudiante sólo estaba interesado en hablar de sus cirugías, de manera obsesiva, y no quiso saber nada más; me dio las gracias de manera cortante, y nunca lo volví a ver.

En otro ejemplo, un joven de 22 años me dijo durante una sesión de psicoterapia: "A mí me gustaría ser más sensible y emotivo, pero lo que mi madre espera es que yo sea muy machista y muy cabrón. Le conté algo de una de mis compañeras, y ella presumió en su círculo de amigas que yo soy muy galán y que hago sufrir mucho a mis novias.

"Conmigo se ríe y me dice: Ay, hijito, no seas tan malito. Pero le encantaría que yo fuera el gran seductor. Yo quisiera tener la oportunidad de ser mujer también por dentro (mostrar sentimientos de cariño y enamoramiento hacia las mujeres), pero entonces no sería el orgullo de mamá. Quisiera que cuando oigo una canción romántica se me hiciera un nudo en la garganta y pudiera llorar, pero tengo que ser muy duro, porque eso es lo que ella quiere.

"Ella es una madre abnegada y santa que se sacrifica por mí. Me dice que me ama, porque soy distinto a mi padre, el alcohólico, el macho golpeador, el que nos abandonó. Cuando hago algo que no le parece, se enoja y me dice que soy igualito a mi padre. ¿Entonces, yo quién soy?"

Este joven, inteligente y perceptivo, necesitaba integrar sus potencialidades humanas y desarrollar su verdadero ser autónomo. A él (y no a su madre) le correspondía decidir el modo como iba a relacionarse con sus amigas. No tenía por qué ser un macho petulante igual a su padre, arrancándose el corazón y adoptando valores tradicionales acerca de la masculinidad, para así complacer a su madre, Además, él tampoco podía resolver los problemas de su madre. Sería mejor que su madre buscara su realización personal desempeñando tareas que la hicieran sentir bien, en lugar de tratar de vivir a través de su hijo.

Mediante un proceso de psicoterapia, se fue separando de las manipulaciones de su madre. Pudo integrar, poco a poco, su sensibilidad y su fuerza; aprendió a desarrollar y manejar su inteligencia emocional; además, fue tomando sus propias decisiones con respecto a los estudios y a las amistades. Su madre tuvo que aprender a respetar el modo como él trataba a sus amigas, que era muy diferente al de su ex esposo: a ese joven no le resultaban para nada atractivas las mujeres sufridas y complacientes parecidas a su madre.

Capítulo 2

Las familias
de los narcisistas

Las jóvenes fantasean acerca del amor y el matrimonio con mayor frecuencia que los varones. Las de clases bajas, lo mismo que las que no se interesan por estudiar, muestran una estereotipia sexual más marcada (Bardwick): creen que la única manera de alcanzar su identidad plena como mujeres es casándose cuanto antes y teniendo hijos. Algunas se prometen a sí mismas que su matrimonio, sus niños, su esposo y su casa no serán tan deficientes como fueron los de sus madres.

El joven narcisista y machista tiene que convencer a su novia de que sea suya y de nadie más. Al principio, le da la sensación de que él es diferente a los demás y la va a proteger. Trata de apoyarla y complacerla en todo lo que puede. También la ayuda a salir de su casa. Después, se vuelve celoso: le reclama si la encuentra platicando con un amigo, porque ella le pertenece de manera exclusiva.

Leñero señala algunos cambios en la familia mexicana, que se va transformando de extensa a nuclear-familiar. Los resultados de la planificación familiar han sido asombrosos; según Epstein, las mexicanas tenían en 1970 un promedio de 6.6 hijos, una de las más altas del mundo, mientras que el índice actual es de cerca de 2.5 hijos, por debajo del promedio mundial. En la actualidad, nuestro país cuenta con cerca de cien millones de habitantes, en su mayoría jóvenes.

Las mujeres de nuestro país se dedican con gran empeño al cuidado sus hijos, mientras son pequeños. Mas adelante, los niños y las niñas van a la escuela; sin embargo, el trabajo de sus madres nunca termina. Los hombres están presentes en el hogar menos tiempo que ellas, debido a que se dedican a sus actividades laborales y de otros estilos.

Como explico en el libro *Cuando amo demasiado*, muchas de ellas adoptan estilos neuróticos que son opuestos y complementarios a los de sus parejas machistas: 1. Abnegadas y sufridas, y 2. Complacientes y consentidoras. Desde luego que también hay mujeres que combinan las características de ambos estilos.

Como advierte Elmendorf, la aparente sumisión de las mujeres mexicanas les permite ejercer tremendo control sobre su pareja y sus hijos mediante un cúmulo de manipulaciones encubiertas. Ellas son las encargadas de perpetuar el mito y la realidad de los hombres narcisistas dominantes, para así conservar las ventajas y privilegios que obtienen por debajo del agua.

Buscan tener hijos para retener a los hombres, más que para amarlos. Muestran gran habilidad para despojarlos de la paternidad, y usar a los hijos como estigmas para culparlos. Peor aún, son las principales encargadas de criar a las nuevas generaciones de hombres narcisistas mexicanos: miman a sus hijos para hacerlos engreídos, egoístas y prepotentes por fuera e inseguros por dentro.

Por un lado se someten, y por el otro sacan de quicio a sus parejas mediante una agresividad disfrazada e indirecta, para después acusar a los hombres de ser violentos e incomprensivos con ellas. Algunas de ellas torturan e irritan a sus familiares con su exagerada limpieza, su depresión, sus cuidados excesivos, su fanatismo religioso y sus mimos tan dulzones y falsos. Por si todo esto fuera poco, ellas también arrastran severas represiones sexuales.

Tratan de convertir a los hombres en buenos proveedores: "Que mi marido trabaje y que ni a mí, ni a mis hijos, nos moleste". También utilizan chantajes emocionales para obtener algunas cosas de su pareja: "Si no me llevas a tal parte es porque ya no me quieres"; "si no me compras tal cosa es porque ya no te importo", etcétera.

Ambiente familiar de los narcisistas y machistas

Después del matrimonio (o la unión libre) las mujeres adquieren importantes obligaciones: ser buenas esposas y tener hijos. En lo posible, no deben salir de la casa, pero si lo hacen tienen que estar allí antes que regrese su pareja. Además no es *decente* que una mujer manifieste sus preferencias sexuales, lo único que tiene que hacer es satisfacer a su marido, porque de lo contrario se expone a que él busque otra. Estas mujeres se preocupan mucho por el bienestar de su pareja y dependen muchísimo de sus reacciones hacia ellas.

El embarazo suele ser una experiencia de alegría mística muy profunda para las mujeres, y más en particular el segundo o los siguientes. Las madres experimentan la individualidad de su bebé: lo conocen a través de sus movimientos, ritmos y por una especie de telepatía, mediante la cual a veces pueden anticipar la clase de persona que va a ser (Demetrakopoulos).

La maternidad es una oportunidad para que las mujeres manifiesten todos sus sentimientos, desde los más tiernos y cariñosos hasta los más autoritarios, punitivos y agresivos. Cuando una mujer se adapta al estereotipo sexual que le impone la sociedad, disminuye su ansiedad respecto a su feminidad (Bardwick). Muchas de ellas se dedican por completo a su pareja y a los niños; sin embargo, con frecuencia cometen los mismos errores que sus madres.

Como advierte Santiago Ramírez, en la familia mexicana los bebés tienen una intensa relación con la madre en el primer año. La lactancia materna se da en alrededor de 94% de los casos. El destete es casi al año, en promedio, aunque en algunas ocasiones se prolonga mucho más.

En determinados estratos sociales, cada hijo es de diferente padre, quien permanece con la mujer (y le proporciona iguales maltratos) mientras ella gesta a su hijo. El padre se siente desplazado porque ya no recibe la atención exclusiva de su mujer embarazada. En la mayor parte de los casos, el abandono coincide con el nacimiento de los hijos.

En muchas familias mexicanas el padre está físicamente ausente y la mujer carece de pareja estable. En otras, está físicamente presente, pero se desentiende de los hijos, por lo que no les brinda suficiente apoyo emocional.

Las mujeres mexicanas, tan abnegadas y consentidoras *chiquean* (sobreprotegen) a sus hijos y dan trato preferencial a sus bebés; se dedican a mimarlos y los consideran maravillosos. Sin embargo, de esta manera los privan de su fuerza interna y les impiden crecer emocionalmente. Los ven como su gran triunfo y el máximo de sus logros, mientras que procrear niñas no tiene la misma importancia social.

Reciben los halagos de todos criando hijos admirables; se consideran valiosas cuidando a los bebés que necesitan su leche para vivir, y algunas prolongan el periodo de lactancia más allá de lo razonable. Les meten a sus hijos en la cabeza expectativas muy difíciles de cumplir: ellos serán galanes, grandes negociantes, médicos, santos, renombrados artistas, inventores. Sus madres harán lo imposible para que sus hijos sean felices, tengan dinero y (en el mejor de los casos) sean muy famosos.

En las familias de escasos recursos la mujer es el principal sostén moral y económico. Se encarga de atender las demandas sexuales de su pareja (aunque nunca llegue al orgasmo) y de que su marido coma bien y tenga el mejor aspecto posible. Es responsable de mantener la comunicación en la familia y, a veces, se siente obligada a hablar de cualquier cosa. Este idealismo romántico a menudo engendra, un profundo sentimiento de fracaso personal y de humillación en su vida matrimonial.

Conocemos mujeres que descuidan su aspecto, se tornan obesas y se dedican a ser "buenas madres"; así nadie las puede acusar de que se interesan en otros hombres, porque a ellas les basta su marido. Algunas mujeres sumisas se sienten mejor cuando su pareja tiene una amante, porque siempre están cansadas y no quieren que las "moleste" con demandas sexuales bruscas e inoportunas.

Entre las armas de la debilidad, emplean quejas y reproches para provocar sentimientos de culpa; le dicen a su pareja: "Me tienes enferma; no sabes cuidar a los niños, solamente los maltratas; ni siquiera puedes tener tu ropa limpia; no eres lo bastante hombre para mantener a tus hijos ni para dejar de beber; eres un desobligado, traidor, disoluto y mujeriego; yo me mato trabajando mientras te diviertes con tus amigos, etcétera".

A los dramáticos estallidos de las mujeres oprimidas sigue la sumisión depresiva; se identifican de nuevo con su madre (y su abuela) tan abnegada y santa, es decir tan llena de inhibiciones, represiones y miedos. Rezan y piden a Dios fuerzas para seguir aguantando; en esta competencia del cristianismo machista mexicano, la masoquista más sojuzgada y crucificada es la más admirada y aplaudida por su *santidad*.

Mediante un fuerte matriarcado, conservan el poder dentro del hogar. Convierten a su marido en un temible ogro ante sus hijos pequeños, porque así logran ser amadas por ellos. Les dicen: "Ustedes no pueden salir de la casa, porque su papá se enoja", "Su papá está cansado y enojado, por eso no ustedes no pueden jugar ni hacer ruido". O en otros estratos sociales: "Su padre es un c... hijo de su c... madre que se emborracha con sus amigos mientras que yo me mato por ustedes".

Reciben mezclas de cariño y lástima de sus hijos cuando se exhiben ante ellos como las víctimas que sufren. Los hijos acumulan resentimiento contra de su padre cuando ven que golpea a su madre y a sus hermanos. Además de sentir su propio enojo, esos niños y niñas se tragan (*introyectan*) el resentimiento depresivo que su madre ha acumulado durante tantos años.

Las mujeres sumisas acostumbran ocultar la violación de sus hijas; incluso las golpean e insultan porque fueron las perdidas que incitaron a su padre. Según Knudson, las mujeres sin sostén económico se perciben como impotentes ante la situación incestuosa. Suelen tener carácter pasivo, poca escolaridad, son amas de casa y toleran los comportamientos agresivos y las relaciones extramaritales del hombre; todo esto contribuye a su baja autoestima.

Ellas perpetúan el mito de la supremacía del hombre a través de las generaciones. Como hábiles cómplices de los machos, son un modelo para sus hijas y las preparan para obedecer y sacrificarse. Las obligan a someterse a sus hermanos y a consentirlos, pero deben desconfiar de ellos, debido a la *maldad* del hombre. Ellas viven defendiéndose de sus hermanos y permitiendo lo que quieren; desarrollan la sensación de que son *malas* de algún modo, incapaces de proteger su integridad afectiva y sexual, o de valerse por sí mismas (González Pineda).

Sólo la madre es buena e íntegra: es la conciencia externa de sus hijas y la guardiana de su virginidad; las reprime sexualmente y les trasmite una religiosidad fanática llena de culpas. En muchos hogares mexicanos, la hermana mayor es una importante madre-sustituta para sus hermanos menores que se apegan a ella más que a su madre. En otros casos, este papel le corresponde a la nana o a la abuela.

Las mujeres sumisas no pueden dar amor al macho que las maltrata; sin embargo, lo necesitan para culparlo y acusarlo delante de sus hijos, para sentirse heroínas por los sufrimientos que soportan, y hasta para llorar su abandono. Al final de cuentas, ellas ganan: su gran victoria es quedarse con el cariño y la admiración de sus hijos.

En la tercera parte de los hogares mexicanos no hay hombre presente, y las madres son las encargadas de sacar adelante a sus hijos e hijas (INEGI).

Entonces, el niño mayor se convierte en el hombrecito de la casa, protector de su madre y confidente; colabora con ella para la economía del hogar, entre otras. Para hacer más hombres a sus hijos, la madre les permite salir solos y llegar tarde; también los excluye de las obligaciones hogareñas, porque sus hermanas están obligadas a cumplirlas.

El padre de los mexicanos narcisistas es macho prepotente y el gran ausente, aunque algunas veces se comporta como una persona más débil que su mujer. En otras familias, el padre es el dedicado proveedor que trabaja con empeño, pero se dedica a la computadora en cuanto llega a su casa, lee el periódico y ve la televisión; se olvida de sus hijos porque a la madre le corresponde estar pendiente de ellos. En muy contadas ocasiones, el padre se encarga de educar a sus hijos e hijas, motivado por la ausencia de la madre y de otras mujeres adecuadas.

Los jóvenes machos y narcisistas

La inseguridad, los vacíos emocionales y las culpas que arrastran los hombres narcisistas se recrudecen porque sus madres los siguen viendo como indefensos, aunque ya son mayores de edad y se podrían mantener solos; ellas los miman, e incluso les pagan estudios en universidades particulares con su miserable sueldo como secretarias.

Se sienten muy valiosas con sus continuas manipulaciones como poderosas protectoras, e intentan vivir a través de sus hijos; sin embargo, a muchos de ellos los convierten en narcisos vividores, farsantes y buenos para nada. Les crean la ilusoria sensación de que son casi perfectos, pero al mismo tiempo son tan débiles que no pueden salir adelante sin el continuo apoyo de su madre, junto con el de una esposa o una amante igualmente maternal y sumisa.

Las madres norteamericanas típicas educan a sus hijos e hijas para salir de la casa y mantenerse por iniciativa propia cerca de los 18 años. Para ello estudian y trabajan, consiguen becas, etcétera. En cambio las típicas madres mexicanas no dan esa libertad a sus hijos e hijas ni los dejan volar por muchos años, e incluso nunca en la vida. En palabras de Ulloa, mientras que los norteamericanos *tienen poca madre*, los mexicanos *tenemos mucha madre*.

Esto tiene un precio emocional muy elevado: los hijos quedan en deuda de gratitud con su posesiva madre durante toda la vida, y sienten la obligación de compensar de alguna manera los tremendos sacrificios que su *madrecita santa* invirtió en su beneficio. De otra manera, ellos serían unos desalmados.

Según Kernberg, la *herida narcisista* (el daño primordial al yo) ocurre cuando alguna persona significativa presiona al niño o a la niña, para ser lo que no es en realidad. "Tú no puedes ser lo que eres, sino que tienes que ser lo que yo necesito que seas. No me puedes desilusionar, porque entonces me amenazas, me haces enojar, me enfermas, me matas o me estimulas sexualmente; conviértete en lo que yo quiero que seas, haz lo que yo quiero, y entonces te voy a querer".

En mi opinión, las abnegadas y consentidoras madres mexicanas dañan psicológicamente a sus hijos e hijas más que las de otros países. Al principio, se sintonizan bien y reflejan cuanto hacen sus hijos pequeños; son muy dedicadas y los cuidan; les hacen sentir que son lo máximo, la razón de su vida, y tienen grandes expectativas acerca de ellos.

Sin embargo, a medida que ellos crecen, les trasmiten sus profundos malestares emocionales: tristezas, miedos y resentimientos contra los hombres, junto con sus insatisfacciones y represiones sexuales; por si eso fuera poco, les llenan la cabeza con dobles mensajes neuróticos que ellos siguen arrastrando toda la vida, como explico en el capítulo 10.

Dicen a sus hijos: "Cuando te portas mal, ése no eres tú, mi verdadero hijo: tú eres de otra manera, a lo mejor aprendiste eso de tus amigos". "Tú eres bueno, estudioso, bien portado, muy especial, me quieres mucho y yo te quiero a ti; debes ser (comportarte) de otro modo". "Tu padre es así, el pobrecito enfermo (alcohólico, mujeriego, desobligado) pero tú eres diferente; tú si me comprendes; me acompañas en mis problemas, eres bueno, inteligente, muy lindo, divino, adorable".

Pero cuando se enojan, les dicen: "Eres igualito a tu padre; eres peor que tu padre; eres un malagradecido; yo me mato por ti y tú ni siquiera me quieres; todos los hombres son iguales; sólo a golpes entiendes, me vas a matar de un coraje, eres un fracasado, nunca vas a triunfar en la vida", por ejemplo.

Según esta falsa lógica, los adolescentes (antes los niños perfectos) se deben transformar en desalmados machos narcisistas que abusan de las mujeres, porque de otra manera serían afeminados a los que su madre despreciaría y dejaría de amar.

Sin embargo, debido a su gran debilidad emocional, los machos dependen de su consentidora y posesiva madre toda la vida; a pesar de que han desarrollado un gran ego narcisista, carecen de suficiente fuerza interna y confianza en sí mismos para ser independientes. Hagan lo que hagan, se van a sentir solos, culpables, débiles y vacíos por el mero hecho de haber nacido hombres.

Muchos adolescentes mexicanos procuran imitar a su padre machista eliminando todos sus aspectos sensibles y tiernos. Saben que de esta manera obtendrán la admiración de su madre y de la sociedad en general. Ellos no abandonarán a esa mujer tan buena y santa, como lo hizo su padre; sin embargo, se sienten obligados, de manera compulsiva, a elegir conductas violentas, parecidas a las de su padre, para demostrar que no son *jotos, putos* ni *maricas*.

Me permito sugerir que la desmedida violencia contra las mujeres (y los homosexuales) de los hombres machistas mexicanos es un reflejo y una proyección del rencor que ellos tienen hacia sus propios aspectos tiernos y sensibles que tanto se empeñan en rechazar.

González Pineda advierte que los mismos jóvenes buenos y sumisos con su madre son los agresores de otras mujeres, a las que devalúan y atacan como expresión del rencor que sienten contra ella; buscan mujeres para lucirse frente a sus amigos y luego las descartan. También son los expertos que exageraran su debilidad para que los consuelen otras mujeres complacientes como su madre.

De paso, el piropo que con mayor frecuencia se dirige a las mujeres atractivas en México es: "¡Mamacita!" La terrible ambivalencia de los mexicanos respecto a la figura materna se refleja en frases tan conocidas: "Madrecita santa (madre querida), a toda madre (algo buenísimo), es un poca madre (es alguien que daña sin remordimiento), está de poca madre (está buenísimo), no tiene madre (algo buenísimo o una persona que daña sin remordimiento), que madre tan padre (que buena madre), ni madre tuvo (desvergonzado), le dieron en (le partieron la) madre (lo golpearon), vale madre (no importa), c... tu madre (insulto)", hijo de su c... madre (insulto)", "hijo de su p... madre (insulto)", etcétera.

La madre critica al joven que tiene novias, con un tono de aceptación velada, pero también se alegra y se envanece por ello. Se queja con sus amigas de que su hijo es *"malito"* (alcohólico, mujeriego e improductivo, como su marido), pero lo solapa y se repite a sí misma que de todos modos ella lo tiene que querer, porque es su madre; por lo demás, todos los hombres son así.

Por ejemplo, un joven de 18 años embaraza a una adolescente. Su madre le aconseja: "Tú no tienes ninguna obligación. Ella tuvo la culpa, por andar de ofrecida. ¿Cómo sabes que ella no se acuesta con otros? ¿Cómo sabes que de veras ése es tu hijo? Tú no tienes que preocuparte por nada. Ése es su problema, ella misma se lo buscó; consíguete otra mujer que de veras sepa comprenderte; quédate aquí conmigo y yo te cuido hasta que salgas de ese problema".

Más adelante, ese joven buscará otra mujer para vivir con ella: dulce, tierna y a su servicio, para que lo mime, lo solape y no le demande gran cosa. De preferencia, sin muchos estudios, pero eso sí, que sea lo más atractiva (y adinerada) posible. Si algo sale mal, la dejará embarazada e intentará conquistar otra. De esta manera, apoyado por la complicidad de su madre, seguirá siendo un niño feliz e irresponsable toda su vida.

En otro ejemplo, una madre seductora acosa a su hijo, galán joven, y lo prefiere ante su esposo débil y bueno para nada; marca a su celular por lo menos seis veces al día y le deja amorosos mensajes: "Te amo por siempre: tu jefa; te mando besos babosos; te amo con locura y frenesí, la mamá (o tu madre); eres mi orgullo; eres mi maestro; te amo mucho, mucho; te extraño tanto que...; te adoro...; eres mi bello príncipe; no me olvides; ¿qué estás haciendo?, ¿con quién estás?, ¿cuándo regresas? ¿Cómo te ha ido?"

El joven le muestra a su novia estos mensajes, como si nada, y ella se indigna, porque comprende que esa madre posesiva y manipuladora no dejará nunca libre a su principesco hijo. ¿Cómo le permite eso su novio, cuando está con ella? Lo confronta, pero él responde que no hay ningún problema; tanto él como su padre ya la conocen y ella es así. Sin embargo, ese joven nunca le dice mamá, sino que la llama por su nombre propio y acostumbra darle besos en la boca y abrazos cariñosos.

En una sesión de terapia en grupo, esta joven se cuestiona: ¿Debe convertirse en la gran amiga de esa madre, para compartir a su novio con ella? ¿Si llegaran a casarse, él se la pasaría en casa de su madre? ¿Sus hijos serían suyos o de la abuela? ¿Este joven narcisista la quiere a ella de veras, o sólo va a querer a su madre toda la vida? ¿Tendrían que irse a vivir lejos, a otra ciudad? ¿Ella lleva las de ganar, o le conviene retirarse y dejar a este narciso con su madre, que tanto lo ama, donde pertenece?

Con la ayuda de los demás participantes, la joven decide seguir con su novio por algún tiempo, dejando abierta la posibilidad de romper su relación si no llegara a funcionar, lo que parece muy probable. Por su parte, el joven espera que su novia pase el examen de admisión ante su madre.

Las seductoras madres de algunos jóvenes mexicanos les hicieron creer que eran sus bellos príncipes muy galanes; con su mera presencia arrancarían suspiros amorosos de todas las mujeres, aunque fueran machos ególatras e inmaduros.

Lo que suele pasar es que, a fin de cuentas, muchas mujeres se desilusionan y los dejan. En palabras de una de ellas: "Aunque estuve casada con mi marido, siempre sentí que era algo así como su amante ocasional, porque él ya estaba casado con su madre (Caruthers)".

Los ricos padres de ciertas jóvenes las convierten en engreídas princesas bien aleccionadas para encantar (seducir) a los hombres que se crucen en su camino. Para triunfar, a ellas les basta tener una linda cara, un atractivo cuerpo y mucho dinero para gastar. Su principal diversión consiste en jugar con los sentimientos de los hombres. Por desgracia, algunas besaron a un verdadero príncipe y lo convirtieron en (lo trataron como si fuera un) sapo. Él se cansó y se fue.

Puesto que ellas habían olvidado sus propios sentimientos, ni se enteraron de que él sí los tenía. Para evitarse problemas en el futuro, se relacionaron con una serie de sapos de la misma calaña que su padre. Procrearon una serie de sapitos (juniorcitos machistas narcisistas) muy parecidos al abuelo.

Los adinerados padres narcisistas crían hijos parecidos a ellos: los famosos *juniors* que tanto aborrecen a los nacos. Como ejemplo ilustre, tenemos al *Pirriurris,* conocido personaje del actor Luis de Alba. Por su parte, *Gordolfo Gelatino* (por Rodolfo Valentino), personaje de los *Polivoces,* es un galán seductor e infantil, el "rorrazo de mi vidaza" hijo de su consentidora madre que se desvive por halagarlo: "¡Ahí madre...!"

La actitud prepotente de los *juniors* se evidencia en algunos accidentes en las vías urbanas y en las carreteras del país. En la ciudad, estos jóvenes alcoholizados, que se creen intocables e invulnerables, corren a 160 kilómetros por hora o más por las noches, para demostrar su tremenda hombría. Estrellan su automóvil y acaban muertos o gravemente heridos, y también causan daños a otras personas.

Según Lasch, en las sociedades actuales los padres y demás figuras de autoridad no suelen ser ejemplos dignos para los jóvenes. Muchos de ellos admiran más a las celebridades que aparecen en la televisión: actores y actrices; cantantes y locutores; negociantes y profesionistas exitosos; políticos prominentes, y personas expertas. A medida que los padres pierden su autoridad en el hogar y dejan de ser modelos dignos de imitación, un número mayor de jóvenes mexicanos (hombres y mujeres) intentan asemejarse a sus ídolos favoritos.

Sin embargo, ni los cambios en su apariencia física (y en su modo de hablar y comportarse), ni rodearse de gente linda, ni vestir ropa fina y adquirir objetos caros, basta para superar las experiencias negativas y resolver los conflictos emocionales de su niñez y adolescencia. Como explico en el capítulo seis, el consumismo de los *metrosexuales* es el nuevo narcisismo mexicano, una especie de *machismo light*, que incluye una identidad narcisista muy a flor de piel.

Entre paréntesis, un número significativo de jóvenes mexicanos (hombres y mujeres) elige la homosexualidad como camino para expresar su identidad psicosexual, lo que provoca gran confusión y desencanto en sus padres, como explico en mi libro *Cuando amo demasiado*.

Capítulo 3

Mentiras y violencia
de los mexicanos

En las culturas machistas, se supone que los hombres mandan. Su principal deber consiste en someter a las mujeres, porque de otra manera corren el riesgo de que sus amigos los consideren *mandilones* o afeminados. Sienten que su identidad personal se ve amenazada de raíz cuando las mujeres demandan igualdad.

El hombre impone a su mujer toda clase de obligaciones: "Ponte a dieta, mira que esa muchacha es mucho más atractiva que tú; quiero que no le hables a tu madre; te prohíbo que te veas con esas amigas; dame de comer". El hombre afirma: "Yo soy así, y si no me quieren ni modo", mientras que ella debe cambiar todas las actitudes y conductas que él desaprueba.

La mujer sumisa se siente obligada a prestar toda clase de *servicios* al hombre. Pasa a ser una de sus posesiones y se subordina. Refuerza la autoridad masculina ante los hijos e hijas y le brinda a su pareja todos sus recursos.

Según Knudson, una sociedad en la que existe el mito de la supremacía del hombre fomenta que éste perciba a su esposa y a sus hijas como meros objetos que él posee. Para mantener el control de su familia, vigila los ingresos económicos de la misma y fomenta el aislamiento de su mujer, tanto psicológico como geográfico, en particular procura alejarla de sus familiares y amigas para así manipularla mejor.

En gran medida, los celos masculinos son impuestos por la sociedad machista. Sus amigos le dicen: "¿A poco dejas que tu mujer salga cuando quiera de la casa para que cualquier hombre te la robe?" Cuando viven juntos, ella debe esperarlo en su casa y tener la comida lista. Ya no puede coquetear, ni tampoco puede decidir algo sin él. En los primeros meses no hay violencia. La flexibilidad se impone, la mujer se hace cargo de la casa y se dedica a su marido.

La violencia intrafamiliar

En la ciudad de México se estima que uno de cada tres hogares sufre violencia familiar. La mayoría de quienes la viven nunca denuncia al agresor, a pesar de que la violencia podría cesar si las mujeres se enfrentaran al atacante, lo denunciaran o si él se fuera de la casa.

Para los hombres machistas ególatras, y para las mujeres sufridas y complacientes, la conquista de su pareja es un trofeo. El hombre machista se cansa pronto de lo que estima es la pérdida de su libertad. Por eso, empieza su huida hacia el trabajo, los bares, el club, el alcohol, las amantes o las prostitutas. Luego vuelve a seducir a su mujer, o se hace la ilusión de que ya no la necesita, aunque tiene que cumplir con desgano sus obligaciones matrimoniales.

Tener un hijo es una condecoración a su capacidad masculina de conquista, de agresión y de poder sobre la mujer, y un aseguramiento de que de veras sí es cierto, como todos lo pueden ver y constatar, que es un verdadero macho (González Pineda).

Los machos narcisistas someten a sus hijos a base de humillaciones, castigos y golpes, cuando son pequeños y no se pueden defender. De esta manera, ellos los van a respetar y les van a tener miedo; además, no serán afeminados parecidos a su madre y a sus hermanas, sino violentos y duros. Los machos se sienten orgullosos de sus hijos conquistadores, según el refrán: "Amarren a sus gallinas, que mi gallo anda suelto".

La mayor parte de las personas recluidas en las cárceles capitalinas, en su mayoría hombres, cumplen condenas relacionadas con violencia intrafamiliar. Además, según investigaciones de la Comisión de Atención a Grupos Vulnerables de la Asamblea Legislativa del D.F., alrededor de cinco mil niñas fueron inducidas a la prostitución y después obligadas a permanecer dentro de este círculo mediante golpes y amenazas (Cardoso).

A veces, la intensa agresividad que acumulan las abnegadas madres mexicanas estalla en contra de los más débiles. Entonces son tan sádicas como cualquier hombre machista: utilizan contra sus hijas e hijos las mismas amenazas, castigos, golpes, presiones e insultos que sus propias madres o sus padres les aplicaban cuando eran niñas.

Como observa Álvarez, citado en Everstine y Everstine, en los casos de maltrato físico a menores en México el principal agresor es la madre y la mayoría de las víctimas son varones. Uno de los más graves problemas sociales de las grandes ciudades son los niños y adolescentes que viven en las calles. Este problema se relaciona íntimamente con la problemática de la violencia familiar y el alcoholismo de los padres o padrastros, con el abuso sexual y la violación de menores, y con la miseria y la ignorancia.

Golpear a los niños es crueldad y los conduce a que aprendan normas de conducta violentas. De esta manera se vuelven más agresivos: creen que dar golpes es una forma legítima y común de resolver las diferencias. Los hijos de los machos se dan cuenta que de esta manera pueden atemorizar a las mujeres y someterlas ("ponerlas en su lugar"). Más adelante, ellos harán lo mismo con sus parejas.

Los hombres agresivos exigen a las mujeres una dependencia exagerada y las violentan sexualmente. Por su parte, las mujeres sufridas se vengan de los hombres permitiendo (y a veces provocando) sus agresiones, para después controlarlos mediante la culpa.

Por ejemplo, una mujer de 28 años, maestra de secundaria, dice: "Mi padre llegaba muchas veces borracho y golpeaba a mi madre, le gritaba y la insultaba. Un día se pelearon, como siempre. Él le pegó con una silla y le sacó sangre de la nariz; luego se fue a dormir. Todos los niños estábamos paralizados y muy asustados. Mi madre nos dijo: 'No limpien la sangre (del piso de la cocina), para que mañana su padre se sienta mal por lo que hizo y entienda que es un bruto y un malvado hijo de su chingada madre'. Lo que yo nunca pude entender es por qué después de los pleitos hacían el amor, y todo seguía como si nada. Mi madre se separaba de mi padre, pero luego ellos se contentaban. De cualquier manera, yo tengo mucho miedo a los hombres."

Esa mujer premiaba a su esposo después de que la golpeaba y se emborrachaba; lo reforzaba y condicionaba para que siguiera así (Skinner). De esta manera, el deseo sexual de ambos se avivaba mediante la violencia. Por su parte, la hija no deseaba tener relaciones sexuales, porque temía recibir golpes y violencia a cambio de su entrega.

En la opinión de González Pineda, cuando la mujer pide afecto, dinero o cualquier responsabilidad masculina a su pareja, el hombre siente eso como exigencia de sometimiento. Además, recuerda las peticiones de su madre cuando niño y se activa de nuevo su rebeldía adolescente, que fue el paso inicial para afirmar su masculinidad. Percibe a su mujer como dominante, absorbente y como una grave amenaza a su virilidad.

El macho narcisista demanda de su pareja los mismos mimos y consentimientos que su madre le proporcionó cuando él era pequeño. Siente que pierde su hombría cuando su pareja no lo obedece ni se somete de inmediato a sus deseos. También se le agudiza la vergüenza, la depresión y la sensación de que ha perdido el rumbo y está desorientado.

Este terror, con la consiguiente violencia irracional para evitar que eso suceda, adquiere la máxima intensidad cuando su mujer amenaza con dejarlo; entonces le parece que se va a morir y piensa que ya no tiene ninguna razón para seguir en este mundo.

A ningún hombre prepotente le conviene que las mujeres adquieran independencia. En palabras de uno de ellos: "Nuestro deber, como hombres, es poner a las mujeres en su lugar, empezando por la esposa de uno. Si no les damos órdenes para todo, si no las sometemos, a como dé lugar, no nos respetan; primero surgen los problemas y después sobreviene el caos, y eso no lo podemos permitir de ninguna manera; hay que golpearlas de vez en cuando."

Felipe Ramírez denomina *riesgo fatal* a lo que siente un macho cuando su mujer intenta quitarle sus placeres, comodidades y privilegios: se angustia mucho, porque ve amenazada su cómoda posición en la que todos están para servirle. Llega a pensar que no sería nadie, que perdería su virilidad y su razón de existir si llegara a faltarle el ego prepotente que confunde con la esencia de sí mismo.

Entonces le hace falsas promesas y le da algunos regalos: va a dejar de beber, será cariñoso, trabajador y buen padre. Durante algunos días muestra alguna mejoría, pero después todo sigue igual. Su mujer se desespera otra vez, le reclama y amenaza con dejarlo.

Para conservar sus privilegios y someter de nuevo a su pareja, el macho utiliza la violencia intrafamiliar. El objetivo de la violencia es vencer la resistencia de la mujer, desquiciarla en sus sentimientos y pensamientos, subyugarla y recuperar el control absoluto. Los hombres machistas utilizan la violencia en forma progresiva. Si no funcionan los medios indirectos, ensaya la violencia verbal y finalmente llega a la física.

Entre los medios de violencia indirecta están las miradas duras y los gestos de enojo Otras maneras: si la mujer habla, el hombre finge que se aburre. Cuando ella intenta decir algo, la deja con la palabra en la boca o mira hacia arriba, a modo de crítica y descalificación. Le dice: "Perdóname, mi amor, pero tú no sabes nada de eso; ni siquiera te puedes mantener sola".

Cambia el tema de la conversación, le hacer creer que dice tonterías y se burla de ella. También se hace la víctima, por ejemplo, deja que ella se arregle para una fiesta y luego la culpa porque se tardó mucho tiempo.

Para denigrarla, el macho restringe las actividades de su mujer, llega tarde a su casa, limita sus compras y la hiere con su desinterés. Luego recurre a la violencia verbal y las amenazas: "Si tú me dejas te mato, te quito a tus hijos, eres una p..., pendeja, hija de la chingada, ni se te ocurra salir de la casa. Te voy a golpear. Te voy a correr de la casa porque no sirves para nada y no me quieres lo suficiente, te voy a quitar a tus hijos, les va a ir muy mal a ellos si no haces todo lo que te digo".

Sigue la violencia física, que puede ser indirecta, por ejemplo romper objetos alrededor de la persona, empuñar armas, golpear puertas y mesas y destruir la ropa de la mujer. La violencia directa comprende forzar el sexo de manera violenta, empujones, golpes y lesiones con armas de fuego o punzocortantes.

La violencia física va acompañada de una serie de falsas razones: "Tú me obligas a golpearte. Yo te pego porque te quiero, porque eres mía. Es por tu culpa, porque eres tan terca y desobediente", "es culpa de las presiones de mi trabajo. Sólo fue una cachetada, ¿por qué te pones así? No es para tanto; me voy con otras mujeres porque tú no me atiendes, eres fea y fodonga, no sabes hacer el amor y siempre te estás quejando".

También minimizan lo que hicieron: "Te quejas y lloras por cualquier cosa, la verdad es que yo no te pegué tan fuerte, tú te caíste sola, estás exagerando, eres una mentirosa, yo sólo estaba bromeando." También niegan sus abusos: "Yo no hice nada, tú te lo imaginaste, yo no soy agresivo, yo te quiero." Puede llegar al colmo de decir con todo cinismo: "Yo no violé a tu hija..."

Los hombres machistas y narcisistas se muestran débiles para arrancar favores a las mujeres maternales y protectoras. Los alcohólicos y drogadictos intentan convencer a sus parejas de que ellos no pueden dejar el vicio, pero que eso sucederá por el "amor" de su pareja (su entrega absoluta y sacrificada). Ella sólo necesita darles cariño y sexo incondicional, aunque reciba maltratos: "Se me pasaron las copas. Yo sigo bebiendo porque tú todavía no me das lo que yo necesito, no me amas lo suficiente, sufro mucho por tu culpa".

Los alcohólicos lloran y se lamentan porque su mujer ya no los quiere. Expresan su temor de ser abandonados. Emerge su parte de niño asustado, inmaduro emocionalmente, que tuvo poco o ningún cariño de su padre.

Se ha demostrado que el abuso del alcohol está asociado con un aumento en la probabilidad de abuso hacia la mujer (Kantor y Strauss). El alcohol tiene el efecto de debilitar las inhibiciones contra la violencia; además, en la sociedad, la agresión se acepta cuando alguien está bajo la influencia del alcohol. Debido a esto, muchos individuos aprenden a ser violentos cuando están tomados, porque de esta manera se justifican.

Carroll menciona las altas tasas de violencia en las familias mexicano-americanas. Entre las causas principales están la prepotencia masculina, la disciplina estricta y la sumisión al padre. Estos factores generan una *cultura de la violencia* donde el abuso marital y de los niños se acepta como algo común y corriente. El estrés de vivir en la pobreza, pertenecer a un grupo marginado, tener familiares enfermos o alcohólicos y la frustración acumulada, también contribuye a generar violencia doméstica.

Los actos de violencia emotivos y pasionales son la consecuencia explosiva de verse sujeto a una situación estresante que no tiene visos de resolverse. Así, el esposo golpea a su mujer, como un desquite, por ejemplo si está enojado por algo que le sucedió en su trabajo (Farrington).

Cuando beben, los amigos se solapan y compiten entre ellos para ver quién es el más macho. Se ríen de la violencia y la toman como juego. Animan al sádico golpeador para que siga abusando de su mujer: "Dale sus chingadazos y ya verás como entiende... Las mujeres son tercas como mulas y sólo te obedecen si las golpeas; aunque tú no sepas por qué, ella sí lo sabe".

Se calcula que en México existen nueve millones de alcohólicos, cada uno de los cuales afecta negativamente a tres personas. En los últimos años aumentó 300% la adicción en las mujeres. De los 13 a los 19 años de edad, el alcohólico empieza a infiltrarse en el problema de la violencia y el descontrol (Livier).

Para resumir, los machos abusivos crecieron dentro de una familia donde era común la violencia contra las mujeres. Tienden a ser más violentos cuando su compañera está embarazada y muchos de ellos se alejan definitivamente cuando la mujer ha dado a luz. Niegan el abuso, lo minimizan y dicen que no se acuerdan de nada, en particular cuando han bebido demasiado.

Hacen todo lo posible para que su compañera se vaya; luego intentan algo (al menos las falsas promesas) para que ella regrese. En la mayoría de los casos, eso les da igual, porque fácilmente encuentran otra joven ilusa y complaciente.

El alcohólico pierde su propia estima y el cariño de sus hijos. Su mujer, apoyada por otras personas, es la que finalmente decide poner un alto a la vida tan infeliz y absurda que lleva. Lo deja (o lo corre de la casa) y se queda con los hijos. La mujer y los hijos viven más tranquilos a partir de entonces.

La mentira y la violencia social

El engaño (la *transa*) es una ancestral costumbre mexicana. Como ejemplo memorable, los productores de fresas de una ciudad mexicana decidieron exportarlas a otro país. Enviaron algunas cajas de muestra: la capa de arriba, que todos podían ver, lucía fresas de gran tamaño e increíble aspecto, *made in México*. En las siguientes, había fresas pequeñas de escaso valor. Ningún extranjero volvió a solicitar tales productos –con supuesta calidad de exportación– por mucho tiempo.

En México el uso de la mentira, en todas sus formas, se acepta y se espera socialmente: cuando alguien es blanco de ella, siente irritación, pero no sorpresa, ni desprecio, ni descalificación ética profunda. En forma directa y abierta la mentira se utiliza como defensa y como ataque, con toda liberalidad en las zonas centrales y del sur del país, aunque su uso decrece conforme nos acercamos hacia el norte.

González Pineda advierte que los narcisistas se refugian en la identificación heroica de su primera infancia, y al saber que no la pueden realizar, porque no hay verdad en ella, no les queda más remedio que encontrarla en la mentira y la impostura. Su ficción cotidiana, de realizarse a través de falsas apariencias, se basa también en la segunda identificación del adolescente con su padre (el macho agresor, sádico, dependiente, falso y mentiroso).

Por su parte, Santiago Ramírez advierte que el *importamadrismo* es una mentira con la cual el mexicano tapa los ojos de su conciencia al dolor del abandono, la angustia y la depresión.

Según González Pineda, en México existen grupos sociales y políticos, empresas y corporaciones que únicamente protegen los intereses de sus dirigentes y manifiestan escasa madurez (y gran narcisismo y violencia) en sus relaciones internas y en las que tienen con otros grupos. También fomentan el narcisismo machista como estilo de supervivencia entre sus miembros.

Así, los jefes narcisistas ególatras aíslan y liquidan a los empleados que trabajan bien, porque no soportan que ellos los opaquen. Están siempre enojados y maltratan e insultan a sus subordinados. Se atribuyen la infalibilidad en todo; se apropian de sus ideas y los explotan. Se obsesionan con su manera rígida de hacer las cosas y frenan cualquier innovación dentro y fuera de su organización. Promueven a los que los aplauden y son sus espías, a pesar de que son parásitos carentes de iniciativa.

Esos directivos acosan sexualmente a las mujeres; contratan secretarias atractivas sin experiencia laboral, con la esperanza de obtener sus favores a cambio del puesto. No soportan como colegas o jefes a las mujeres seguras de sí mismas, ni a las profesionistas exitosas; les hacen la guerra y tratan de someterlas bloqueando sus promociones. Incluso corren la voz de que ya se acostaron con ellas.

Motivado por su orgullo herido, cuando atraviesan situaciones problemáticas, estas personas estallan en ira dirigida contra quienes los rodean, a los que culpan por todo lo que les molesta. Entonces, exhiben toda clase de conductas violentas y autodestructivas: de esta manera se llenan de adrenalina, ponen a todos en su lugar y evitan sentirse deprimidos.

La violencia y la inseguridad social que sufrimos los ciudadanos comunes es el resultado de la falta de autoridad moral de los gobernantes y de algunos gobernados, según Rodríguez y Villaneda. Los primeros utilizan discursos mentirosos, aparatos represivos, terror y manipulación ideológica para seguir justificando un Estado antidemocrático, en el que la corrupción general es el uso abusivo del poder.

Conviene recordar que en muchas películas y juegos de computadora, la violencia (en particular contra las mujeres) se presenta como algo muy divertido. Por su parte, la televisión se encarga de difundir los actos de violencia (secuestros, asaltos, guerras, terrorismo) de manera fría y detallada, y no presta tanta atención a los actos humanitarios ni a los avances culturales y científicos.

Esto contribuye a que los adolescentes consideren la violencia como algo esperado, algo tan común y corriente que no debería provocar en ellos ninguna respuesta emocional en particular. Es mucho más fácil salir en televisión siendo un ladrón, secuestrador o asesino, que si usted es un hombre laborioso, excelente padre de familia, buen profesionista o un profesor que ha dedicado toda su vida a la enseñanza.

En ausencia de un padre cariñoso y cercano (y de otros modelos adecuados), los adolescentes optan por la competencia, la desconfianza y la rudeza. Como ejemplo, la violencia se valora y cultiva de manera particular entre los niños de la calle y en las pandillas de los barrios. Según Sánchez, en la capital del país, de cada 100 delincuentes jóvenes entre 16 y 29 años, más de 90 son hombres. Al menos una de cada cuatro mujeres es víctima de agresiones.

Muchos adolescentes adoptan la agresividad como una especie de salvación para demostrar a los demás que no son *viejas*. Sin embargo, siguen añorando la ternura temprana que recibieron de su madre. Sus amigos y las pandillas también favorecen la violencia. Consideran *más hombre* al más *aventado* de ellos.

Merece mayor admiración el joven que se mete en problemas con las autoridades escolares e incluso con la policía. Los *reventones* de los adolescentes, en los que se abusa del alcohol (y las drogas) son parte de una etapa de rebeldía.

Para un macho mexicano, la peor injuria a su ego es que su mujer lo deje y prefiera a otro hombre, porque supone que ella lo está acusando de que no tiene la suficiente potencia viril para satisfacerla. Como ejemplo repetitivo, vemos en la televisión lo que le sucede a la novia de algún macho mexicano. Ella le comunica que ya está harta de sus celos y maltratos; debido a eso, ya no lo quiere ni desea seguir con él. Con engaños, el ex novio la convence de platicar a solas con ella por última vez. Después de eso, él se va a retirar para siempre. Le abre la puerta de su casa, y él la asesina a puñaladas, con lujo de violencia; pero antes le grita el típico mensaje: "Si no eres mía, no serás de nadie".

Se muestra sorprendido cuando lo aprenden y le imponen el debido castigo. Desde su punto de vista machista y psicopático, él tiene derecho a hacer lo que hizo. Esa mujer era suya, mientras él no la dejara, porque habían tenido relaciones sexuales; él le estaba haciendo el favor de andar con ella, dejando otras oportunidades. ¿Cómo es que ella se atrevió a rechazarlo de manera tan pérfida e inesperada, siendo así que su novio era tan cariñoso y la quería tanto?

La situación de opresión de las mujeres indígenas en Morelos, Oaxaca y Chiapas excede la imaginación. En algunas poblaciones de dichos estados, los padres venden a las niñas de 12 o 13 años al que será su primer hombre. El alcoholismo es común en los hombres que desprecian, golpean y maltratan a sus mujeres.

Bonfil (vea *Fernández*) relata lo complicado que es ser mujer indígena, con la misión principal de *parir, parir, parir* hasta tener los suficientes hijos para que la familia funcione en términos de la lógica campesina. Ser mujer indígena significa nacer desnutrida, comenzar a trabajar desde los 3 o 4 años en labores domésticas, cuidar a sus hermanos, abandonar la escuela, embarazarse, distinguir apenas entre sexualidad y reproducción, carecer de control sobre su cuerpo y tener alto riesgo de maltrato en sus relaciones de pareja.

Rosario Castellanos dice en *Ulloa*: "Los indios son seres humanos absolutamente iguales a los blancos, sólo que en circunstancia especial y desfavorable. No me parecen misteriosos ni poéticos, lo que ocurre en los que viven en una miseria atroz. Es necesario describir cómo esta miseria ha atrofiado sus mejores cualidades". En su intento por mejorar, muchas mujeres del campo migran a las ciudades para tratar de ganarse la vida como domésticas, afanadoras y vendedoras, entre otras actividades; por lo común, al poco tiempo tienen uno o varios hijos y con frecuencia sus parejas las dejan.

Los hombres machistas promueven el falso dogma de la *superioridad* del hombre. Para mantener esta errada dinámica social utilizan la violencia contra las mujeres. En las sociedades machistas abundan los pleitos, el maltrato familiar (junto con el alcoholismo) y las violaciones.

La violación de la pareja, de otra mujer, de niños y niñas es el colmo del terrorismo psicológico que utilizan los machos para sentirse poderosos. Violentan todas las dimensiones de las víctimas (corporales, emocionales y mentales) y las dejan aisladas, devaluadas, aterrorizadas y desintegradas.

Transmiten el mensaje social de que ninguna mujer puede estar segura en ningún sitio, ya que algunos hombres se transforman de repente en animales irresponsables. Los que sustentan la supremacía masculina repiten, de manera absurda, que las mujeres provocan la violación y también la desean y la disfrutan, o por lo menos deberían hacerlo. Ciudad Juárez, con los asesinatos no resueltos de tantas mujeres violadas, sigue dado mala fama mundial a nuestro país.

En cuanto a la edad de las víctimas de violación en México, la mayor concentración de casos ocurre entre los 15 y 18 años, generalmente, del sexo femenino. El sujeto agresor, prácticamente en 100 por ciento, es el padre o un familiar cercano de sexo masculino (Álvarez, en Everstine y Everstine).

Los entrenamientos militares y policiales de algunos países eligen como candidatos a personas machistas sin contexto familiar estable y las preparan como profesionales de la violencia extrema. Eliminan los sentimientos de los reclutas para que ellos puedan matar sin ningún miramiento; los enemigos son infrahumanos, y ellos pertenecen a los países más fuertes y civilizados del mundo; torturar a los prisioneros es muy divertido, como creyeron los soldados pacificadores de Estados Unidos e Inglaterra en las cárceles en Irak. En las dictaduras de Latinoamérica sucedió (¿y sucede?) lo mismo.

Vaknin advierte que los narcisistas obtienen un poco de paz, de manera irónica, cuando padecen una enfermedad terminal, están borrachos o drogados, o han sido encarcelados. Son sus peores enemigos y torturadores, pero entonces ya no pueden culpar a los demás, ni a las fuerzas externas incontrolables (el karma) por sus fallas y problemas. "Yo no tengo la culpa" informan a su juez interno que los atormenta. "No pude hacer nada al respecto, y ahora déjenme en paz". Finalmente, cuando el narcisista está deshecho, sus voces se callan, y por fin se siente libre.

Según Guilligan, los asesinos más crueles comentan que sabían que ya estaban muertos, antes de la silla eléctrica, porque no tenían sentimientos; por esa razón les daba lo mismo estar vivos o muertos. Eso se parece a lo que afirman algunos machos mexicanos: "Vale más que me maten, con tal que yo no sea una *vieja* (un hombre sensible); esos les toca a las mujeres y a los hombres afeminados que se rajan".

Las nuevas sociedades narcisistas

Según Yablonsky ahora existe una patología social que infecta todas las relaciones humanas: en las tecnocracias, con su proliferación de burócratas y empleados, los humanos se convierten en máquinas sociales. Se trata de sociedades deshumanizadas, en las que faltan las emociones espontáneas y sinceras; en vez de eso, las personas se dedican a la búsqueda incansable de la imagen, el status y las apariencias.

La propaganda comercial televisiva se empeña en crear una serie interminable de necesidades artificiales que a menudo no guardan relación alguna con las necesidades reales de los seres humanos. Como consecuencia inevitable, aunque nos rodeamos de objetos inútiles, costosos y desechables, nunca estamos satisfechos.

Según Fromm, los actuales sistemas políticos y sociales, ahogados por el consumismo, la burocratización y la masificación, nos impiden realizar las aspiraciones de libertad, creatividad, trascendencia y amor fraterno. Dentro de las sociedades enfermas, las presiones que nos impulsan al conformismo generan neurosis y conductas antisociales violentas, a consecuencia de la pérdida de los sentimientos y del espíritu humano.

La enajenación que encontramos en las sociedades modernas es casi total: impregna las relaciones de los hombres y de las mujeres con su trabajo, con las cosas que consumen, con sus semejantes y consigo mismos. El trabajo se realiza de modo rutinario y automático. No tiene algún sentido en sí mismo, ni es una actividad humana, con su propia dignidad: solamente es un medio para ganar dinero, una *chamba* o un *subempleo*.

Los individuos enajenados han perdido el contacto emocional grato consigo mismos, al igual que con las demás personas. No pueden verse como los portadores activos de sus propias capacidades, sino que se perciben como cosas, números y mercancías empobrecidas. Tampoco se pueden ver como el centro de su mundo, ni como generadoras de actos creativos y originales; sienten que sus actos rutinarios y las consecuencias de ellos se han convertido en sus amos, a los cuales obedecen.

Dependen de poderes exteriores, en los cuales han proyectado su sustancia vital, como el destino, la política, el gobierno, la economía, la empresa y la crítica de los demás. En una relación enajenada con el Estado, el principio que sirve de base al consumismo es que el bien común y la felicidad resultarán, inevitablemente, por el mero hecho de que cada persona compita en el mercado por sí solo o mediante empresas, y se convierta en un ávido consumidor.

Como resultado de esa premisa, el gigantesco Estado y las leyes del sistema económico funcionan por sí solos y ya no están controlados por el hombre. Los sistemas políticos nos controlan, los medios de comunicación y las leyes que nadie regula y que ni siquiera lo necesitan.

En México, a nivel nacional, padecemos injustas desigualdades económicas, profunda insatisfacción y violencia social, bajísimos niveles educativos y pavorosa deserción escolar. Por si eso fuera poco, abunda el desempleo, el subempleo y los *minisalarios*, que contrastan con los altísimos sueldos de políticos, funcionarios y gerentes de empresas.

Otra consecuencia de la enajenación es que las relaciones personales se caracterizan por una amistad superficial, distante e indiferente. Por lo común, se trata de contactos sociales sin mayor trascendencia entre dos o más personas robotizadas y maquinizadas que se utilizan recíprocamente.

Ser aceptable significa no ser distinto de los demás (Fromm). Basta que la ropa, los gestos y la conducta de los individuos se adapten a alguno de los estereotipos sociales comunes y corrientes, siguiendo la moda del momento.

La televisión propaga el culto a los ídolos del momento, dotados de gran atractivo, fortuna e individualismo agresivo. Sus conductas privadas se convierten en normas de conducta; definen lo que es de buen o mal gusto para millones de personas. Muchos individuos comunes y corrientes sueñan con aparecer frente a las videocámaras, porque –de acuerdo con esta nueva religión– habrán alcanzado la fama y serán inmortales.

¿Acaso puede haber una existencia más perfecta para los narcisistas mexicanosególatras que verse reflejados en millones de pantallas, cuando el Narciso de la fábula sólo pudo admirar su reflejo en un estanque? Cualquiera puede participar en este gran juego de la fama: hasta los secuestradores, narcotraficantes, políticos corruptos y asesinos disfrutan su momento de gloria cuando se convierten en celebridades instantáneas de la televisión.

México está formado por numerosas entidades (barrios, aldeas, poblados, pequeñas y grandes ciudades y estados), entre las que existen profundas diferencias sociales y económicas. Según Béjar, para conocer y mejorar los niveles del desarrollo social de nuestro país habría que continuar investigando la manera como prevalece el machismo en cada uno de los distintos estratos sociales.

Capítulo 4

El desarrollo
del verdadero ser

No todas las mujeres son madres, ni todas las madres amamantan a sus bebés. Sin embargo, la maternidad es una vivencia profunda que crea un lazo indisoluble entre la madre y el infante. Cuando la madre se deja ir, y su satisfacción se funde con la del bebé, experimenta una sensación de unidad total con él, parecida al misterioso tiempo del embarazo.

La relajación profunda, hasta casi fundirse, del bebé con su madre cuando ella le da de mamar es una unión cósmica, física y psíquica a la vez. Debido a estas experiencias, el amor del niño hacia su madre es muy especial durante toda la vida. Para ella, es la experiencia de dar vida y de darse a sí misma, al bebé: alegría y alivio de tensión que tiene sus tintes eróticos.

En el infante, los primeros contactos con el mundo externo se establecen, principalmente, con los labios y la boca. Activando estas partes del cuerpo, junto con la vista y el olfato, reconoce a su madre. Está centrado en satisfacer sus necesidades básicas de alimento, sueño y contacto físico.

Para él, su madre tiene un sabor, calor, blandura, olor y ritmo específicos; cuando mama, aprende a usar sus manos para ayudarse; también conoce con las manos el pecho materno que primero conoció con su boca. Como observa Feldenkrais, el inicio de la imagen sensorio-motriz individual está ligado a la creciente capacidad para los movimientos deliberados.

A medida que los niños y las niñas progresan en el uso de la vista y las manos, recorren, poco a poco, el cuerpo con sus manos. También incorporan a su imagen las partes del cuerpo que no ven, pero que otras personas les tocan, y también las que se golpean cuando gatean. A los dos años de edad se golpean la cabeza y la espalda cuando se meten debajo de los muebles. Con esto, integran en su cerebro esas partes, y aprenden los límites y dimensiones de las mismas.

Los infantes adquieren las primeras nociones de distancia y volumen cuando aprenden a mover las manos de modo más fino; la vista y el oído participan en estos procesos. Los niños y las niñas también tocan algunas áreas del cuerpo de su madre y de otras personas cercanas, y aprenden a manipular algunos objetos que son sus primeros juguetes.

Los adultos tocan el pecho de los niños y repiten su nombre, como inicio de una identidad verbal asociada con el cuerpo. Ellos aprenden a decir "tú" y se tocan el pecho, y después pueden decir *yo* y su nombre. Se va formando un área de identidad emocional en ese sitio, al que también asocian a sus juguetes y a las personas cercanas. Del mismo modo, se establece una separación conceptual entre los demás objetos (y personas) y el propio yo corporal.

Como extensión de sí mismos, incorporan ciertos objetos y personas cercanas. Lo que el niño lleva en su mano cerrada, como su juguete preferido, pasa a ser suyo, aunque al principio sólo era suyo lo que entraba a su boca y podía comer. Sus padres, hermanos y demás cuidadores son las personas en quienes puede descansar su cabeza y de las que puede asirse, por lo que también pasan a ser suyos de alguna manera. Es natural que se apeguen y se encariñen con las personas alegres que los hacen sentir bien.

Los sonidos y palabras del niño o niña, junto con sus recuerdos y sentimientos, también se anclan en su propia imagen corporal. Las primeras palabras de ellos, además de algo parecido a mamá y papá, suelen estar relacionadas con el alimento; después, aprenderá muchas otras.

Según Skinner, las primeras palabras pueden clasificarse en dos categorías: aquellas que indican un objeto que está presente, se ve y podría tocarse (palabras tacto o tactos) y otras que manifiestan una necesidad interna que debe ser satisfecha (palabras mandato).

La imitación de las posturas y gestos de los padres y hermanos mayores juega un papel importante en el desarrollo de los niños. El modo como caminan, usan sus manos, el tono de voz y su vocabulario se parecen al de ellos. En el transcurso de la vida, las experiencias positivas contribuyen a la formación de una imagen sana y bien integrada, llena de sentimientos placenteros.

La propia imagen es el centro de identidad personal alrededor del cual gira la vida consciente; es parecida al programa que dirige los movimientos de un robot. La gran diferencia es que los humanos podemos estudiar cómo fuimos programados para modificar a nuestro favor esos programas; también somos capaces de mejorar las opiniones que tenemos acerca de nuestra realidad mente-cuerpo.

El cuadro 1 muestra las principales características de las personas narcisistas y machistas, con su *grandioso ego*, y también las de los hombres y las mujeres que han desarrollado su *verdadero ser*.

Cuadro 1. Principales características de las personas narcisistas y de las que han desarrollado su verdadero ser

Las personas narcisistas y machistas	Las personas que actualizaron su verdadero ser
Se identifican con su grandioso ego para ocultar sus vacíos, miedos e inseguridades. Tienen una imagen inmadura, fragmentada e incompleta de sí mismos. Fabrican continuas fantasías de poder ilimitado, éxito, amor y belleza. Mantienen lazos demasiado estrechos con su madre y no han desarrollado su inteligencia emocional ni su intuición.	Trascendieron el ego y desarrollaron el propio yo, que está sustentado en la imagen bien integrada de su realidad mente cuerpo.
Muestran escasa profundidad en sus relaciones personales; para ellos, los sentimientos de apego, compasión y verdadera amistad son ridículos. Desconfían de las otras personas. Su visión de la vida es fría y carente de ética.	Cuentan con suficientes habilidades sociales y aprovechan su Inteligencia emocional; son cariñosos y creativos; disfrutan la capacidad de amar con apego y compromiso.
Estiman que las demás personas son reflejos de su yo inmaduro; objetos destinados a su satisfacción que después pueden descartar. Son ególatras presumidos que se dedican a la manipulación, los engaños, las mentiras y la violencia. Procuran impresionar y dan su mejor imagen a los demás; buscan de manera compulsiva halagos, admiración, sumisión y tratos especiales.	Experimentan paz y alegría porque encuentran en su interior muchas respuestas. Pueden tomar sus decisiones de manera personal y constructiva, pero también pueden trabajar en equipo. Ayudan a los demás de manera compasiva y respetuosa. No se toman demasiado en serio y tienen sentido del humor.
En respuesta a cualquier situación de crítica o fracaso, experimentan ira, humillación y vergüenza. Culpan a los demás de lo que ellos mismos hicieron mal. Utilizan alcohol, drogas, sexo, juegos y actividades compulsivas para evitar la depresión y sentirse de nuevo poderosos.	Aprovechan y combinan de manera equilibrada todas sus funciones psicológicas. Han superado los limitados modelos de masculinidad y feminidad que proponen las sociedades consumistas y televisivas.
	Superan el estrés con relativa facilidad y disfrutan de buena salud (física, mental y emocional); se empeñan en comprender a su pareja y se relacionan bien con sus hijos, compañeros de trabajo, amigos y amigas.
	Se adaptan de manera flexible e inmediata a las circunstancias cambiantes de

☞ continúa

☞ continuación

Padecen toda clase de síntomas y trastornos psicosomáticos, son solitarios y les falta sentido del humor.

la vida y están bien ubicados en su país y en el mundo. Manejan los niveles superiores de conciencia y disfrutan una visión transpersonal y cósmica del universo que les rodea.

El gran *ego* fatuo de los narcisistas

El rasgo central del narcisismo (y del machismo) de los mexicanos es un sentimiento de excesiva autoimportancia que cubre una autoestima muy frágil. Su principal problema es una profunda sensación de inferioridad y miedo al rechazo, mientras que la grandiosidad del ego es su tarjeta de presentación y estilo de manipulación más conocido. El principal propósito de sus acciones –y de su vida– es aparentar ser, sin preocuparse por desarrollar el verdadero yo.

La imagen psicocorporal de los hombres y mujeres narcisistas es inmadura, tenue, fragmentada, camaleónica y volcada hacia el exterior; excluye los aspectos emocionales y sentimentales de la realidad genética de su organismo. Para estas personas, encariñarse de los demás les parece absurdo y peligroso.

Los narcisistas rechazan dentro de sí mismos lo que los demás han censurado: la inteligencia emocional con todas sus capacidades creativas. Tratan de impresionar a los demás para compensar sus inseguridades; esto se fundamenta en un razonamiento falso: "Hay algo malo en mí que los demás rechazan. Por eso mismo, debo ser alguien muy especial, fuera de lo común y muy importante".

Se dedican a fabricar sueños de grandeza egoístas que confunden con la propia esencia. Un salvoconducto para crearlas (y creérselas) es el abuso del alcohol y las drogas; otros son el activismo, los juegos compulsivos, los pensamientos obsesivos y las doctrinas místicas y esotéricas: hay quienes se intoxican todos los días con ideas grandiosas; sin embargo, nunca las convierten en realidades exitosas, ni son capaces de brindar cariño y amistad a sus semejantes.

Me permito subrayar que estas conductas son una *defensa maníaca*: los narcisistas se aceleran para no sentirse deprimidos, inseguros, vacíos y solitarios. De esta manera intentan fortalecer la grandiosa imagen de su ego. Para mantener viva la sensación de que son maravillosos, necesitan que los demás les provean admiración, aplausos, mimos y halagos, como espejos en los que ellos reflejan su supuesto poder y belleza.

Sin éstos, no serían sino los consentidos e inmaduros hijos de sus dedicadas (y *santas*) madres, y los resentidos y atemorizados niños rechazados y golpeados por sus padres. De manera compulsiva, solicitan los halagos de todo mundo, como aire necesario para mantener inflado su ego. Es como si desearan retornar al mundo de la unidad infantil con su madre que los amamantaba, mientras que ambos estaban sumergidos en un océano de felicidad absoluta, sin conciencia de ser personas distintas.

Cuando están borrachos, sus disfraces imaginarios les parecen muy ciertos: se transforman en los abandonados, los incomprendidos por las mujeres pérfidas, los payasos de la fiesta, los grandes amigos, los generosos despilfarradores, los grandes negociantes, los inventores exitosos, los grandes seductores, los que conducen a mayor velocidad, etcétera. Como dice el refrán: "Dime lo que presumes y te diré de qué careces".

Por ejemplo, un sacerdote, profesor de una conocida universidad católica, se dedicó a seducir alumnas toda su vida. Les decía que las amaba incondicionalmente, sentía gran empatía por ellas y las comprendía, pero abusaba de ellas y las desechaba a las pocas semanas. También perdonaba sus pecados, les daba la comunión, e incluso actuaba como ministro en sus bodas.

Este narciso *verbo y carita* acumuló toda clase de puestos directivos de manera compulsiva. Promovió a los aduladores y a sus amantes en turno; se apropió de las investigaciones de maestros y alumnos; liquidó a los expertos que temía pudieran hacerle sombra y recibió toda clase de regalos, diplomas y felicitaciones. Incluso llegó a ser el superior de su orden religiosa.

Sus compañeros religiosos lo solaparon siempre, porque él obtenía donativos de los ricos *bienhechores* que buscaban un establecimiento de moda donde pudieran estudiar sus hijos e hijas. Cuando niño, su madre lo convenció de que era divino, guapísimo y con inteligencia superior, mientras que su padre nunca lo reconoció como hijo.

Cuando uno de sus admiradores le preguntó por qué no se casaba, ya que predicaba la congruencia psicológica, respondió: "Porque me da güeva". Su madre se sintió muy orgullosa de su maravilloso y santo hijo hasta su muerte, pero muchas otras personas se dieron perfecta cuenta de que tal sacerdote manipulador, con votos de castidad, era un donjuán egoísta, pura falsedad y pantalla.

Según Winnicot, el *falso yo* causa problemas a las personas que lo confunden con su verdadero yo. La confusión ocurre debido a que los padres del niño tratan al falso yo como si fuera el verdadero, y al verdadero como si fuera falso. El *yo verdadero* se reprime y fragmenta, mientras que el yo falso (el ego) toma el control, porque la persona se identifica con él.

Hay dos modos de percibir a los demás: 1. Como meros apéndices y reflejos del yo falso e inmaduro, y 2. Como individuos distintos, con motivaciones e intenciones propias, que van a comportarse como ellos quieran, aunque a nosotros eso no nos guste.

Por su inmadurez, los adultos narcisistas consideran a las demás personas como objetos subordinados que pueden utilizar (y luego descartar) para obtener su propia satisfacción. Sin embargo, se muestran complacientes y serviles con las que están arriba: las halagan para obtener ganancias. Nadie como un narcisista para aprovecharse de otro de sus congéneres, porque conoce bien todas sus debilidades.

Los narcisistas fueron entrenados durante la niñez y la adolescencia para considerar los sentimientos de solidaridad, amor, compasión, apego y verdadera amistad como cosas ridículas, absurdas y poco inteligentes. Debido a que niegan y reprimen aspectos tan esenciales, su visión acerca de la vida se torna fría, egoísta, mentirosa y carente de ética.

La Madre Teresa de Calcuta opina que la persona más peligrosa es la mentirosa; la cosa más fácil es equivocarse; la raíz de todos los males es el egoísmo; las personas más necesarias, los padres; los mejores maestros, los niños; la mejor tarea, ayudar a los demás; la primera necesidad, comunicarse; la cosa más bella, el amor.

Diferencias entre el *yo* y el *propio yo*

En la Edad Media se creía que los humanos tenían un *yo* egoísta que luchaba contra la perfección del alma. Los de abajo debían someterse de manera servil a las autoridades civiles y religiosas, quienes los presionaban a luchar contra su *egoísmo* para así imponerles con mayor facilidad lo que tenían que hacer. Las autoridades definían lo que supuestamente era bueno o malo.

Era necesario olvidarse del cuerpo y de uno mismo para *salvar* el alma. Una oración medieval dice: "Dios conserve a los señores (los príncipes, los obispos) y mantenga a cada quien (los siervos, los pobres y enfermos) en su lugar".

En las culturas opresivas, llenas de terror y angustia, que fabrican los poderosos –antiguos y modernos– los de arriba acumulan inmensas riquezas a costa de la sumisión y explotación de los de abajo. Desde siempre, estas culturas generan insatisfacción y violencia, como sigue sucediendo en nuestro país.

A partir de Jung, se denomina *ego* al yo impulsivo, infantil, falso y manipulador. A todos nos conviene controlar y superar al ego, porque carece de metas autónomas y dimensiones sociales; tampoco cuenta con sentimientos elevados ni con suficiente amplitud de conciencia.

Al bebé, lo único que le interesa es que los demás, muy en particular su madre, satisfagan sus necesidades de alimentación, cariño, sueño, entre otras. En sus primeros años, los niños y las niñas dirigen hacia sí mismos casi todo el amor de que son capaces, de manera narcisista. Sin embargo, poco a poco van aprendiendo a amar y se apegan a otras personas, aunque dependen cada vez menos de ellas.

En los primeros años, la madre actúa como un filtro entre los niños pequeños y el mundo externo, pero si este período (el "narcisismo primario", es decir, la feliz unión con la madre) se extiende por mayor tiempo del debido, se cristaliza la visión materna dentro del hombre o la mujer narcisista, y se convierte en su manera básica de ver la vida (Kohut). Como expliqué en el capítulo 2, esto mismo les sucede a los mexicanos hijos de madres consentidoras, sufridas y resentidas.

Los hombres y las mujeres narcisistas se identifican con su ego (yo falso), la parte infantil que busca su propio placer a toda costa. Conservan una imagen falsa, incompleta y poco adulta de sí mismos. Es certero afirmar que la mayoría de estas personas nunca desarrollaron su "propio yo"; mientras que otras, intoxicadas con el poder, la fama, el dinero y los aplausos, se olvidaron de él y retornaron a la imagen infantil, grandiosa y vacía de sí mismos.

El yo inmaduro es incapaz de generar opiniones propias; tampoco se atreve a desarrollar metas de superación personal que valgan la pena. Se deja llevar por el egoísmo, el miedo, la ira, la moda y las tradiciones machistas. Está pendiente de las reacciones y los juicios de las demás personas; le preocupa demasiado el *qué dirán*.

Los narcisistas se toman muy en serio, y no son capaces de reírse de sí mismos, porque carecen del sentido del humor. Suponen que necesitan estarse cuidando de los demás a cada instante para evitar que los dañen. Utilizan máscaras sociales y juegos de manipulación para sacar ventajas indebidas de las demás personas, y sin ningún miramiento pisotean su dignidad y sus derechos como seres humanos.

Al contrario, a partir de su adolescencia temprana, los hombres y las mujeres que alcanzan suficiente madurez van ampliando la imagen de sí mismos, confían en sí mismos y empiezan a desarrollar su verdadero ser, o su *propio yo.* Salen de su ego inmaduro y dirigen hacia las demás personas gran parte del cariño que únicamente se tenían a ellos mismos cuando eran niños: pueden amarlas, dando y recibiendo, abiertos a la vida.

El concepto del propio yo, junto con la opinión de que cualquier persona es autónoma y capaz de dirigirse a sí misma, se empezó a desarrollar hace unos 800 años (Campbell). Las teorías psicológicas modernas postulan que las mujeres y los hombres adultos podemos darnos cuenta de lo que más nos conviene.

El propio yo es la agencia que coordina todas las funciones psicológicas, incluyendo las emociones superiores. Se sustenta en la imagen bien integrada de nuestra realidad mente-cuerpo; es verdaderamente humano, socializado, compasivo y creativo, capaz de experimentar alegría y paz porque encuentra en su interior muchas respuestas.

Cuando hemos desarrollado el propio yo, estamos bien equipados para tomar nuestras propias decisiones de la mejor manera posible. Podemos utilizar nuestras capacidades para dar rumbos saludables y constructivos a nuestra vida, y para echar la mano a las personas que nos necesitan, de manera amable y compasiva.

¿Cómo podemos desarrollar el propio yo?

De acuerdo con el mito de Prometeo, el héroe que robó el fuego de los dioses, los humanos contamos con la luz de la conciencia, la capacidad de darnos cuenta. Mediante la inteligencia y la imaginación, sustentadas por los mejores sentimientos, exploramos lo que sucede en nuestro mundo interior, así como en el variado universo que nos rodea. De esta manera, en armoniosa sincronía con las circunstancias que nos rodean, llegamos a ser los arquitectos de nuestro propio destino.

El proceso de individuación requiere superar la identidad cultural propia de sociedades machistas y narcisistas para desarrollar el verdadero ser (*andrógino*). El narcisismo es un contagio emocional neurótico muy extendido entre los hombres de México, paralelo al masoquismo de las mujeres sufridas y complacientes. Impide el desarrollo del propio yo, por lo que esas personas neuróticas quedan a merced de su ego infantil y egoísta.

Los narcisistas son presumidos yególatras, muestran poca creatividad e iniciativa, son incapaces de trabajar en equipo y no tienen inspiración; arrastran una vida vacía y sin sentido porque son *pura pantalla*. Aunque sus *amigos* los aplauden y los halagan, y a pesar de que algunos son famosos y salen en televisión, ni su familia, ni sus amigos soportan su ego mentiroso, frío y prepotente.

Cuando el *ánima* (es decir, la parte impulsiva y sensible del hombre o el ánimus en la mujer) no se integra, queda descontrolada: exagera y llena de mitos las relaciones afectivas de cualquier persona, tanto en el ámbito familiar como en el trabajo. Las fantasías, las proyecciones y los embrollos egoístas resultantes son obra suya. Además, debilita la personalidad del humano: lo vuelve irritable, caprichoso, celoso, vanidoso e inadaptado.

Los hombres machistas eligen negar sus aspectos blandos y *femeninos* por miedo a la homosexualidad, y construyen un grandioso ego. Esto lleva consigo una disminución de su vitalidad, flexibilidad, bondad y ternura. Muchos de ellos se dedican a beber y a lamentar sus infortunios y su abandono. Por lo común, el alcoholismo genera culpas, gran cansancio y depresión.

En cada hombre existe una imagen primordial (ideal) de la mujer. No sólo de la madre, sino de la hija, la hermana, la amada, la diosa celestial y la diosa infernal. Cada madre y cada amada puede convertirse en portadora y en la encarnación de algunos aspectos de esta imagen omnipresente y eterna. Ella representa la lealtad, la muy necesaria compensación por los riesgos, los esfuerzos y los sacrificios que a veces terminan en desilusión. Para un hombre, puede ser el consuelo de todas las amarguras de la vida.

La mujer también es la gran ilusionista, la seductora que lo arroja a la vida donde hay engaños, y no solamente aspectos razonables y útiles. Como la vida misma, la mujer ofrece al hombre terribles paradojas y ambivalencias mediante las cuales el bien y el mal, el éxito y la ruina, la esperanza y la desesperación se contrapesan entre sí. Si el hombre la sabe tratar bien y la comprende, será su gran amiga. De otra manera, será una gran desconocida y su peor enemiga.

Como iré explicando a lo largo de este libro, para integrar nuestra personalidad necesitamos dedicarnos a cuatro actividades psicoterapéuticas de manera combinada: 1. Ampliar la conciencia corporal de nuestro propio organismo, 2. Desarrollar la inteligencia emocional, 3. Eliminar los rasgos neuróticos y los mecanismos defensivos que sostienen el ego ilusorio (narcisista) y bloquean las energías vitales del propio yo, y 4. Cultivar nuestras potencialidades y aprovechar las oportunidades de la mejor manera posible.

Algunas personas afortunadas que tuvieron padres sanos y cariñosos, desarrollaron su verdadero ser, sin mayores problemas, durante su niñez y adolescencia. Por el contrario, los narcisistas, igual que los neuróticos de otros estilos, necesitan recorrer la ruta de la individuación (Jung) para llegar al mismo resultado.

Mediante el proceso de individuación, la persona logra escapar del destino colectivo: el anonimato de las masas. Elige su propio camino y deja de ser una máscara social neurótica y un objeto de consumo. El primer paso en este azaroso y prolongado proceso consiste en superar los roles sociales falsos y el ego narcisista. Para ello, los hombres y las mujeres deben aceptar e incorporar *la sombra*, es decir sus impulsos reprimidos; las pulsaciones básicas corporales que excluyeron de su propia imagen porque las consideraron obscuras y peligrosas.

Como segundo paso, los hombres necesitan incorporar a su personalidad los aspectos que se suponían femeninos (su ánima). Para ello cultivan y aprenden a manejar su sensibilidad y su intuición. El ánima es el símbolo (arquetipo) de la vida misma. La mujer tiene el tremendo poder de gestar y parir el nuevo ser. El hombre no puede entrar en la vida sino es a través de una mujer. Otro significado universal de la palabra alma se refiere a la mujer que alimenta al bebé con su leche.

El ánima no tiene nada que ver con el *alma racional* de los filósofos. Como arquetipo básico, resume las afirmaciones del cuerpo vivo, de la magia, la fantasía y la espiritualidad. Es el elemento que explica los estados de ánimo, los impulsos y todo lo que es espontáneo en la vida emocional y psíquica. Es la fuerza creadora maternal y creativa dentro del alma masculina.

Por el contrario, el *ánimus* es lo que tradicionalmente se considera masculino: lo racional, lo competitivo y lo sensorial. Las mujeres necesitan aprender a utilizar su propia inteligencia como base necesaria para tomar las mejores decisiones posibles, incorporando y expresando su ánimus. Las que no lo hacen, exageran su dependencia y al mismo tiempo ahogan a su pareja y a sus hijos con una sobreprotección posesiva llena de resentimientos que genera narcisismo y masoquismo.

Las mujeres que logran integrar su propia personalidad están animadas. En vez de ser sufridas, pasivas, dulzonas y complacientes, son capaces de tomar sus propias decisiones, disfrutan la sexualidad sin represiones, son capaces de dar y recibir, alcanzan niveles superiores de educación, ocupan puestos gerenciales, corren riesgos y se atreven a competir de manera inteligente con cualquier hombre.

Muchas de ellas tuvieron que dedicar tiempo a eliminar sus rasgos masoquistas, dependientes y consentidores, como explico en el libro *Cuando amo demasiado*.

Jung y Bem denominan *andróginas* a las personas (hombres y mujeres) que superaron los estereotipos sexuales que la sociedad les impone como machos narcisistas o mujeres sufridas y complacientes. Ellas utilizan, de manera armoniosa y equilibrada, todas sus facultades psicológicas: piensan y también intuyen, son sensibles y están abiertas a sus percepciones.

Desde la más remota antigüedad, un ideal de la humanidad es que los hombres y las mujeres con mayor madurez y flexibilidad disfruten rasgos psicológicos variados, con lo mejor que suele atribuirse a ambos géneros. Existen numerosas manifestaciones artísticas, en diferentes países del mundo, que representan este ideal de la androginia. Por ejemplo, Palas Atenea, la diosa de los griegos, es un símbolo clásico de la mujer pensante y valiente.

Como explica Heilbrun, la androginia liberará al individuo de los confines tradicionales que decretan lo que socialmente es apropiado para los hombres y las mujeres. También favorece el espíritu de reconciliación entre ambos géneros. Cada persona puede buscar su lugar en la vida abriéndose a todas sus posibilidades humanas, sin tener que conformarse con los limitados estereotipos que le ofrece la sociedad machista, mercantilista, consumista y televisiva.

Un número creciente de hombres y mujeres se empeñan en seguir desarrollando el conjunto de su personalidad (Bem). Conocemos hombres que no tienen miedo de expresar sus sentimientos ni sus inquietudes artísticas. Saben emplear muy bien sus capacidades de intuición, sociabilidad, interiorización y pensamiento global.

En las sociedades actuales, y entre los universitarios mexicanos, se empiezan a generalizar nuevos modelos de feminidad y masculinidad que están basados en la armonía y la igualdad de derechos para los hombres y las mujeres (Lara y Navarro).

Las personas andróginas se unen no solamente por motivos de atracción sexual, sino también porque poseen una riqueza psicológica muy parecida, tanto en su desarrollo humano como en su integración personal. Desde luego, que también son mejores amantes, porque comprenden mejor las necesidades de su pareja y son más capaces de entenderse y divertirse juntos (Stark).

Las parejas que forman entre ellos son diferentes de las tradicionales, porque comparten las cualidades que ambos tienen (por ejemplo, ambos son inteligentes y cariñosos), en lugar de sumar la neurosis de cada uno de ellos. Ésta es la base firme para una mejor comunicación familiar y para disfrutar las relaciones sexuales: las personas andróginas son mejores amantes. Además, el padre y la madre aman y cuidan a sus hijos, y ambos comparten las labores del hogar.

En estos hogares mexicanos, los hijos no son propiedad de la madre, sino que adquieren seguridad y confianza en sí mismos a medida que crecen. En palabras de Gibran, son como flechas lanzadas al infinito. Como sus padres, son capaces de encariñarse, y confían en algunas personas, pero se alejan de manera intuitiva de los que podrían dañarlos. Se empeñan en la ruta de la propia superación personal.

Las personas que se pueden ubicar en su verdadero ser trabajan de manera participativa en diferentes agrupaciones y corporaciones sociales, laborales y políticas. Realizan importantes proyectos corporativos y nacionales en beneficio de México, respetando la salud emocional, mental y física de las demás personas. El ego y el qué dirán, lo mismo que las apariencias sociales vacías, les importan muy poco.

Se identifican de manera íntima con toda la creación y muestran reverencia hacia todas las formas de vida. Su valentía se debe a que son conscientes de que su destino personal consiste en manifestar algún aspecto particular de la fuerza de la vida. Esto les permite superar las barreras entre el pensamiento lógico y el intuitivo, y arriesgarse (como el Quijote) a la supuesta locura de trascender el ego en su búsqueda de la última verdad y la belleza infinita.

Según Dumay, la civilización occidental, en su conjunto, está redescubriendo algunos valores femeninos. Los aspectos extremos de la masculinidad (guerra, competencia, jerarquía estricta, ciencia analítica y determinista) se han ido moderando por las perspectivas femeninas: (comunión, ayuda mutua, sinergia, pensamiento global y transpersonal).

De modo paralelo, los aspectos más extremos de la feminidad, como conservadurismo, proteccionismo y sumisión, se combinan con algunos mecanismos masculinos: aceptación del riesgo, apertura, creación de nuevos valores y compromiso personal. No solamente se difuminan los extremos sociológicos y psicológicos entre ambos sexos, sino que emergen nuevas potenciales y cualidades.

Además, en el nuevo milenio, Occidente está descubriendo algunos valores de Oriente, como la espiritualidad y la búsqueda interior; y Oriente también está descubriendo los valores de Occidente, entre ellos, los logros materiales, la ciencia, la tecnología y el control de la economía.

Capítulo 5

Energías y estructuras de nuestra personalidad

En la sociedad prevalecen ciertos esquemas divisorios, como el de alma y cuerpo, o el de cuerpo y mente (el supuesto aparato psíquico). Estas dicotomías tradicionales nos impiden comprender la unidad funcional del organismo humano, con sus ritmos vibrantes de energía vital, emocional e intuitiva que genera continuamente desde su interior.

Muchos hombres y mujeres consideran a su cuerpo como lejano, fuente de angustia, culpa y dolor, e incluso llegan a considerarlo algo ajeno, y lo que uno mismo no es en realidad (Wilber). Al contrario, las personas narcisistas se obsesionan con su propia apariencia y gastan mucho dinero en ropas caras, cosméticos y cirugías plásticas; sin embargo, no cultivan su inteligencia e ignoran sus necesidades emocionales, por lo que se sienten deprimidas y vacías.

Según la psicoenergética, la personalidad de cada uno de nosotros está formada por el conjunto de rasgos energéticos y estructurales que conforman nuestro organismo individual. Es única e irrepetible, a nivel de sus células, sus funciones (fisiológicas y cerebrales), y también por los comportamientos personales que reflejan nuestro particular estilo y modo de vivir.

Como lo demostró Einstein, existe una equivalencia entre la materia y la energía (son convertibles) según la famosa fórmula $E = mc^2$. En mi opinión, lo mismo sucede con las energías y las estructuras de nuestro organismo. Por eso, las emociones y los pensamientos negativos dañan las estructuras corporales, mientras que los mejores sentimientos contribuyen de manera directa a nuestra salud y bienestar.

Aunque existen muchas semejanzas entre los humanos, también podemos observar notables diferencias en la apariencia física de cada persona, en su manera de caminar y de hablar, lo mismo que en sus sentimientos, opiniones y comportamientos. Hay personas calmadas, aceleradas, agresivas, dominantes, tímidas, alegres, tristes y sumisas, etcétera.

Los niveles de energía de nuestro organismo

El término *energía* es analógico, por lo que permite grados y diferencias; agrupa los principales aspectos de lo que llamamos motivación humana o simplemente vida. Distinguimos cinco niveles de energía en nuestro organismo, según este modelo de la psicoenergética (vea el cuadro 2):

Cuadro 2. Distintos niveles de la energía
y la conciencia humana según la psicoenergética

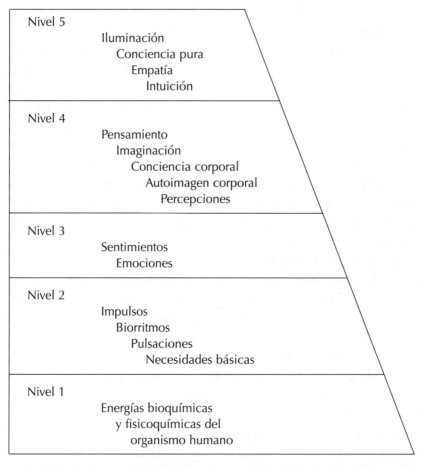

Nivel 5
Iluminación
Conciencia pura
Empatía
Intuición

Nivel 4
Pensamiento
Imaginación
Conciencia corporal
Autoimagen corporal
Percepciones

Nivel 3
Sentimientos
Emociones

Nivel 2
Impulsos
Biorritmos
Pulsaciones
Necesidades básicas

Nivel 1
Energías bioquímicas
y fisicoquímicas del
organismo humano

1. En el primer nivel tenemos las energías bioquímicas del organismo, como la energía de las moléculas de las endorfinas, sustancias neurotransmisoras del sistema nervioso central que regulan el placer, el apetito, la respiración y el ritmo cardiaco, entre otras funciones.

2. El segundo nivel comprende las pulsaciones vitales e impulsivas. Se agrupan aquí las vibraciones y pulsaciones agradables, acompañadas de oleadas de calor y energía, relacionadas con la distribución de la sangre a cada célula del organismo, y con la satisfacción de las necesidades de los órganos y los tejidos.

Tenemos otros biorritmos, como los ciclos de la respiración, los que acompañan la asimilación de los alimentos, los del sueño y vigilia, la fatiga y el alertamiento, las funciones reproductivas y el equilibrio hormonal. Entre las necesidades más básicas están el hambre, la sed, el sueño, la necesidad de evitar el daño a nuestros tejidos y la necesidad de cariño y contacto físico.

3. El tercer nivel de energía abarca los sentimientos y las emociones. Lo más básico es el humor, es decir, el estado de ánimo habitual, relacionado con el temperamento de cada individuo. Los estados de ánimo se mezclan con los recuerdos, las percepciones, las ideas y las conductas, como un fondo siempre presente que encauza todo, hasta cierto punto.

Los impulsos y las emociones forman parte de un sistema unificado de reacción automática, necesario para la supervivencia del organismo. Existen también los sentimientos humanos más elevados, que requieren suficiente nivel cultural y el desarrollo de la inteligencia emocional.

4. El cuarto nivel comprende las manifestaciones de energía que denominamos procesos intelectuales (o mente), así como la capacidad para tener conciencia de nosotros y del mundo que nos rodea. El cerebro organiza nuestras percepciones acerca del universo que nos rodea, y el organismo se adapta para hacer frente a las circunstancias cambiantes.

Este nivel abarca los pensamientos, que se manifiestan en el ritmo y energía de nuestras palabras y el impacto que producen nuestras ideas en los demás, y también por la imaginación creativa, mediante la cual podemos anticipar las consecuencias de nuestras acciones antes de iniciarlas.

5. Finalmente, el quinto nivel agrupa los aspectos más elevados de la energía humana. Me permito colocar aquí la intuición y los grados más elevados de imaginación creativa que se atribuyen a los visionarios y a los iluminados (científicos, líderes políticos y religiosos, grandes artistas, entre otros). Estas personas son capa-

ces de elaborar y llevar a cabo proyectos que reportan grandes beneficios a toda la humanidad.

La expansión de la mente iluminada ha sido la meta de las psicologías orientales y de las religiones de todos los tiempos. Los niveles superiores de conciencia suponen el cultivo de las emociones superiores y la actualización del propio yo. Pocos individuos han logrado despertar esas energías saludables, que requieren sensibilidad, superación continua y una excelente ubicación con respecto al universo circundante.

Los humanos generamos energía a partir de lo que llamamos materia. Nuestras energías alcanzan niveles más elevados a medida que actualizamos nuestras potencialidades (Bruyere). Guiados por la luz de la conciencia, adquirimos continuamente nuevas experiencias. En la medida en que crecemos y maduramos, disfrutamos perspectivas más amplias y certeras acerca del universo que nos rodea, y acerca de nuestro verdadero ser, con su destino personal.

Como una propiedad esencial de la energía ascendente, postulo que los niveles inferiores de energía luchan por transformarse en niveles superiores de conciencia, mediante un proceso de evolución continua que enriquece la propia personalidad. Uno de los propósitos de la existencia individual consiste en acumular experiencias vitales emocionadas y emocionales que nos enriquecen y nos humanizan. Esto es algo diferente a acumular objetos y desarrollar una identidad narcisista de pura pantalla.

Para lograr esto, la activación creciente de las estructuras cerebrales –y de las conexiones neuronales– es de vital importancia. No puede haber una personalidad humana completa sin el correspondiente cerebro bien estructurado y desarrollado.

Las estructuras de nuestra personalidad

Nuestra personalidad individual coincide con la realidad psicobiológica del cuerpo vivo. Dentro de esta unidad funcional pulsante, el bienestar de cada sistema contribuye para alcanzar niveles óptimos en la producción y consumo de las energías vitales, emocionales y psíquicas del organismo. El cerebro, con sus estructuras y funciones, tiene particular importancia, porque integra todas las funciones vitales y posibilita la vida consciente.

Sin olvidar la unidad coherente del organismo humano, para entenderlo mejor, introduzco una descripción que lo divide en siete partes. Este modelo de la personalidad es una especie de anatomía emocional del cuerpo; guarda relación con el modelo de la *armadura del carácter* (propuesta por Reich) y con los chacras, centros de energía y conciencia de las tradiciones orientales.

1. Cabeza. El cerebro humano se ha ido perfeccionando mediante un proceso de evolución milenaria, incluye las estructuras celulares que elaboran los pensamientos y las fantasías. Integra las reacciones emocionales, los movimientos deliberados, la propia imagen, los recuerdos y las necesidades, como las sexuales, el hambre y la sed, y también cuenta con mecanismos de alertamiento, sueño y vigilia.

Según McLean, los humanos tenemos tres cerebros interconectados que operan como computadoras biológicas. Cada uno tiene su propia inteligencia, con distintos recuerdos, subjetividad y manejo del espacio-tiempo. Éstos tres planos de conciencia equivalen a la división espíritu-alma-cuerpo, o alma-corazón y cuerpo propuestas por algunas tradiciones religiosas y esotéricas, como la de Gurdijeff (en Ouspensky) y la Kabbalah.

El cerebro más primitivo (de reptil) comprende el cerebelo y la médula; controla el olfato, los músculos, el equilibrio y las funciones autónomas (como la respiración y el latido del corazón), es territorial y obsesivo y nunca duerme.

El segundo (mamífero inferior) se ubica en la parte media del cerebro. Engloba al sistema límbico, que sirve para regular las hormonas, los impulsos y las emociones, lo mismo que la alimentación y la conducta sexual. Se relaciona con el pensamiento creativo, el alertamiento, y el gusto o disgusto por algo. Aquí, la supervivencia consiste en evitar el dolor y buscar el placer; sustenta el pensamiento repetitivo, los valores, es decir, lo que juzgamos bueno o malo desde el punto de vista visceral y la memoria a largo plazo.

El tercero (mamífero superior) comprende la corteza cerebral, que nos permite formular juicios y tomar decisiones. Es la sede del pensamiento abstracto, la inventiva y la conciencia de nosotros mismos. La corteza ocupa dos terceras partes de la masa del cerebro y está dividida en dos hemisferios complementarios: el hemisferio izquierdo controla la parte derecha del cuerpo y se especializa en la interpretación lógica y verbal de los datos sensoriales, mientras que el hemisferio derecho controla el lado izquierdo: es más espacial, abstracto, musical y artístico, posibilita la intuición y la imaginación creativa (Ornstein).

El cerebro está conectado con el resto del cuerpo mediante dos sistemas: el nervioso central y el autónomo. Recibe mensajes continuos del organismo: tensión, dolor y placer, sensaciones y sentimientos, necesidades básicas de los tejidos corporales, etcétera. Sus estructuras nos permiten tomar importantes decisiones propias; sin embargo, otras conductas son automáticas y también contamos con algunos reflejos involuntarios.

En la cabeza se ubican los ojos, que inician el contacto desde varios puntos de vista, a semejanza de cámaras de video, aíslan las formas y nos permiten calcular los espacios. Nuestros oídos perciben vibraciones, sonidos y ritmos y nos permiten distinguir los tonos de voz y las diferentes emociones que acompañan a los mensajes verbales. Con la nariz percibimos los olores, que son estímulos para algunas acciones: ciertas personas del sexo opuesto nos resultan muy atractivas y otras no tanto, debido a sus feromonas.

La mucosa bucal, asociada con el estómago y con la piel del cuerpo, nos advierte las necesidades de nutrición, incluida el hambre de afecto. La región oral refleja algunas actitudes básicas relacionadas con las experiencias y las ideas. Así, algunas personas se tragan sin masticar todo lo que les dicen, mientras que otras no son tan crédulas.

2. Cuello. El segundo aspecto de nuestra realidad cuerpo-mente incluye las complejas estructuras del cuello, en las cuales registramos algunos ataques y amenazas. Algunas personas cortan su energía vital mediante tensiones en esta parte, deciden vivir en la cabeza y se identifican demasiado con sus ideas o fantasías. Bloquean manifestaciones emocionales como gritar, sollozar, vomitar, lo mismo que las inflexiones espontáneas de la voz.

3. Hombros, brazos y manos. El modo de llevar los hombros refleja actitudes asociadas con la manera típica de soportar el peso de la vida. Determinadas posturas de los hombros y la parte superior de la espalda contienen agobio, anticipación temerosa, fuerza o debilidad respecto al trabajo y las responsabilidades de la familia.

Los brazos y las manos reciben su energía de los hombros. La parte superior de los brazos manifiesta fuerza o debilidad respecto a los movimientos expresivos; mientras que los codos, mediante su flexibilidad, reflejan el carisma o falta de gracia en el intento por alcanzar las metas y propósitos. Utilizamos las manos para dar y recibir; mediante ellas establecemos contacto directo con la realidad que nos rodea y la transformamos utilizando herramientas y máquinas, creando obras artísticas, construyendo edificios, escribiendo libros, etcétera.

La columna vertebral integra los movimientos de cuello, hombros, parte posterior del tórax y pelvis. Algunas personas muestran mayor flexibilidad que otras, tanto en sus posturas corporales como en sus opiniones y planteamientos intelectuales.

4. Tórax. Esta parte incluye las capas musculares externas e internas de pecho y espalda. La excesiva dureza del pecho puede manifestar negación de la ternura y la escasa apertura al cariño y la amistad. El tórax demasiado inflado corresponde a un ego que se da demasiada importancia; por el contrario, quienes mantienen hundido el tórax se sienten deprimidos y con poca energía.

Los pulmones toman del aire el oxígeno vital y descartan el bióxido de carbono; forman un espacio interno grato, cálido y pulsante que algunos evitan mediante desagradables sensaciones de angustia y depresión.

El corazón da energía a cada célula del cuerpo vivo con el oxígeno y los nutrientes que hace circular mediante sus pulsaciones. Cuando percibimos sus ritmos cambiantes, podemos entender la verdadera naturaleza de nuestros sentimientos; así sabemos que estamos enamorados, alegres, lastimados o asustados.

6. Abdomen. Esta área también incluye parte de la pelvis. En el interior del abdomen están los órganos que digieren y asimilan los alimentos, principalmente el estómago, el intestino y el hígado. Nos permiten incorporar al propio yo las sustancias nutritivas, lo mismo que las vivencias personales agradables y nutritivas; también hacemos propias algunas ideas y otros aspectos de los demás que son afines con nuestro modo de ser.

Por el contrario, hay opiniones (y personas) que no podemos *tragar*, nos disgustan y nos revuelven el estómago. Ciertos individuos fabrican exceso de ácido, mediante un mecanismo emocional poco lógico, como si quisieran destruir a las personas que los irritan.

La cavidad abdominal también contiene los órganos que eliminan las sustancias, ideas y experiencias personales que nuestro organismo desecha, a saber: los riñones, la vejiga y el colon. Conviene advertir que las tensiones habituales del diafragma impiden la conciencia plena de las pulsaciones gratas de las energías impulsivas y emocionales que se originan en el vientre y los órganos sexuales.

6. Piso pélvico. Este segmento comprende los órganos genitales y los músculos de esta región, incluidos los glúteos; se relaciona psicológicamente con las actitudes de cercanía o de alejamiento hacia el contacto y la comunicación sexual. Utilizando tensiones habituales en la musculatura del piso pélvico, algunos individuos bloquean las sensaciones placenteras que acompañan a la excitación sexual.

El segmento pélvico incluye la uretra y el ano, que son parte de los aparatos eliminatorios del organismo. Ha sido común en las religiones y sistemas educativos de tipo represivo tachar como sucias las sensaciones y conductas sexuales, sin otra razón que la proximidad de los órganos genitales con la región anal.

Por su parte, Anodea opina que el abdomen bajo y el piso pélvico representan la apertura a un inmenso mar de emoción primordial, la energía sexual creativa. Es la fuente de su energía de fuerza de fe biológica y vitalidad. Cuando esta entrada se abre, usted empieza a experimentar sus energías creativas naturales y descubre su totalidad y unidad con el *ello* a través de la participación en el baile creativo de la vida.

7. Piernas y pies. Las piernas forman la séptima y última parte de este esquema estructural de la personalidad; los muslos, apoyados en los huesos de la pelvis y en la parte superior del fémur, nos proporcionan las fuerzas para poder trasladarnos con mayor o menor facilidad; y las rodillas manifiestan la relativa rigidez o flexibilidad de nuestra personalidad al caminar por la vida.

Las pantorrillas y los pies son los medios más inmediatos para ir y venir, así como para apoyarnos en el suelo. Las personas tienen contacto con el suelo de diferentes maneras: algunos tienen los dedos muy encogidos, mientras que otros casi no tienen arco en sus pies. Mediante sus pies, la persona recibe sensaciones de mayor o menor confianza en el terreno que pisa. Sin necesidad de verlas, podemos reconocer a algunas personas por el sonido y el ritmo de sus pasos.

Cada región del cuerpo vivo, con sus funciones psicocorporales, sustenta algunos rasgos de la propia personalidad. Tomados en su conjunto, los rasgos –sanos y neuróticos– sustentan el modo habitual de relacionarnos con los demás, lo mismo que la manera única como nos vamos adaptando a las circunstancias individuales.

CapÍtulo 6

Rasgos personales
y mecanismos neuróticos

La personalidad de cada individuo cuenta con algunos rasgos característicos que lo hacen distinto de los demás. Los *rasgos* son las estructuras neuropsicológicas básicas que constituyen nuestra personalidad (Allport). Coinciden con las energías y las estructuras de nuestro organismo. Los rasgos imponen sobre la realidad esquemas lógicos y analógicos (modos de ver la vida) que funcionan de manera automática; también generan conductas equivalentes y habituales que manifiestan el modo de ser y el estilo propio de cada hombre o mujer.

El temperamento, el tipo de inteligencia y la estatura son algunos rasgos basados en tendencias genéticas que heredamos de nuestros padres y antepasados más remotos. Otros rasgos, como la laboriosidad y el orden, provienen de las experiencias personales y la educación, dentro y fuera de la escuela. Podemos observar grupos de personas que muestran rasgos parecidos, como los hombres machistas mexicanos que son dominantes y prepotentes, debido a su educación familiar tradicional y por su propia elección.

Contamos con unos cinco rasgos centrales y otros rasgos secundarios más numerosos. Por ejemplo, una mujer es complaciente y pasiva (rasgos centrales); puntual, rutinaria, le gusta la moda, come demasiado, tiene muchas amigas, por ejemplo (rasgos secundarios).

Entre los rasgos que constituyen nuestro ser más auténtico están las emociones espontáneas y los pensamientos originales y creativos que guían las conductas libres, junto con las estructuras pulsantes de nuestro cerebro y cuerpo saludable. Otros rasgos muy valiosos son las potencialidades genéticas, los deseos, las metas y los valores personales más ilustrados.

Los rasgos neuróticos

También tenemos un conjunto, más o menos establecido, de rasgos neuróticos, que representa la parte falsa y manipuladora de la personalidad. Estos rasgos contienen las vivencias traumáticas comprimidas que no pudimos asimilar y preferimos olvidar (o reprimir), lo mismo que las ideologías falsas. Constituyen el ego de los narcisistas, que ellos confunden con su verdadera personalidad.

Es muy común que las personas neuróticas se sientan divididas entre las motivaciones que provienen de sus rasgos más auténticos y las que brotan de los rasgos neuróticos, con sus mecanismos defensivos. Esto les dificulta alcanzar los niveles superiores de conciencia. Además, representa un desgaste inútil de energía por la continua lucha entre lo que ellos desean ser y lo que su familia y la sociedad les demandan. Según Jung, la neurosis se origina por un exceso de aculturación.

Los rasgos neuróticos generan motivaciones destructivas; contienen mayor cantidad de masa que de energía vital disponible. Originan conductas automáticas que escapan los niveles de conciencia más plena; por ejemplo, la violencia de los narcisistas cuando sienten su orgullo herido. Su fuerza depende de la duración, el grado y el tipo de presiones, insatisfacciones y violencia que padeció cada individuo durante su niñez y adolescencia.

A medida que alguien tiene rasgos neuróticos más dominantes, vive de manera más artificial y llega a confundir su falso ego con su verdadera personalidad, como hacen los narcisistas. Las relaciones con las demás personas se distorsionan, porque el neurótico interpreta la realidad (y trata entender las intenciones de las demás personas) a través de sus prejuicios, falsos valores y percepciones erróneas. Muchos supuestos *iluminados* de Oriente y de Occidente, ni siquiera han desarrollado un poco de apego y compasión por sus semejantes.

En las tradiciones orientales se habla de *maya*, el velo de ilusiones que impide la visión de la unidad del universo, así como de nuestro origen divino. Para muchos occidentales, esos conflictos y dicotomías internas equivalen a vivir en estado de angustia, culpa, vacío interior o pecado.

Mecanismos defensivos de la neurosis

Según la psicoenergética, en los distintos estilos de personalidades neuróticas operan, con mayor o menor intensidad, siete mecanismos de defensa (vea la figura 1).

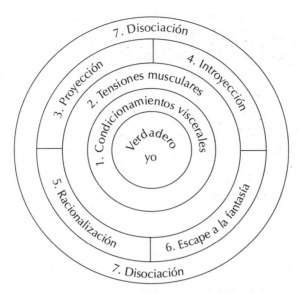

Figura 1. Mecanismos defensivos que separan de la propia imagen importantes aspectos personales y desperdician las energías vitales (diferentes formas de disociación). Los mecanismos 3 al 6 son cerebrales.

1. *Condicionamientos viscerales.* Interfieren directamente con la función respiratoria, la asimilación de los alimentos y el funcionamiento del corazón. Los ritmos vitales se mantienen lentos o acelerados de manera crónica, por lo cual alteran la producción y distribución de las energías vitales básicas del organismo. Los impulsos se reprimen y frenan: no se aprovechan ni se disfrutan como es debido. Muchos de ellos ocurren a causa de privaciones emocionales tempranas, represiones y conflictos familiares severos (incluida la ausencia de alguno de los padres) durante la niñez.

2. *Tensiones musculares crónicas.* La mayoría de las tensiones que padecemos son el resultado de nuestro control emocional excesivo. Los músculos contraídos en una parte del cuerpo afectan otras partes de éste, así: la mandíbula trabada puede ir acompañada de un dolor de cuello y espalda. Es importante advertir que las tensiones se extienden a otros músculos del cuerpo, que permanecen contraídos. Al contrario, los opuestos quedan muy estirados. Estas tensiones desperdicia gran parte de la energía vital.

Las tensiones habituales generalizadas producen notables alteraciones en la postura general del cuerpo. Por ejemplo, algunas personas caminan encogidas, llevan el estómago demasiado prominente, tensan las nalgas y arrastran los pies. Con esto, inhiben los movimientos flexibles, sensuales y placenteros del cuerpo, y también frenan las expresiones emocionales libres, alegres y espontáneas.

Existen otros cinco mecanismos defensivos que tienen que ver con el desequilibrio de funciones cerebrales, los cuales describimos a continuación.

3. *Proyección.* Ocurre cuando alguien se niega a ver algunos aspectos de su personalidad que le atemorizan y son inaceptables; los percibe, falsamente, como si estuvieran afuera, pero no en su propio interior. Es típico proyectar hacia el exterior (ver en otras personas, animales y objetos, pero no en nosotros mismos) ciertas energías impulsivas y emocionales que nos censuraron en la niñez, como la propia sexualidad y la agresividad. Por ejemplo, ciertos individuos creen que los demás están siempre enojados contra ellos, que los persiguen y que los critican a sus espaldas; terminan por sentirse débiles y sin fuerza, mientras intentan mantener la imagen de niños buenos y perfectos.

4. *Introyección.* Mediante este mecanismo consideramos nuestros, erróneamente, algunos aspectos que en realidad son de otras personas; los aceptamos sin reflexión cuando éramos niños(as). A los narcisistas les hicieron creer que eran divinos, sumamente bellos e inteligentes, y por eso estaban por encima de los demás, y que las mujeres estaban para servirles. Ellos aparentan ser las personas maravillosas que sus padres querían que fueran.

La introyección se debe a las presiones y los castigos sociales que no permiten que los niños y los adolescentes formen sus propias opiniones, ni cuestionen a los adultos. Como parte de sus juegos autoacusatorios, muchos hombres y mujeres fabrican diálogos internos que reproducen los comentarios negativos de sus padres, maestros y amigos. De esta manera no se pueden dar cuenta de lo que en realidad sienten o desean.

La introyección es una peligrosa manera de desperdiciar las energías impulsivas y emocionales (psíquicas), porque la persona se divide en una parte que trata de actuar, mientras otra parte la vigila y evalúa de manera acusatoria sus modos de comportarse.

5. *Racionalización.* Las personas que racionalizan emplean las explicaciones lógico-deductivas de modo falaz y excesivo, y abusan de la inteligencia verbal de manera obsesiva e irrelevante, con propósitos de autodefensa y autoengrandecimiento. Buscan una y otra vez los motivos de sus acciones, incluso de las que todavía no han llevado a cabo, y repasan sus fracasos y equivocaciones: los narcisistas suelen culpar y acusar a los demás por sus dificultades personales. No hay una verdadera vida intelectual en los que racionalizan, porque viven elaborando explicaciones falsas para ahogar su vida emocional y su creatividad.

6. *Escape a la fantasía.* Perls llama *capa esquizoide* al archivo de fantasías, recuerdos e imágenes visuales que guardan las conductas y las emociones del pasado. Quienes utilizan este mecanismo de defensa, agitan los escombros muertos y los fragmentos de una vida que ya no puede regresar; queman inútilmente su energía dentro de sí mismos, en vez de utilizarla en la percepción dirigida hacia fuera y en conductas activas dirigidas al contacto con los demás.

Se la pasan soñando despiertos. Como dice Chava Flores, "¿A qué le tiras cuando sueñas, mexicano?" Para ello, recurren a sus archivos de memoria para construir en su cabeza dramas, películas y telenovelas. Se absorben en ellas, sin prestar atención a la realidad. En ausencia del padre, los machos y los narcisistas definen lo masculino por el rechazo de lo femenino, y por la adopción de una identidad grupal y televisiva; procuran asemejarse a algún artista de cine, cantante de moda, amigo, etcétera.

7. *Disociación.* Esta palabra sugiere que dejamos fuera de nuestra imagen corporal importantes aspectos de la propia personalidad. Los separamos y los mantenemos alejados de nuestro campo de conciencia habitual, como si éstos ya no formaran parte de nosotros mismos. Esto se debe a que los consideramos peligrosos, poco atractivos, atemorizantes, dolorosos o vergonzosos.

Podemos disociar (negar, bloquear, ignorar) las emociones, los pensamientos, los impulsos, ciertos aspectos de la apariencia física. A consecuencia de sus tensiones musculares habituales, los hombres machistas narcisistas apenas se dan cuenta de sus sentimientos. Se muestran rígidos e inflexibles; aunque afirman que casi nunca se enojan, los demás los ven siempre irritados y frustrados.

Conviene subrayar que la disociación abarca los seis primeros mecanismos defensivos. Todos ellos nos disocian y desintegran, aunque de distintas maneras. Contribuyen al mismo resultado: fragmentan la imagen psicocorporal de nosotros y sustentan el falso yo, que genera toda clase de conductas manipuladoras y síntomas neuróticos.

Fromm habla de la *alienación*, como una experiencia neurótica demasiado común y corriente. La persona alienada se percibe a sí misma con extrañeza. No es su propio centro ni la creadora de sus actos. Se siente esclava de las conductas automáticas que genera y de las consecuencias de ellas. No es la portadora activa de sus propias capacidades, sino que se considera una "cosa" empobrecida que depende de poderes y personas exteriores a ella, en los cuales ha proyectado su sustancia vital.

Por su parte, Perls advierte que los neuróticos no disfrutan la experiencia de unidad interior, sino que su personalidad está dividida. A causa de los mecanismos defensivos que utilizan, desarrollan una parte fuerte –acusatoria– y otra débil y quejumbrosa. La parte débil desea hacer muchas cosas, mientras que la otra se empeña en paralizarla y llenarla de vergüenzas y culpas.

Sin embargo, cualquier persona, por más neurótica que sea, también posee muchos rasgos saludables que la impulsan a la búsqueda del crecimiento interno, la felicidad y la paz. En sus momentos de lucidez, los narcisistas mexicanos –en su gran mayoría hombres– se dan cuenta de que en el fondo ellos no son así, por lo que algunos se esfuerzan por mejorar su propia situación, la de su pareja y la de sus hijos.

La sabia decisión que podría cambiar la vida de muchos mexicanos machistas narcisistas sería iniciar una psicoterapia corporal individual o de grupo con un profesional competente. Les falta atender a sus necesidades de nutrición emocional, cultivar su inteligencia emocional, integrar su sensibilidad creativa y ponerla a trabajar. Sin embargo, la gran mayoría de ellos se resiste, pretextando que ésas son cosas de mujeres. Los demás tienen problemas, pero ellos son perfectos.

La armadura de la personalidad

Las tensiones musculares de las personas neuróticas se extienden por todo el cuerpo hasta formar una coraza o armadura del carácter que limita los movimientos, frena las manifestaciones emocionales espontáneas y mantiene las ideologías inflexibles y fanáticas. Por si eso fuera poco, dificulta el funcionamiento sexual e imposibilita la plenitud del orgasmo (Reich).

La psicología actual emplea el término *personalidad* (en vez de carácter) para designar todo lo que somos por temperamento, educación, vivencias personales y decisiones propias. Nuestra personalidad está constituida por rasgos sanos y rasgos neuróticos; los segundos constituyen el ego; entre sus mecanismos defensivos están las tensiones musculares y los demás bloqueos corporales que reprimen las energías vitales en todos sus niveles.

La armadura corporal postulada por Reich contiene siete anillos de tensiones que bloquean, en sentido transversal, las energías del organismo y frenan su camino ascendente hacia la cabeza, y limitan la descarga natural de parte de ellas a través del orgasmo. Sus segmentos son:

1. El ocular, cuyas tensiones almacenan las expresiones emocionales congeladas de terror, enojo y llanto. También comprende tensiones musculares en áreas cercanas a los ojos. Por ejemplo, la frente puede estar arrugada debido al exceso de preocupaciones.

2. El oral incluye las tensiones de la mandíbula y contiene los impulsos frenados de morder, chupar, saborear, maldecir, etcétera.

3. El del cuello, que abarca también a los hombros. Acumula diferentes tensiones que frenan funciones y manifestaciones emocionales, como tragar, vomitar, sollozar y gritar. Además, las tensiones oprimen la tráquea y la laringe, con lo que ahogan la voz.

4. El del tórax se relaciona con los músculos intercostales y la función respiratoria. En cualquier estilo de neurosis está disminuida la capacidad respiratoria, lo que contribuye a mantener una baja generalizada de la vitalidad.

5. El diafragmático: el músculo del diafragma, habitualmente contraído, interrumpe el componente abdominal de los movimientos respiratorios. A causa de esto, algunos neuróticos tienen escasa conciencia de los impulsos que se originan debajo de la cintura.

6. El abdominal, comprende las funciones de asimilación, muy relacionadas con los orígenes de la energía vital bioeléctrica. Los bloqueos de estas funciones suelen ir acompañados por la contracción crónica de los músculos rectos del abdomen.

7. Finalmente, el pélvico incluye las tensiones del área genital, del esfínter urinario y de la región anal. Éstas se relacionan con algunos trastornos de las funciones reproductivas, lo mismo que con la dificultad para obtener la erección (en los hombres) y el orgasmo.

Los psicoterapeutas corporales (psicoenergética) se empeñan en comprender, de manera intuitiva, la manera como los hombres y las mujeres expresan su personalidad mediante el lenguaje de su cuerpo en movimiento y en reposo. En mi opinión, es mucho más importante tener en cuenta las tensiones generalizadas y los demás bloqueos corporales que analizar lo que dicen los pacientes con sus palabras.

Lowen señala cinco *quebraduras* o divisiones posturales básicas que indican graves dificultades en la integración temprana de la personalidad de hombres y mujeres.

1. La primera quebradura (lado izquierdo de lado derecho) está presente cuando uno de los dos lados del cuerpo difiere notablemente del otro lado en su apariencia y tensiones musculares. Se considera que el lado izquierdo refleja los sentimientos y la relación con la madre, mientras que el lado derecho refleja la lógica y la relación paterna. Alguno de estos dos lados suele estar más tenso e inhibido.

2. La segunda quebradura separa al frente del cuerpo de la espalda. La espalda contiene la fuerza, la dureza y la agresividad; a veces, está demasiado rígida. Por el contrario, el pecho es la parte blanda, particularmente en las mujeres: representa la ternura. Según sus tensiones, algunas personas frenan la ternura o la agresividad.

3. La tercera, divide la parte del contacto social, arriba de la cintura (rostro, manos, brazos y tórax), de la parte impulsiva que está abajo. Ciertos individuos desarrollan más una de ellas, mientras que mantienen la otra parte habitualmente tensa. Según la cultura machista, las mujeres deben habitar arriba de la cintura, en su corazón y sus sentimientos, mientras que a los hombres solamente les interesa el sexo.

4. La cuarta quebradura corta, mediante tensiones en el cuello, la energía vital que sube de los genitales y el abdomen hacia la cabeza, por lo que el individuo vive fabricando pensamientos y fantasías; de esta manera se olvida el resto del cuerpo. En algunos casos, mantiene la cabeza notablemente ladeada, como si una soga en el cuello lo estuviera ahorcando.

5. La quinta ruptura frena la energía que va del cuerpo hacia las extremidades. Debido a tensiones en las articulaciones, los brazos y las piernas están demasiado tensos, débiles y acortados. Lo an-

terior sugiere que durante la niñez se limitaron severamente los movimientos espontáneos de los brazos y las piernas. Otras veces, las extremidades son delgadas y largas, aunque sin mucha energía.

Observamos notables diferencias en los bloqueos y cortes que presenta cada persona que acude a psicoterapia; sin embargo, también existen semejanzas que permiten establecer algunas categorías. Reich propuso seis estilos básicos de estructura neurótica: fálico-narcisista, pasivo-femenino, masculino-agresivo, histérico, compulsivo y masoquista; Baker añadió algunos subtipos; Kelleman ilustró los bloqueos corporales que acompañan a los distintos tipos de personalidad neurótica.

Por mi parte, en el libro *Psicoterapia corporal y psicoenergética*, presenté algunos tipos neuróticos, incluyendo la personalidad narcisista, y en el capítulo siguiente describo los bloqueos corporales y las variantes del narcisismo que ocurren con mayor frecuencia en nuestro país.

Capítulo 7

Bloqueos corporales
y tipos neuróticos narcisistas

No todos los hombres y mujeres mexicanos son narcisistas. El narcisismo neurótico no tiene nada que ver con el sano amor a nosotros mismos, ni con el desarrollo armónico de la propia personalidad. Algunas personas manifiestan varias conductas narcisistas, sin que el conjunto de su personalidad esté estructurado de esta manera.

Decimos que la personalidad de alguien está integrada de manera narcisista cuando su cuerpo muestra tensiones y bloqueos que son típicos de ese estilo de personalidad neurótica: eso va junto con otras alteraciones en los pensamientos, las fantasías y la toma de decisiones. Motivados por el conjunto de sus rasgos neuróticos, las personas machistas y narcisistas exhiben conductas mentirosas, exhibicionistas, prepotentes y violentas.

Los narcisistas se identifican con su ego: eligen la ruta de aparentar, y se nutren de los halagos y de los aplausos. Tienen escasa conciencia de su cuerpo vivo que genera impulsos, deseos, emociones y sentimientos. Exhiben y mantienen su ego debido a que no han desarrollado suficiente inteligencia emocional, sino que adoptan modelos culturales y estilos de vida que son artificiales, superficiales y comerciales.

Están en alerta continua y desperdician sus energías vitales en luchas internas y conflictos emocionales habituales. Debido al exceso de adrenalina, padecen irritabilidad, insomnio, dificultades para concentrarse, fallas en la memoria y preocupaciones obsesivas; muchos de ellos son adictos al alcohol, la violencia, al sexo compulsivo y al peligro. Por el contrario, cuando las cosas les salen mal, se deprimen y se angustian mucho.

Tensiones y bloqueos corporales

Los narcisistas creen que su misión en la vida consiste en dar una buena imagen y aparentar que son la gran cosa, sin preocuparse mucho por el placer y la verdadera alegría interna. Disfrazan sus miedos e inseguridades utilizando gestos, palabras y posturas corporales de prepotencia, fuerza, poder, orgullo y supuesta belleza. Tienen un rostro frío e inexpresivo y parecen hechos de plástico, a pesar de que lucen una sonrisa falsa y artificial.

Muestran a los demás el lado derecho, que es paralelo a la inteligencia razonadora, analítica y fría. Acumulan tensiones en el lado izquierdo del cuerpo, relacionado con las actividades intuitivas del hemisferio derecho del cerebro. Utilizan poco la mano izquierda, ya que no han desarrollado las estrategias negociadoras que son propias de la inteligencia emocional. Sus codos trabados sugieren falta de carisma en su manera de actuar.

Los ojos vigilantes, duros y analíticos indican una actividad acelerada del hemisferio cerebral izquierdo, que es analítico, razonador y frío (Ornstein); en lugar de percibir las situaciones (y las personas) en su conjunto, analizan cada detalle y se enredan en discusiones sin importancia; sin embargo, nos aseguran que lo saben todo y que siempre tienen la razón.

El ojo izquierdo suele estar más contraído y tiene menos luz y energía que el derecho, como si perteneciera a un niño asustado de tres o cuatro años que contempla la vida a través de un velo de terror. Los narcisistas esconden sus sentimientos; anticipan rechazos y son muy defensivos: se toman muy en serio y carecen de sentido del humor.

Oyen las palabras que los demás les dicen, pero no los escuchan, porque ignoran los mensajes emocionales que provienen de su propio interior. Mantienen a distancia a los demás, y no permiten la entrada ni la salida de las energías emocionales; tampoco se atreven a mostrar cariño, agradecimiento, ni genuina alegría.

El tórax trabado en posición de inspiración es típico de los narcisistas machistas. Es un espacio donde habita su ego inflado, con su dureza petulante y sus actitudes prepotentes. Semeja una jaula de acero que no vibra con los sentimientos y hace imposible su percepción adecuada. Debido a esto, solamente se permiten una escasa respiración; eso repercute en una baja generalizada de las energías del organismo. La figura 2 ilustra la postura corporal, con el tórax habitualmente expandido, típica de los machos narcisistas, contrastada con la postura normal.

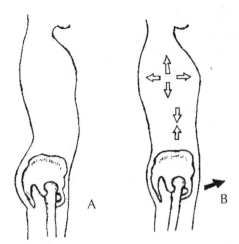

Figura 2. Postura (A) y postura machista (B) con el tórax inflado y la pelvis echada hacia adelante, por lo que se comprimen las vísceras abdominales.

Según Perls, la angustia es un fenómeno respiratorio psicosomático. Es la experiencia de respirar al mismo tiempo que se frena la excitación mediante contracciones musculares en el diafragma y en la caja torácica. La excitación moviliza las energías vitales que se origina cuando anticipamos un contacto intenso, ya sea agresivo, creativo, erótico, o de cualquier otro tipo.

La respuesta sana a la excitación sería aumentar la capacidad respiratoria para favorecer el proceso metabólico de oxidación de las reservas acumuladas (el glicógeno), y así sustentar los movimientos espontáneos que buscan el contacto. Por el contrario, los neuróticos bloquean la excitación, y evaden los impulsos que consideran peligrosos.

Frenando la respiración, los machos y los narcisistas intentan crear, en los demás y para sí mismos, la ilusión de que mantienen la calma, se controlan y así son felices. Sin embargo, la ansiedad genera contracciones involuntarias del diafragma y el abdomen; estas desagradables sensaciones se deben a que al organismo le falta la oxigenación adecuada.

Junto con la ansiedad aparecen otros padecimientos de tipo psicosomático, como respiración superficial, sudoración excesiva y palpitaciones cardiacas; también dolores de cabeza, úlceras gástricas y duodenales, colitis nerviosa, aumento de la presión arterial y soriasis, entre otras alteraciones psicosomáticas.

El ritmo cardiaco nos advierte los peligros que corremos y las intenciones de las demás personas, mucho antes de que podamos pensar en cualquier cosa. Además, sus cambios también nos dan a conocer el sustrato emocional e impulsivo que originan nuestras fantasías, deseos, recuerdos y pensamientos, así como las variaciones de nuestro organismo en el ámbito bioquímico y bioeléctrico más primitivo.

Aunque integramos las respuestas emocionales en el cerebro, las percibimos en el área del corazón. Postulo que los narcisistas evaden la conciencia de este centro y navegan en la vida con el corazón enjaulado. El principito, personaje del cuento de Saint Exupèry, nos advierte que lo más humano y luminoso no se puede captar con los ojos, sino que se puede comprender con el corazón.

La esencia del budismo y del cristianismo primitivo es la misma: nos conviene cuidar de manera cariñosa a los demás seres vivos. Podemos extender la calidez de nuestro corazón (el amor en sus distintas formas) a nuestra pareja, hijos, amigos y compañeros; a la ciudad y el país, hasta abarcar todo el universo.

De algunas personas decimos que tienen corazón noble, generoso, valiente, sincero, tierno, de condominio, de pollo, gitano, etcétera. Al contrario, las personas que conviven con los narcisistas aseguran que ellos tienen un corazón duro, frío, ausente, cruel, egoísta y mentiroso.

Los narcisistas arrastran importantes carencias y vacíos emocionales, por lo que solamente sienten un poco de vida cuando reciben halagos y aplausos, están sumergidos en actividades aceleradas, comen, beben y fuman demasiado, se drogan, o se dedican al juego y al sexo compulsivo.

Los humanos con sentimientos tienen alma (están animados) mientras que los narcisistas creen que éstos son el principal obstáculo para triunfar en la vida. Para algunos, el ataque al corazón es la consecuencia de fingir que no sienten, como una especie de ejecución autodirigida; se electrocutan porque no disfrutan la vida, con su alegría, su paz y los placeres sencillos, ni tampoco se encariñan de los demás (Boadella).

El diafragma trabado representa un corte que separa al organismo de estos neuróticos de la cintura para abajo. Esto les dificulta la percepción de los biorritmos relacionados con la asimilación de los alimentos, así como de los impulsos sexuales asociados con la sensación de derretirse. El yoga ubica en el abdomen el hara, centro de la conciencia vital; muchas personas acostumbran frenar sus impulsos más básicos y primitivos mediante tensiones y malestares en esta región.

Los machos y los narcisistas bloquean e ignoran los mensajes de sus espacios internos cálidos y sensibles (los biorritmos del corazón y de la respiración, la blandura y pulsación grata de sus entrañas abdominales). Por su parte, los griegos de la época clásica utilizaban la palabra *splangizo* para señalar la capacidad de conmovernos frente a las circunstancias de la vida, en compañía de los demás seres humanos, gracias a la conciencia de los cambios viscerales.

Reich advierte que los pacientes con cáncer muestran grave inhibición de sus energías sexuales, relacionada con notables tensiones en el área abdominal y pélvica. En ellos, sería recomendable reestablecer y revitalizar el flujo de las energías sexuales. El estancamiento sexual de los narcisistas se manifiesta en toda clase de trastornos, incluyendo las dificultades que tienen para mantener la erección.

Los machos mexicanos mantienen la pelvis echada hacia delante, exhibiendo los genitales. Esto limita la blandura y la receptividad durante las relaciones sexuales, mientras que subraya los elementos de fuerza y agresividad. Contraen las nalgas y el recto por el horror que tienen a sus sensaciones anales; creen que se trata de tendencias homosexuales que deben evitar a toda costa; así limitan la circulación de la sangre y padecen dolorosas hemorroides, lo cual tampoco ayuda a que disfruten las relaciones sexuales.

Además, mantienen sus piernas muy rígidas, con las rodillas trabadas hacia atrás (vea la figura 3). Los ligamentos de las piernas y los to-

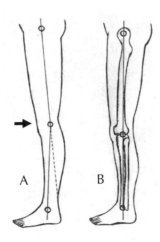

Figura 3. Piernas trabadas hacia atrás (A), y piernas con postura normal (B)

billos son débiles y poco ejercitados, a pesar de que están cubiertos por una musculatura espástica y tensa. Les falta soltura y gracia en su manera de caminar. Se parecen al gigante egoísta con los pies de barro de algunos cuentos.

Todos necesitamos reconocer que somos terrenales, con las limitaciones y los sentimientos que tiene cualquier persona. Para los griegos, el peor pecado de los humanos era la "hybris", el orgullo de los que se creían dioses sin serlo. El mito de Narciso tiene su moraleja: los que se aman solamente a sí mismos y desprecian a los demás, reciben un castigo: se quedan vacíos y se desvanecen. Al final, nadie se acuerda de ellos.

Estilos de personalidad narcisista

A continuación propongo tres tipos de narcisismo neurótico muy conocidos en México: el macho, el farsante y el galán (vea la figura 4). Aunque las mujeres sufridas y complacientes son masoquistas, me permito subrayar que ellas también presentan importantes rasgos de autoimportancia.

Por lo general, los machos exhiben una musculatura bien desarrollada, de apariencia atlética, con límites corporales densos y bien defi-

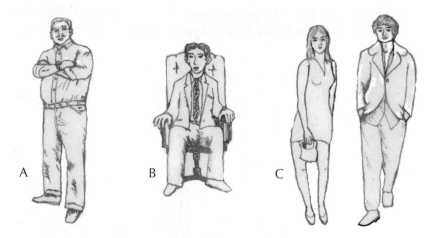

Figura 4. Tres estilos de personalidad neurótica narcisista:
A. Macho arrogante, prepotente y conquistador.
B. Farsante engañoso, defraudador y seductor.
C. Mujer carita casi anoréxica con galán metrosexual sólo interesado en su apariencia

nidos. Aumentan el volumen del tórax y del cuello, mientras que sus piernas y sus pies son más débiles; por esta razón, su cuerpo está cargado hacia arriba (Dytchwald).

Los narcisistas farsantes utilizan palabras engañosas (melosas, atemorizantes, etcétera), acompañadas de variadas inflexiones de la voz, para generar falsas expectativas en los incautos. Se la viven en la cabeza, maquinando engaños; las severas tensiones del cuello forman un corte transversal que bloquea los mensajes impulsivos y emocionales del resto de su organismo.

Los de tipo seductor (galanes y caritas) tienen el cuerpo más armonioso y menos musculoso; buscan parecerse a los artistas y modelos mejor cotizados del momento. Las mujeres anoréxicas y bulímicas cultivan un cuerpo fantasmal, con límites poco definidos; casi no respiran y mantienen el tórax hundido. Por lo común tienen senos pequeños, caderas anchas y muslos bien desarrollados. Su cuerpo está cargado hacia abajo.

El macho

El machismo es la forma de narcisismo preferido por los mexicanos ególatras. Es un rol cultural que no tiene que ver con una dotación genital extraordinaria, ni con exceso de testosterona. Los machos mexicanos son echadores, valentones y mujeriegos; utilizan la prepotencia, la violencia y las amenazas para someter a las demás personas y obtener lo que quieren. Hasta que alguien los detiene; así de simple.

En su postura corporal, los machos muestran gran desarrollo en la musculatura de su cuerpo, con el tórax muy expandido. Acumulan severas tensiones, porque consideran que la sensibilidad y la sensualidad son cosas de mujeres. Su armadura corporal (junto con sus demás mecanismos defensivos) les facilita la violencia, la dureza y la prepotencia, pero les dificulta la flexibilidad emocional e intelectual.

Como advierte Reich, los hombres narcisistas sienten profundo orgullo por su aparato genital (su gran pene erecto, real o fantaseado) que utilizan como instrumento de agresión y venganza contra las mujeres, los hombres débiles y los niños. A pesar de que presumen tremenda potencia eréctil ante todos, muchos padecen disfunciones sexuales, como la eyaculación prematura.

Buscan la admiración, son arrogantes, exhibicionistas y vanidosos. Emplean conductas altaneras, frías y reservadas; presentan rasgos de sadismo más o menos disfrazado. Exhiben exagerada ostentación y confianza en sí mismos; acostumbran comportarse de manera provocativa y agresiva. En general, son hombres vigorosos de tipo atlético, con expresiones faciales duras, pero también hay mujeres narcisistas que tienen el mismo tipo corporal.

Las observaciones de Reich, hace setenta años, coinciden con el tipo neurótico narcisista que propone la Asociación Psiquiátrica Americana, y también reflejan mucho del machismo de nuestro país.

Me permito añadir otras características de los mexicanos machistas, los galanes narcisistas y los farsantes mentirosos también muestran algunas de ellas: están ligados a sus madres con fuertes vínculos de amor, rencor y dependencia. Muchos de ellos son alcohólicos; creen que la ternura y la sensibilidad son cosa de mujeres y de homosexuales (son homo-fóbicos); se muestran celosos y posesivos; utilizan mentiras para ocultar su profunda inseguridad, y tienen escasa capacidad para trabajar en equipo.

Son caprichosos y buscan ventajas personales a toda costa; presumen que lo saben todo; se sienten fácilmente ofendidos; son muy sumisos con sus jefes y demás personas de autoridad; cambian de alianzas e ideologías a su conveniencia; nunca dicen por favor ni gracias; consideran a las mujeres como sumisas y objetos de placer desechables.

También conocemos mujeres mexicanas que rechazan con disgusto las denigrantes conductas de sus madres sumisas y masoquistas; prefieren comportarse de la misma manera competitiva, machista, petulante y narcisista que sus padres o abuelos. Esto sucede con algunas mujeres lesbianas, y también con mujeres heterosexuales que prefieren hombres débiles como parejas.

El farsante

En México abundan los narcisistas farsantes especializados en el engaño y en las falsas promesas. Utilizan la palabrería y los cambios en el tono de voz para crear ilusiones y grandiosas expectativas; luego obtienen ventajas personales de manera indebida y carente de ética. En su gran mayoría son hombres, pero también hay mujeres en esta categoría.

Los estafadores tienen larga historia en nuestro país; así el *merolico*, el *transa*, el *ratero*, el *aviador*, el *seductor*, el vendedor de productos *patito* y *clonados* (piratas), el *coyote* y el *pollero*. Al que habla mucho y hace falsas promesas le dicen: "Pareces político", y a los prepotentes: "Ni que fueras diputado".

Según González Pineda, los mexicanos que tienen éxito con sus mentiras, se salen con la suya y evaden los castigos, reciben admiración. Por el contrario, en otros países se desprecia profundamente la mentira, porque se la considera una demostración de insignificancia personal e inmoralidad.

Entre los que causan admiración (y obtienen elevado *rating* televisivo) están el donjuán que ha engañado a mayor número de mujeres, el negociante defraudador que se hace rico, el político que obtiene un puesto mediante falsas promesas, el líder sindical corrupto y el predicador (el supuesto iluminado o maestro) admirado por sus mentiras.

Todos ellos reciben críticas de los demás, motivadas por la envidia de no tener lo que ellos tienen, sin que a nadie le importe mucho cómo lo hayan obtenido. En México, la ficción se toma como la manera normal y diaria de actuar; es lo que anticipa la gran mayoría del pueblo, lo mismo que el fraude, la corrupción y el cohecho (la tradicional *mordida*).

En lugar de "te defraudaron con engaños", aquí decimos: "Te durmieron, te engatusaron, te transaron, te madrugaron, te dieron atole con el dedo, te dieron jarabe de pico, te torearon, te chiquitearon, te chingaron, te alburearon", etcétera.

En el arte de la seducción, se dice: "Verbo mata carita". Los narcisistas farsantes son expertos en el arte donjuanesco de engañar mujeres: emplean lindas palabras, canciones, regalos, comidas, viajes, etcétera. Les dicen que las quieren, las aman y las adoran; les hacen toda clase de falsas promesas para despertar su cariño y seducirlas; dan a su voz increíbles inflexiones y cambios de tono que son música para los oídos de sus enamoradas.

Sus actuaciones no incluyen sinceridad ni sentimientos profundos. Lo que sigue es: "Estoy muy ocupado, te hablo después, la semana que viene, el mes que viene, mejor dejamos de vernos, no quiero causarte problemas, no soy el que tu mereces, ahí te ves." Estos narcisistas farsantes ¿A cuántas mujeres arrancaron ternura, sexo y dinero y luego se fueron, dejándolas vacías, lastimadas y desilusionadas?

Los narcisistas "aman" a las personas que se dejan explotar por ellos, pero una vez que las han exprimido, o que ellas se atreven a defender sus derechos, se hartan y buscan otras, más débiles y sumisas, en un ciclo que nunca termina. Son expertos en ocultar sus amoríos; dicen que son solteros sin serlo, y otros aparentan el matrimonio perfecto. Le repiten a su mujer: "¿Cómo crees que ando con otras mujeres, si te adoro? ¿Cómo crees que yo te engaño, si los quiero tanto?"

Sin embargo, un día le notifican a su esposa que han arreglado el divorcio, por el bien de ella y de sus hijos, y que habrá ventajas económicas para ambos. La mujer queda atónita, porque nunca sospechó nada. Se divorcian, y él se va a vivir con la otra mujer (con quien ya tiene varios hijos). La mujer divorciada se pregunta: ¿Mi matrimonio fue solamente una gran farsa?

En México, cualquier farsante se presenta como licenciado, doctor, ingeniero, o lo que sea, sin tener estudios. Algunos policías y agentes federales son temibles y sádicos secuestradores, narcotraficantes y asaltantes; ciertos gobernadores y presidentes municipales (supuestos "servidores públicos") fueron los ladrones más expertos; pero ellos no robaron a nadie, sino que solamente "desviaron los fondos".

Los estafadores son expertos en provocar gran respeto y mucho miedo: "Yo soy el doctor, y si no le hago tal y cual intervención quirúrgica, usted se muere; soy su abogado, y si no me paga esto, se va a la cárcel por la fracción X del derecho penal; soy ingeniero, y si no invierte dinero en tal obra, se le va a caer su casa porque tiene debilitados los cimientos".

"Soy psiquiatra y usted padece una depresión endógena, si no se toma estos fármacos de por vida, lo tengo que hospitalizar en dos semanas; yo fui al Tíbet y le propongo una iluminación tántrica del nivel número quince, de esta manera usted no volverá a reencarnar; usted vive en pecado mortal, pero yo le tramito en Roma la anulación de su matrimonio a cambio de tantos dólares".

Los partidos políticos mexicanos solapan la corrupción de sus militantes y se enlodan unos a otros; las autoridades policíacas se organizan para el cohecho; los banqueros y empresarios se cubren las espaldas; los miembros del clero protegen a los sacerdotes que abusan sexualmente de los menores, etcétera.

El colmo del narcisismo es el de los hombres que utilizan palabras de ternura y supuesta comprensión, como algunos maestros en escuelas e institutos. Éstos se dedican a abusar sexualmente de las más jovencitas (y también de las niñas y de los niños) porque son más fáciles de atemorizar y engañar. Algunos sacerdotes pedófilos les aseguran que eso es amor de Dios, pero que si lo cuentan a sus padres se irán derechito al infierno.

El galán narcisista (y la princesa)

Se trata de los hombres y las mujeres que se identifican con la hermosa apariencia de su rostro y de su atractivo cuerpo, y presumen de todas formas su incomparable belleza. Pero se olvidan de todo lo demás y de todos los demás. Igual que el bello Narciso de la fábula, se aman solamente a sí mismos.

A partir de Rodolfo Valentino, galán de cine de los años treinta, y de los mexicanos de los años cincuenta, los *latin lovers* (los *chulos* y *caritas*) se popularizaron por todo el mundo. Cosa parecida ha sucedido con muchos de los artistas, cantantes y demás personajes del espectáculo que alcanzaron la fama. Los hombres de apariencia atractiva son muy cotizados y admirados por las mujeres de todas las edades, a pesar de que algunos de ellos tienen muy pocas cualidades por dentro.

Las estrellas de cine y las artistas, modelos y cantantes del momento despiertan envidia por su belleza y atractivo físico; pero, pocas personas conocen algo acerca de su vida íntima. Sin embargo, es verdad que hay mexicanos y mexicanas han triunfado a nivel internacional: además de poseer notable atractivo y carisma, han sabido cultivar su inteligencia, su sensibilidad y su gran talento.

Muchos adolescentes de los dos sexos se alejan de su familia para buscar la compañía de individuos famosos que irradian carisma, éxito, poder y popularidad; se apegan a ellos y tratan de imitarlos a toda costa. Se visten y se comportan de manera parecida, y compran sus productos. Este tipo de conformidad es el camino que encuentran para lograr algún sentido de identidad y pertenencia. Creen que para ser famosos y envidiados por todos les basta exhibir un bello rostro y un cuerpo atractivo.

Abandonan los estudios para ser actores, cantantes, modelos y edecanes; otros aspiran a ser locutores, reporteros, cineastas y publicistas; entran al gran negocio de la política mexicana, por ejemplo. Unos cuantos logran excelencia en lo que hacen, debido a su talento, empeño y gran dedicación, mientras que la mayoría (narcisistas vacíos y pura pantalla) fracasan en sus intentos y llevan una existencia mediocre; viven de su lindo cuerpo, pero no tienen gran cosa por dentro.

Las mujeres narcisistas anoréxicas y bulímicas se empeñan en proyectar su mejor imagen luciendo cuerpos de apariencia tenue y fantasmal, perfectamente maquilladas, con cada pestaña en su lugar, como si fueran ángeles, princesas o diosas. Sin embargo, tienen escasa vitalidad y parecen hechas de plástico; viven en la fantasía. Pasan horas arreglándose frente al espejo: a veces se sienten soñadas y otras se creen horribles.

Los que viven de su bella apariencia, se imaginan que si se visten, beben, fuman, hablan y se maquillan como los astros y las estrellas del momento, obtendrán aplausos y serán populares; de esta manera disfrutarán fama y éxito instantáneos. Algunos intentan combinar su apariencia impecable con habilidades gerenciales y con títulos de alguna universidad particular de prestigio; desde luego que nunca se rozan con los *nacos*.

Para ser envidiados y deseados, los *juniors* y los *metrosexuales* compran ropa cara, se depilan y cambiar su corte de pelo de acuerdo con la moda; algunos se hacen una cirugía de nariz (y después otras para mejorar las orejas y la barbilla). Aparentan ser triunfadores y los seres mas sofisticados y felices del mundo. De paso, la palabra *metrosexual* viene de metrópolis y de que la belleza (sexual) también es cosa de hombres. Los metrosexuales mexicanos son más primitivos (machistas y prepotentes) que los de Estados Unidos y Europa.

Hasta hace poco, los cuidados físicos en los hombres se consideraban propios de los *gays*, pero en la actualidad los donjuanes del siglo XXI, productos del consumismo, han de ser guapos, refinados, visten a la moda y gastan muchas horas en el gimnasio para lucir buen cuerpo. Además, tienen que depilarse las piernas, el pecho y los brazos, dedicarse a la recuperación del cabello, rejuvenecer el abdomen y conseguirse unos dientes perfectos.

Necesitan adquirir tal o cual automóvil, tal o cual reloj, utilizar tales cosméticos, someterse a dietas rigurosas, vivir en apartamentos de lujo, frecuentar discotecas y restaurantes, adoptar un vocabulario juvenil con los correspondientes tonitos de la voz, y –desde luego– rodearse de mujeres atractivas. Gastan más dinero en promover su imagen que en cualquier otra cosa. Adoptan una especie de "machismo light", aunque entre los metrosexuales abundan los gay y los bisexuales (Saffire).

En otros países circulan los *übersexuales* que han superado a los metrosexuales (*über* en alemán significa "por encima de"); estos hombres consumen las mismas cosas que ellos, pero son menos vanidosos; confían en sus impulsos y sentimientos; son más divertidos y no sienten temor por sus aspectos femeninos. Aunque son masculinos, invierten más tiempo en la calidad de sus relaciones personales que en ellos mismos. Pueden tomar decisiones de manera personal, en vez de seguir de manera ciega los ejemplos de su entorno televisivo (Saltzman y otros).

En México tenemos hombres y mujeres que combinan dos estilos narcisistas: 1. Macho con carita, 2. Macho con verbo (farsante), 3. Carita con machismo, 4. Carita con verbo, 5. Verbo con carita y 6. Verbo con machismo. También hay personas que utilizan los tres estilos de manipulación: son machistas con carita y verbo, o caritas con verbo y machismo. Tal vez, el famoso seductor Don Juan fue verbo con carita y tenía algo de macho; sin embargo, en esto último fue (y sigue siendo) superado por muchísimos mexicanos.

Las mujeres que sufren y aman demasiado

Los hombres machistas y narcisistas se propagan en México porque cubren las necesidades neuróticas de las mujeres tradicionales que los crían y educan desde niños para que sean las parejas ideales de las siguientes generaciones de mujeres sumisas, sufridas y complacientes.

Las consentidoras y sufridas mujeres mexicanas enferman a toda su familia con su abnegación "cristiana" tan neurótica y masoquista. Se olvidan de sí mismas, y se creen merecedoras del más sublime respeto de la sociedad, o al menos de sus amistades y de los sacerdotes típicos, en vista de que se desviven por los demás, cancelan su sexualidad y aguantan a los hombres machistas (su pareja e hijos) alcohólicos, golpeadores, mujeriegos y buenos para nada.

Ellas se creen superiores a los hombres, "pobrecitos, así son ellos"; no los necesitan para gran cosa, excepto para tener hijos. Los desplazan y se convierten en el principal o único sostén económico de su familia. Utilizan sus debilidades y sus cuidados como principales armas de manipulación; de esta manera se aseguran el cariño sus hijos varones, aunque también les crean gran dependencia y graves inseguridades.

No disfrutaron su niñez ni su juventud. Reprimen su sexualidad y están amargadas y resentidas; padecen enfermedades psicosomáticas y envejecen de manera prematura; no soportan las sensaciones de placer, salud y alegría dentro de su propio organismo, porque las consideran pecaminosas, sucias e indignas.

Estas madres, *tan santas*, convierten a sus hijos en narcisos ególatras, y a sus hijas en mujeres sumisas y complacientes, desanimadas y sin vida propia, que no se atreven a ser ellas mismas. ¿En qué medida contribuyen para que México sea un país mentiroso y violento, con niveles educativos bajísimos, y con una economía tan injusta y miserable?

La otra cara de la moneda es que vivimos en un país machista que oprime a las mujeres y les ofrece escasas oportunidades educativas y laborales. El catolicismo tradicional, temeroso de la sexualidad femenina (y de su participación en el sacerdocio) ha sido y es uno de los más poderosos baluartes de la opresión ancestral de las mujeres mexicanas.

Capítulo 8

Psicoterapia corporal del narcisismo

Los narcisistas están obsesionados por dar una buena imagen; rara vez solicitan psicoterapia porque eso significaría que algo ellos anda mal. Algunos acuden acompañados de su pareja o de alguna otra persona debido a que padecen depresiones, tienen serios conflictos familiares y laborales, o presentan severos padecimientos psicosomáticos. A ellos solamente les interesa una ayuda superficial para restablecer a corto plazo la imagen engrandecida de su ego. Aunque se sienten mal, se esfuerzan por no mostrar debilidad alguna.

Es como si dijeran: "¿Verdad que soy (un niño) maravilloso y estoy por encima de cualquiera? ¿Verdad que yo estoy muy bien, pero los demás no me comprenden ni me valoran, sino que me causan problemas de manera injusta? ¿Verdad que yo no necesito ninguna psicoterapia porque estoy muy sano y soy perfecto? La mayoría de ellos no alcanza a darse cuenta de que los sentimientos son una parte esencial de los seres humanos, ni son concientes de que arrastran importantes vacíos y trastornos emocionales.

Algunos narcisistas mencionan que estuvieron en psicoterapia analítica durante muchos años, pero que eso no les sirvió gran cosa, y ninguna otra psicoterapia sirve para nada. Eso es explicable, porque las interpretaciones no cultivan la inteligencia emocional de quienes acostumbran fabricar toda clase de ideas y fantasías para mantener vivo su ego inflado. En ocasiones, solamente les dieron más cuerda para que siguieran haciendo lo mismo.

Por otra parte, nunca recibieron ayuda para eliminar las tensiones musculares y los demás bloqueos corporales que sostienen su postura corporal de lejana superioridad, y por esta razón siguen manteniendo alejadas de su propia imagen corporal las energías impulsivas y emocionales.

Para no verse obligados a profundizar en sus sentimientos, los narcisistas propician el intercambio de frases ingeniosas, conversan acerca de teorías psicológicas, temas esotéricos, política y programas de televisión, y también les encantan las explicaciones y las interpretaciones. De esta manera evitan sentirse incómodos por cualquier alusión a su egoísmo mentiroso, su violencia y sus manipulaciones. Algunos de ellos aceptan el masaje y los ejercicios respiratorios como ruta para eliminar las tensiones producidas por el estrés.

Buscan un rato de diversión y algunos halagos para sentirse mejor; se dirigen al psicoterapeuta como si fuera un conocido y ambos estuvieran en un café o en un bar. Tratan de impresionarlo con sus logros (reales o imaginarios) y sus grandiosos proyectos, con el propósito de convertirlo en uno más de sus aliados y admiradores incondicionales.

Cuando no obtienen eso, no regresan después de un par de sesiones; siguen su camino, sin haberse arriesgado a hacer ningún cambio en su conducta, ni mucho menos en la estructura neurótica de su personalidad.

Sin embargo, hay otros hombres y mujeres que están interesados en un proceso de psicoterapia corporal (psicoenergética) con el fin de eliminar sus rasgos neuróticos, desarrollar sus potencialidades, cultivar sus sentimientos e integrar su propio yo. Desean recorrer la ruta del conocimiento propio para trascender el ego y llegar a ser los arquitectos de su propio destino. Esto requiere un tiempo más prolongado, que va desde unos meses a algunos años.

En este capítulo presento una visión general de este proceso. En los siguientes capítulos explico con mayor detalle las teorías y las técnicas más efectivas para el manejo del machismo y del narcisismo.

La atención dirigida a los procesos corporales

Conocemos niños (y niñas) que recibieron una educación machista; les faltó el contacto cariñoso con sus padres; fueron testigos de conflictos y violencia familiar, e incluso padecieron abandono y maltrato. Debido a esto, no cuentan con una imagen corporal positiva, integrada y agradable de ellos mismos.

Experimentan sus motivaciones internas como indebidas y peligrosas; utilizan tensiones generalizadas (la armadura de la personalidad) y otros mecanismos defensivos para separarlas de lo que consideran su yo. Conviene advertir que lo que Freud y Jung llamaron *inconsciente* equivale a la realidad ignorada de nuestro cuerpo vivo, con todos sus impulsos y sentimientos (Conger).

Se obtienen mejores resultados psicoterapéuticos desarrollando una conciencia ampliada de nuestro cuerpo vivo y de sus motivaciones, que generando interpretaciones (racionalizaciones) para seguir con los mismos problemas.

La capacidad humana para darnos cuenta es la herramienta básica que cualquiera puede utilizar para eliminar los rasgos neuróticos que contienen las vivencias compactadas y emociones bloqueadas. Los narcisistas acostumbran una conciencia incompleta y confusa acerca de su organismo; por eso necesitan afinar la conciencia corporal de sí mismos, con el propósito de trascender el ego.

Apoyados en la psicoterapia corporal (individual o en grupo) y en otras experiencias de desarrollo humano, las personas interesadas profundizan en su realidad psicocorporal. Al final del proceso, la personalidad que emerge es más fuerte, más adulta y está mejor integrada: tiene por centro al propio yo, dinámico, cálido, intuitivo e intelectual, alrededor del cual giran todas las motivaciones y las conductas abiertas a la sociedad y al infinito.

Para situar a una persona en el presente, el psicoterapeuta le solicita que ponga atención a todo lo que entra a su campo de conciencia, y que vaya expresando eso con palabras. Como alternativa, le puede pedir que utilice frases en tiempo presente, para revivir el pasado o vivenciar las fantasías, los sueños e incluso sus preocupaciones acerca del futuro.

Con esto vuelve a sentir o siente por primera vez las emociones e impulsos que brotan en el momento ante las circunstancias hacia las que tiene puesta su atención. La principal intención del terapeuta es ayudarle para que agudice su percepción de todo lo que experimentan en el momento actual.

Apunta Naranjo que la práctica de la atención dirigida a la experiencia presente tiene un lugar preponderante en varias tradiciones de la disciplina espiritual. Entre ellas, el budismo, que propone la práctica de la atención pura. La atención pura consiste en ocuparse solamente del presente. Enseña lo que muchos han olvidado: vivir el aquí y ahora, con plena conciencia. En la vida común, el pasado y el futuro no suelen tomarse como objetos de verdadera reflexión, sino que se utilizan para soñar despiertos y para imaginar superficialmente.

Mediante la atención pura, con plena fidelidad a su función observadora, la persona contempla, con calma y sin ataduras, la incesante marcha del tiempo. Espera que las cosas del futuro aparezcan frente a sus ojos y que más tarde desaparezcan inevitablemente en el pasado.

Resnick señala que todas las formas de meditación tienen un elemento en común: ayudan a focalizar la atención en el momento presente: fijan la atención en el proceso de la respiración y piden a las personas que regresen a ese proceso interno en cuanto las distraiga una imagen, una idea o algún ruido. Esta habilidad para la concentración se puede ir trasladando poco a poco a otras situaciones: la persona aprende a aceptar, de modo sereno e imparcial, cuanto pasa en su interior, lo mismo que sus gestos y sus propias conductas.

Propone un ejercicio para meditar en voz alta, en una especie de soliloquio. La persona es a la vez actor y observador. En cuanto observador, debe mirarse sin juzgar, como si fuera un auditorio imparcial. En cuanto actor, se le pide que exagere, como en el teatro. Se le dan instrucciones para que eleve el tono de su voz y haga sus gestos más amplios. Lo anterior tiene el propósito de que los mensajes musculares de los sentimientos, que habían estado ocultos a la propia persona, se puedan integrar finalmente a la conciencia.

Cuando fijamos nuestra atención en las tensiones musculares, esto hace que las emociones subyacentes se intensifiquen, por lo que surgen algunos movimientos espontáneos. El terapeuta sugiere a la persona que ensaye y repita los movimientos espontáneos que ocurren para que pueda darse cuenta de que lleva en su interior algunos bloqueos que limitan su energía vital.

Da instrucciones a sus pacientes para que mantengan su atención bien enfocada. Les pide que cambien cualquier pregunta por un afirmación, para evitar las ambigüedades. También, que completen las frases y que acentúen sus expresiones y gestos no verbales. En vez de escuchar las opiniones de los demás acerca de nuestra voz, aprenderíamos más acerca de ella si nos escucháramos a nosotros mismos.

En otro ejercicio, el psicoterapeuta propone a los miembros del grupo que alguno de ellos sitúe la atención en el interior de su organismo y vaya expresando en voz alta lo que va entrando en su campo de conciencia, sean sentimientos, sensaciones, pensamientos o acciones.

Por ejemplo, un hombre dice que está dibujando un círculo con sus manos, que siente sus manos húmedas y tensas, que su boca está algo seca y, finalmente, al comprender su emoción, expresa que se siente asustado y angustiado. De esta manera, aprende que la expresión emocional es buena y legítima, y también desarrolla la capacidad de expresar sus sentimientos ante otras personas.

La psicoterapia corporal psicoenergética

La *Psicoenergética* es una psicoterapia corporal que he diseñado específicamente para manejar las tensiones neuróticas, los bloqueos sexuales y las demás alteraciones en la estructura personal que limitan las potencialidades y frenan la energía psicológica de los que vivimos en ciudades aglomeradas y aceleradas. Incorpora las aportaciones de numerosos autores, e introduce avances teóricos y técnicos derivados de mi propia práctica profesional.

Aprovecha aspectos del autocontrol conductual, la modificación del pensamiento, el cultivo de las fantasías y la toma de decisiones apropiadas; abre el camino hacia la creatividad y la búsqueda de los niveles superiores de conciencia. En otras palabras, se empeña en facilitar el desarrollo armónico de todas las potencialidades humanas que comprende el verdadero ser. Por lo que toca al narcisismo, tiene la finalidad de superar el ego, con su estructura neurótica.

El cuadro 3 presenta el panorama de las intervenciones que propone la psicoenergética para eliminar los bloqueos neuróticos, elevar los niveles de la energía y favorecer la integración de la propia personalidad.

Cuadro 3. Panorama de las técnicas y los niveles de intervención (individual y en grupo) que propone la psicoenergética

1. Técnicas de relajación y de respiración, actividades gratas, platicar los problemas con el terapeuta para desahogarse y ampliar perspectivas. La meditación sirve para eliminar la ansiedad; es uno de los caminos hacia la iluminación. Esto se puede combinar con ejercicios de yoga, tai-chi y otros parecidos.

2. Los grupos de encuentro y despertar sensorial facilitan la comunicación y ayudan a controlar los roles falsos y manipuladores. Favorecen la conciencia de lo que acontece en el interior del propio organismo.

☞ continúa

☞ continuación

3. El terapeuta realiza la evaluación psicocorporal de cada persona. Luego señala ejercicios de movimiento y alineación postural, junto con técnicas respiratorias avanzadas que favorecen la expresión de las emociones e impulsos bloqueados. Los masajes especializados eliminan las tensiones generalizadas (la armadura neurótica).

4. Se emplean técnicas de masaje visceral para movilizar directamente los impulsos y las emociones congeladas. Surgen los recuerdos de situaciones traumáticas. El psicoterapeuta apoya la catarsis y maneja la transferencia. Favorece la vitalidad, la intuición y los niveles superiores de conciencia.

5. Las fantasías dirigidas exploran aspectos poco conocidos de la propia personalidad. Sirven para establecer diálogos con personas significativas del pasado o del presente. El paciente supera las situaciones incompletas y el duelo no terminado. Existen otras técnicas para controlar las fantasías destructivas.

6. El manejo psicocorporal de los sueños y las pesadillas favorece la integración de ciertos aspectos energéticos que fueron proyectados o introyectados (traumas y falsos valores). Los sueños más significativos ayudan a superar los momentos de estancamiento e indecisión.

7. Para eliminar dualidades neuróticas y salir de la inseguridad y la depresión, la psicoterapia del pensamiento somete a un escrutinio lógico los diálogos autodestructivos y las creencias erróneas. La práctica del pensamiento relativo y flexible nos permite vivir con mayor alegría.

8. Preparación para tomar decisiones: ante los problemas, nos conviene evaluar las posibles alternativas de acción. Cuando elegimos la más conveniente, cambiamos a nuestro favor las circunstancias que nos rodean. Las metas y los valores personales son otros importantes factores de la motivación humana.

9. Manejo de los problemas sexuales de la pareja, que incluye la apertura a roles sexuales más abiertos (androginia) y trascienden los enfrentamientos entre los hombres y las mujeres, como los de los machos con las mujeres sufridas.

Los narcisistas vuelcan casi toda su energía vital hacia fuera y se empeñan en dar una buena impresión a los demás; no cuentan con suficiente energía para enfocar la atención a su interior. ¿Cómo pueden entender los sentimientos de los demás, si no se toman el trabajo de reconocer los suyos? La psicoterapia corporal los ayuda a liberar las tensiones acumuladas del estrés, pero también hace que se vayan transformando en personas cada vez más sensibles e intuitivas.

En las terapias de grupo, conviene que el psicoterapeuta preste particular atención a la capa más externa de la neurosis –las máscaras y los roles neuróticos estereotipados– porque estas defensas distorsionan y falsean las interacciones sociales más comunes. Generan abusivos juegos de manipulación que impiden la comunicación sincera y espontánea entre los participantes.

Según Perls, cuando recordamos el pasado, por lo general lo hacemos de manera intelectual: cavilamos y lo racionalizamos (nos *psicoanalizamos*). Sin embargo, ni las preocupaciones acerca del futuro, ni la interpretación de los recuerdos son importantes, porque no tienen que ver con la liberación de las emociones congeladas, ni pueden producir cambios positivos en las vivencias del pasado.

Los niños tienen la habilidad de vivir el momento intensamente, mientras que los adultos solamente podemos recuperar esta frescura emocional con alguna dificultad. Perls sugiere que cuando llevamos un suceso del pasado al presente y lo reconstruimos de manera imaginativa espontánea (por ejemplo, un sueño que tuvimos) desatamos la misma cadena de sensaciones y emociones que habíamos controlado y frenado en otras épocas de la vida pasada.

Los roles manipuladores incluyen argumentos posturales, inflexiones de la voz, expresiones del rostro y manejos del espacio corporal típicos para cada individuo. A veces, algún aspecto de la personalidad demanda atención inmediata, porque está a punto de emerger un contenido emocional intenso, como lo sugieren ciertos movimientos y gestos involuntarios.

Así, si una persona sonríe con nerviosismo, se le pide que exagere esa sonrisa frente a cada uno de los miembros del grupo. Todo esto facilita la expresión de los sentimientos, en particular cuando las defensas ya están debilitadas por sesiones anteriores de psicoterapia que incluyeron masaje y movimiento, o por alguna crisis familiar o laboral.

Debido a la palabrería interna compulsiva, muchas personas ignoran sus sentimientos y evaden la conciencia corporal de sí mismas. El psicoterapeuta sugiere a las personas que permitan el espacio de la psicoterapia, que las sensaciones, emociones y fantasías, broten como quieran.

También les pide que eviten las explicaciones e interpretaciones que ofrecen otros estilos de psicoterapia. En particular, en lugar de "por qué", el terapeuta les pregunta "cómo y qué". Por ejemplo: "¿Qué novias tuviste, cómo las tratabas, cómo te sentías, qué pasó con tal novia, qué fantasías tenías...?"

La creatividad humana (lo mismo que la intuición) requiere el sustento continuo de una vida emocional intensa, espontánea y libre. Para elaborar las mejores decisiones, necesitamos tener muy en cuenta los mensajes de nuestros sueños y fantasías.

La intuición adquiere creciente importancia a medida que las computadoras efectúan operaciones de tipo lógico y matemático cada vez con mayor rapidez. Las máquinas no pueden intuir, pero los humanos sí; les podemos dejar el trabajo repetitivo, y de este modo tendremos más tiempo para ser creativos.

Las técnicas terapéuticas que se explican en los siguientes capítulos ayudan a los pacientes para que salgan de sus estados emocionales negativos y eliminen sus tensiones habituales, junto con los demás síntomas psicosomáticos. La mayoría de ellas se pueden utilizar de modo combinado, para obtener mejores resultados. Dejan espacio a la creatividad de cada terapeuta. En cualquiera de las intervenciones, el punto de poder y la posibilidad de cambio es el presente, es ahora mismo.

Para las máscaras y los juegos neuróticos, se recomiendan los grupos de encuentro y los maratones de fin de semana. En el contexto del grupo, los propios problemas no parecen tan graves. Son muchas las personas que han logrado superar así el desempleo, el divorcio, la neurosis, la depresión, el alcoholismo o la adicción a las drogas. Ofrecen a los participantes un amplio panorama de experiencias compartidas. Apoyan la expresión sincera de los propios sentimientos, en un clima de amistad y comprensión.

Por ejemplo, en una sesión de grupo, una mujer profesionista de cincuenta años, educada para el narcisismo, como mujer de sociedad rodeada de amistades, narra lo siguiente: "A mí me educaron para ser una niña buena y linda, muy bien vestida. Hace cinco años, mi mamá me regaló un perrito, pero un día que fue a mi casa me dijo que lo iba a regalar a uno de sus hermanos, porque yo no lo cuidaba y tampoco me interesaba en realidad tenerlo.

Metida en mi imagen de buena, le dije inmediatamente que sí, que estaba bien. Entonces mi madre se lo llevó de regalo a su hermano que cuida muy bien a sus mascotas. Como otras muchas veces, ni siquiera vi ni supe nada, no tomé en cuenta lo que yo sentía por dentro".

Cuando era niña, su madre (impositiva y estricta) la entrenó para dedicarse a complacer a los demás, pero nunca la enseñó a conocer y expresar sus sentimientos. Esta mujer no tenía problemas con su madre, ni con nadie, porque aparentaba que era feliz y que todo estaba muy bien.

Al revivir este incidente, pudo expresar ante el grupo sus verdaderos sentimientos: "Mamá, yo quiero a mi perrito, estoy muy encariñada con él; como otras veces, me castigas sin motivo, te impones, no me preguntas lo que yo quiero, no me tomas en cuenta, decides por mí, solamente me ordenas y ya: eres injusta y dura conmigo, me dejas con la nana y tú te vas con tus amigas a divertirte."

Esta experiencia, con expresiones de llanto, enojo y tristeza, representó para esta mujer un cambio radical en su vida: aprendió a valorar sus sentimientos y deseos por encima de las apariencias sociales que se creía obligada a representar ante las demás personas en cada momento de su vida.

Muchos hombres y mujeres solicitan psicoterapia para aliviar sus síntomas, pero no se dan cuenta de que su modo de ser (su postura corporal con tensiones generalizadas que sostiene esquemas mentales destructivos) es lo que origina sus males. Además, esa misma postura manipuladora que sostiene su ego les reporta muchas ventajas, a las que no están dispuestos a renunciar tan fácilmente.

La *lectura corporal* es una técnica de valoración que se emplea al principio de cualquier psicoterapia corporal. Con la base en su entrenamiento profesional y de su propia experiencia, el psicoterapeuta evalúa los rasgos neuróticos, el argumento postural (tipo de neurosis) los bloqueos corporales (la armadura de la personalidad) y los principales mecanismos defensivos que utiliza la persona que solicita psicoterapia. También le conviene tomar muy en cuenta los rasgos saludables más importantes.

Esta técnica puede ir acompañada de entrevistas y de pruebas psicológicas (*tests* de personalidad). Después de ella, procedemos a diseñar un programa de psicoterapia individual que busca la máxima efectividad a corto plazo El trabajo de evaluación, junto con la elección y la aplicación de las técnicas más apropiadas, continúa durante todas las demás sesiones. La confianza de la persona que recibe psicoterapia, y su colaboración inteligente, son indispensables para el éxito.

Desde el principio conviene determinar cuales son las áreas del cuerpo que generan estados de conciencia más dolorosos y torturantes para alguna persona en particular, así como las que permanecen anestesiadas. De ellas se originan los sueños repetitivos, las pesadillas y las ideas obsesivas. Sería un error de técnica manejar durante meses las tensiones de los pies de algún individuo, siendo así que presenta profundas tensiones en el cuello y padece continuos dolores de cabeza.

Una de las rutas preferidas para liberar las emociones reprimidas consiste en poner al cuerpo en movimiento. Hay una relación directa entre el tono emocional y la actividad motora. Nos movemos con facilidad si estamos alegres y relajados. Por el contrario, la lentitud psicomotora y la reducción de la actividad espontánea son los signos más claros de la depresión.

Hay posturas corporales que favorecen la vibración y elevan los niveles de energía del organismo. En las terapias de grupo, se invita a los pacientes que experimenten diferentes formas de respiración, utilicen movimientos expresivos como mirar, golpear, caer, tratar de alcanzar algo, usar la voz de diferentes maneras, repetir ciertas frases. También se pueden aprovechar los ejercicios de algunas disciplinas orientales como el Tai Chi, Chi Kung, Yoga, entre otros.

Otra ruta importante son los masajes especializados para eliminar de modo más directo las tensiones musculares y los demás bloqueos psicocorporales que forman parte de la armadura neurótica. Algunos masajes activan a la persona, mientras que otros la calman y disminuyen su angustia.

Nos conviene escuchar los mensajes de nuestro organismo: impulsos, fantasías y gritos internos que demandan ayuda. Con frecuencia, los mensajes corporales nos advierten que *ahora* tenemos asuntos incompletos con otras personas; tal vez los hemos arrastrado durante semanas y meses. Necesitamos completar y llevar a feliz término estos asuntos para no seguir preocupados y angustiados, ni ser presa del resentimiento y de las culpas neuróticas.

A medida que se van eliminando los bloqueos, gracias al masaje profundo y a los ejercicios de movimiento, emergen a la conciencia las emociones e impulsos frenados, junto con recuerdos, fantasías e imágenes visuales y auditivas del pasado. Estas representaciones, junto con otros fenómenos como enrojecimiento de la cara, sudor frío y vibraciones de todo el cuerpo guardan relación directa con las energías emocionales e impulsivas que se van liberando.

Con frecuencia, esas vivencias corresponden a edades previas al manejo consistente del pensamiento lógico. Según Piaget (en Beard), el pensamiento lógico y científico hace su primera aparición alrededor de los doce años. Otros autores opinan que las conexiones del sistema límbico emocional hacia la corteza cerebral se continúan desarrollando hasta los 21 años. Los hombres y las mujeres aprenden a valorar sus vivencias recuperadas (con inteligencia emocional de adultos) de manera más positiva, auténticas y saludable.

Existen técnicas específicas para ayudar a los pacientes a salir de sus fantasías destructivas. En casos de duelo que no ha sido finalizado, se les ayuda a establecer diálogos con los ausentes, lo mismo que cuando llevan el peso de situaciones incompletas. De esta manera se pueden liberar del peso del pasado, perdonar y salir del resentimiento. Las fantasías dirigidas se utilizan para explorar los aspectos menos conocidos de la propia personalidad. El manejo adecuado de los sueños permite integrar algunos aspectos energéticos que estaban proyectados, así como para superar ciertas situaciones de estancamiento, confusión e indecisión.

La psicoterapia del pensamiento somete a un escrutinio cuidadoso los diálogos internos autodestructivos, las falsas premisas, las profecías fatalistas y las creencias erróneas. Toda esta palabrería distorsionada e inútil contribuye a crear estados de ánimo, depresivos, estresantes, amargados y resentidos. Nos conviene pensar antes de hablar; además, nuestro pensamiento puede ser más flexible y creativo. Finalmente, debemos calcular por anticipado las consecuencias de nuestros actos, en vez de tomar rumbos de acción que son demasiado impulsivos.

Los pacientes necesitan abandonar su resignación pasiva para convertirse en los agentes activos de su propio cambio y desarrollo. Mediante la terapia, ellos aprenden a tomar decisiones apropiadas para resolver problemas y cambiar a su favor las circunstancias que les rodean. A medida que cuentan con mejor ánimo y una vida emocional más espontánea, son capaces de retomar o iniciar amistades y relaciones amatorias que les ofrecen oportunidades de intimidad, apertura y apoyo mutuo. Todo esto contribuye favorablemente para reducir los efectos del estrés.

Otros medios sencillos para combatir la ansiedad son las técnicas de relajación, el descanso, los deportes, las actividades gratas y platicar los problemas con algún amigo con el fin de desahogarse. La meditación y los ejercicios de despertar sensorial o de respiración, también pueden ser de gran utilidad.

La terapia psicocorporal puede ser individual o en grupo. Los grupos no solamente ofrecen apoyo, sino que también favorecen la liberación emocional. Ofrecen a muchas personas un clima de apoyo y entusiasmo. Brindan a los participantes variadas oportunidades de crecimiento. El terapeuta que los dirige necesita capacidad para improvisar, energía y amplia experiencia. Por su parte, la psicoterapia individual responde mejor a las necesidades personales y produce resultados favorables con mayor rapidez.

CAPÍTULO 9

Los sentimientos y la inteligencia emocional

Igual que cualquier otra persona, usted tiene derecho a sentirse feliz y disfrutar plena salud mental, emocional, física y social. A todos nos conviene rodearnos de amor y cariño. Las emociones positivas, como la alegría, favorecen los movimientos corporales expansivos, la salud y la creatividad. Nuestra mente se amplía y se llena de posibilidades cuando estamos inspirados y enamorados.

Las emociones espontáneas son un sistema muy preciso que nos permite evaluar las circunstancias del mundo externo y anticipar las intenciones de las personas que nos rodean (Altman). Sin embargo, las situaciones traumáticas que no pudimos manejar durante la niñez y la adolescencia originan rasgos neuróticos, como tensiones musculares y otros mecanismos defensivos, que alteran el conocimiento emocional de lo que en realidad nos está sucediendo *ahora*.

Según Brown, los neuróticos son incapaces de relacionarse con las demás personas a través de sentimientos profundos, intensos y valiosos porque están divididos en su interior. Debido a que les falta un contacto coherente e integrado con los mensajes que brotan de su propio organismo, pierden el contacto eficiente con el mundo exterior. Su percepción de la gente y de las circunstancias es incompleta y distorsionada; algunos narcisistas ven enemigos por todas partes.

A causa de su dotación genética particular, cada individuo tiene un temperamento distintivo. Por eso, y también debido a sus experiencias, experimenta con mayor frecuencia ciertas emociones durante toda la vida. Hay personas optimistas o pesimistas, melancólicas o agresivas, aceleradas o calmadas, etc. Algunas prefieren la novedad, mientras que otras son más rutinarias. Como sabemos, hay personas que se minusvaloran y se sienten deprimidas, a pesar de que reciben buen trato de los demás.

Las fantasías y las interpretaciones que elaboramos acerca de algún evento particular influyen de manera notable en la intensidad y el tipo de emociones que nos invaden en cada momento. Por otra parte, las reacciones emocionales también varían en sintonía con las circunstancias alegres y gratas que nos rodean, igual que con las presiones, preocupaciones o desgracias que experimentamos.

El grado y el tipo de estrés al que alguien estuvo sometido en sus primeros años de su vida influye mucho en el modo como alguna persona se valora y se siente en la actualidad. No es lo mismo disfrutar la convivencia con padres alegres, cariñosos y entusiastas, que haber tenido un padre alcohólico, golpeador, y una madre sufrida, resentida y depresiva. La manera como una madre educa a sus hijos e hijas, cuando son pequeños, determina en gran medida lo que ellos sienten y lo que son capaces de hacer cuando como adultos.

Trastornos emocionales de los narcisistas

Algunos hombres y mujeres narcisistas nos relatan que pueden prender y apagar sus sentimientos a voluntad, de igual manera que cambian de ropa y apariencia física: fingen que lloran, así como otras emociones. Se trata de meras actuaciones externas, sin que lleguen a conmoverse en su interior.

Kohut sugiere que las personas narcisistas carecen de suficientes experiencias internas. Generan escasas reacciones y sentimientos dentro de sí mismos; se dedican a observar las reacciones que provocan en los demás, y así intentan entenderse de alguna manera. Procuran que los demás les proporcionen continuos reflejos de su ego para obtener algunas sensaciones confusas acerca de lo que son (e incluso para saber que todavía existen). Sólo de esta manera alcanzan a percibir algo dentro de sí mismas.

Acostumbran utilizar dos mecanismos de defensa:

1. El aislamiento emocional: ocultan sus sentimientos para que nadie conozca lo que llevan dentro, y así no los puedan lastimar. Se cubren con un manto de autosuficiencia y grandiosidad. Creen que no necesitan de los demás y que los hacen felices con su mera presencia. Los demás están obligados a servirlos.

2. La defensa maníaca: se rodean de muchas actividades, no necesariamente productivas; se mantienen acelerados. De esta manera, no tienen tiempo para ocuparse de sus sentimientos, ni los de

las otras personas (Mansfield). Además, el estrés, provocado por el exceso de actividades, produce adrenalina, la cual les impide sentirse deprimidos. Cosa parecida sucede cuando se enojan: se sienten exaltados, poderosos y superiores a los demás.

Debido a su ego inflado y a su autoimportancia, estos individuos no son capaces de mostrar apego ni gratitud. Como indican McWilliams y Lependorf, motivados por su grandiosidad interna, nunca piden perdón ni expresan remordimiento genuino; tampoco acostumbran dar las gracias, porque creen que los demás tienen la obligación de atenderlos, aunque rara vez lo hacen bien.

Culpan a su mala fortuna, a su destino o su *karma* y a otras personas, por sus fracasos y por cualquier cosa que les sale mal. Cuando otro individuo hace algo bien, los narcisistas lo atribuyen a la buena suerte; sin embargo, eso no quiere decir que merezcan admiración ni felicitación, ni que tenga algunas cualidades superiores a las que ellos tienen.

Según Akhtar (en Carson y Butcher), las principales áreas de patología narcisista son cuatro:

1. Un núcleo de sentimientos o sensaciones de inferioridad.
2. Incapacidad de confiar y apoyarse en otras personas, por lo que desarrollan muchas relaciones superficiales con el fin de obtener alabanzas, admiración y privilegios de los demás. Los consideran como objetos y espejo de su grandeza, esclavos obligados a desvivirse por ellos.
3. Moral y ética cambiante: sus valores y creencias varían según las circunstancias, buscando el provecho propio. Su ética es fría (cerebral), juegan con las normas y reglamentos, los aplican y cambian como quieren; siempre tienen la razón y están convencidos de que están por encima de la ley y de los sentimientos de los demás.
4. Son incapaces de prolongar por mucho tiempo sus relaciones amatorias, porque tienen dañada la capacidad para establecer un compromiso sentimental. Es acertado afirmar que los neuróticos narcisistas y machistas son egoístas e infantiles, por lo que no desarrollaron empatía, apego, ni compasión.

Me permito agregar dos aspectos adicionales:

5. Utilizan la apariencia externa de su cuerpo como un medio para obtener aplausos y admiración. Se enredan con fantasías de logros extraordinarios, mientras que evaden la conciencia inter-

na de su propio organismo como fuente de calor, pulsaciones, optimismo y vida.

6. Desarrollaron un sistema generalizado de tensiones en todo el cuerpo (la armadura de la personalidad) que altera sus biorritmos, limita sus impulsos e imposibilita las reacciones emocionales espontáneas.

Por ejemplo, un mexicano vivió en Japón durante algunos años. Tuvo una amiga con la que sostenía relaciones sexuales. Un día la japonesa le dijo: "Yo te quiero mucho, te amo". A lo cual el respondió de inmediato: "Pero yo a ti no". Ella le dio una cachetada y nunca se volvieron a ver.

Muchos años después, él recordaba la escena y se cuestionaba de nuevo (había estudiado psicología y se analizaba de manera interminable). Me comentó que no lograba entenderse a sí mismo. Estaba seguro de que había sido sincero con sus palabras, pero no sabía por qué había dicho eso, ni por qué ella se había enojado de esa manera.

En mi opinión, este hombre sintió miedo al compromiso y se dejó arrastrar por sus temores infantiles que no alcanzaba a percibir. Manipuló a su amiga y elaboró de inmediato las palabras exactas para que ella dejara de presionarlo. Esa mujer sí tenía sentimientos: se indignó y se sintió ofendida al verse tratada como objeto por alguien tan petulante, egoísta y frío. No tuvo que decir una sola palabra; le mostró sus sentimientos y se fue.

Otro ejemplo es un profesionista retirado, conocido en AA a nivel internacional y budista de alto rango. Aunque tenía los recursos para dedicarse a viajar, no lo hacía; padecía depresiones y se sentía con poca energía; nunca estaba satisfecho consigo mismo. Repasaba todos los errores de su vida, en particular de cuando era bebedor y contaba a sus amigos que había sido líder estudiantil y lo habían encarcelado por sus ideales en los años sesenta (cosa del todo falsa). De esta manera obtenía admiración y lágrimas que lo hacían sentir bien por un rato.

Era muy distante y se extrañaba porque algunas personas le brindaban cariño espontáneo; nunca sabía cómo debía responderles. Este narcisista analizaba tanto sus débiles reacciones emocionales que las enredaba y las ahogaba; debido a eso no podía generar conductas sinceras y espontáneas. En la medida que pudiera aceptar y cultivar sus sentimientos, empezaría a comprender las motivaciones de los demás. Desde luego que necesitaba ubicarse en el presente, en lugar de vivir en el pasado.

Le hablé de la conveniencia de desarrollar una conciencia más amplia de su realidad corporal emocional e impulsiva. El me comentó que ya había estado muchos años en psicoanálisis y no quería saber nada de eso. Le expliqué que la psicoterapia corporal era otra cosa. El aceptó tomar algunas sesiones como ensayo.

El masaje para eliminar sus severas tensiones corporales le ayudó mucho, lo mismo que las técnicas de respiración apropiadas. Poco a poco fue cayendo en la cuenta de que podía experimentar y mostrar sus sentimientos; también podía recibir con gratitud el afecto de las demás personas. Fueron emergiendo los recuerdos tempranos de la relación con sus padres, que lo presionaron para dar la apariencia de que era perfecto e insensible, cosa que el sabía hacer muy bien, aunque siempre se había sentido vacío e incomprendido.

Mediante sus juegos manipuladores, los narcisistas provocan reacciones emocionales de todos estilos en los demás; pero ellos no las entienden porque no han experimentado algo por el estilo, ni se lo imaginan siquiera. Debido a su falta de empatía y compasión, se les dificulta entender lo que sienten las mujeres, cuyos sentimientos son más intensos, variados y complejos que los de los hombres.

Además, están convencidos de que todas las mujeres, como lo hacía su propia madre, dicen una cosa y muestran algo con la expresión de su rostro, pero pueden estar sintiendo otra muy diferente, como algunas que sonríen cuando están enojadas. Por eso, afirman que nadie entiende a las mujeres, y que los sentimientos de ellas carecen de lógica alguna.

Por ejemplo, el macho psicopático que ve terror y dolor en el rostro de la mujer a la que está violando y golpeando, y piensa –de manera absurda y grotesca– que ella está muy excitada y admirada por la grandeza de su pene, e incluso que está disfrutando mucho lo que el la obliga a hacer. De cualquier modo, ella merece que la castiguen, por ser una p... disfrazada de mujer decente, porque lo estuvo provocando con su manera de vestirse y caminar, y para que así ni ella ni nadie tengan la mínima duda acerca de su tremenda virilidad.

Las emociones y los sentimientos

Las tradiciones y las costumbres de cada familia tienen mucho que ver con el desarrollo, o la represión de las expresiones y conductas emocionales, sobre todo durante la niñez. En muchas familias les dan a los niños y niñas los conocidos mensajes de: "no llores, no te rías, no te enojes". Además, se supone que los machos no lloran porque deben ocultar sus sentimientos, mientras que las mujeres son sentimentales: muchas de ellas sienten de manera desmedida y se preocupan por todo.

Como es sabido, las familias –y las sociedades– violentas generan excesiva violencia entre sus miembros. Las tensas y aceleradas provocan angustia. Esos factores influyen mucho en la confianza o el temor que sentimos en nuestras relaciones ordinarias con las demás personas.

Según Pribram, los seres humanos valoramos la realidad a través de nuestras reacciones emocionales, de manera intuitiva. Mediante cambios viscerales de agrado o desagrado, nos señalan lo que nos conviene o no; lo que ayuda o estorba nuestra salud y propio bienestar. Debido a la empatía, también conocemos lo que ayuda o estorba el bienestar de las personas que apreciamos.

Darwin describió las expresiones faciales que corresponden a las principales emociones humanas. Señaló algunos mecanismos que utilizamos para controlar las emociones que juzgamos inconvenientes. Por ejemplo, podemos frenar el llanto tensando los músculos de la frente. También podemos contraer con fuerza los músculos orbiculares de la boca, lo cual impide que otros músculos tiren de los labios hacia arriba.

Reconoció la importancia que tienen las emociones en cuanto señales que informan a un animal del estado en que se encuentra algún otro. En efecto, las emociones comunican a las demás personas mucho de lo que somos: nuestra alegría, disgusto, sorpresa, interés, tristeza, enojo o malestar. Por el contrario, los machos narcisistas son poco comprensibles para los demás, debido a que sus limitadas expresiones emocionales son actuaciones vacías.

Mehrabian sugiere que cualquier emoción (enojo, alegría, amor, tristeza, miedo, etcétera) tiene una mezcla distinta de tres elementos: alertamiento, placer y dominio. Algunas emociones nos alertan, mientras que otras nos aletargan. Las hay placenteras y desagradables. El placer se muestra cuando alguien está alegre, satisfecho y se siente bien. Sonríe, usa palabras amables, está relajado y su voz es cálida. La emoción no es placentera cuando uno está descontento e infeliz.

El ambiente –y las personas– nos provocan alertamiento cuando contienen aspectos nuevos, sorpresivos, alegres y abigarrados. Por el contrario, estamos relajados, calmados y adormilados en un entorno monótono y austero. Nos parece aburrido el individuo que nos trasmite sensaciones de escaso alertamiento, desagrado y sumisión.

Con las emociones positivas nos sentimos espontáneos, importantes y dueños de la situación. Con las negativas, como la culpa, el miedo y la tristeza, nos sentimos inseguros, paralizados y observados por los demás. Cuando la emoción es agradable, procuramos continuarla y aumentamos su estimulación. Por el contrario, tratamos de evitar las situaciones –y las personas– que nos producen emociones desagradables.

En su clasificación, Plutchick distingue ocho emociones primarias, agrupadas como cuatro pares opuestos: enojo y miedo; alegría y tristeza; agrado y disgusto, y anticipación y sorpresa. Las dos últimas son variantes del alertamiento; corresponden a lo esperado y a lo inesperado. Cualquier emoción se manifiesta con distintos niveles de intensidad. Así, el odio y el terror corresponden a los niveles más intensos del enojo y del miedo.

Las emociones primarias se combinan entre ellas, de ordinario en grupos de dos o tres, para originar nuevas emociones. Por ejemplo, al

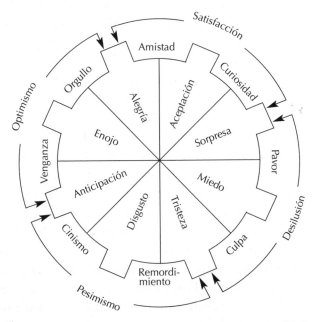

Figura 5. Las emociones primarias y secundarias, según Plutchick. Dos emociones básicas combinadas originan las secundarias. Por ejemplo, cuando la tristeza se mezcla con la sorpresa, brota la desilusión.

juntarse la pena –o la tristeza– con el disgusto hacia uno mismo, surge el remordimiento, mientras que al unirse el gozo con el miedo al castigo, brota la culpa (vea la figura 5).

Por su parte, Shalif propone quince pares de emociones: placer tristeza; amor-odio; miedo-serenidad; seriedad-broma; apego-soledad: decisión-resignación; empeño-ligereza; enojo-dejar pasar; interés-aburrimiento; orgullo-vergüenza: superioridad-inferioridad; adoración-desprecio; alerta-ensueño; sorpresa-rutina y deseo-disgusto.

Fromm distingue tres tipos de amor. El amor materno consiste en brindar cariño y protección a una persona que uno percibe como débil y dependiente. Sin embargo, las madres deberían permitir la independencia de los hijos e hijas a medida que van creciendo.

El amor fraterno se basa en la creencia de que todos pertenecemos a la misma especie y somos semejantes, a pesar de las diferencias externas, culturales, sexuales, y demás. El ideal de las principales religiones es amar a nuestros semejantes (y a los demás seres vivos) de la misma manera como nos amamos a nosotros mismos.

El amor erótico incluye la atracción sexual hacia la otra persona, por lo común del sexo opuesto. Tiene los elementos de exclusividad y posesión. No es posible estar enamorado de una persona y de otra al mismo tiempo (Alberoni). Fromm advierte que el impulso sexual se puede activar con otras emociones y no sólo con el cariño. Puede haber amores celosos, impacientes, resentidos, melancólicos o alegres. Además de estos tres tipos de amor, el amor a nosotros mismos es el requisito indispensable para que podamos amar a otras personas (y ser amados por ellas); finalmente, también existe el amor a Dios.

Izard opina que cualquiera de las emociones humanas tiene tres manifestaciones distintas: 1. Un componente fisiológico que incluye la activación del sistema nervioso autónomo. Por eso, las emociones van acompañadas de cambios notables en la respiración, la presión sanguínea, la digestión y el tono muscular, 2. Conductas visibles para los demás, como la expresión del rostro que muestra enojo, tristeza, u otra emoción y 3. También varían los sentimientos subjetivos, lo mismo que nuestra percepción de ellos. Finalmente, nos damos cuenta –somos conscientes– de que sentimos cariño, tristeza, angustia o enojo.

Plutchik sugiere que las emociones que se dejan correr sin control y se repiten una y otra vez terminan por formar rasgos distintivos de la personalidad. Así, la persona que se enoja de cualquier cosa, sin intentar controlarse, se va haciendo cada vez más agresiva. Su cara se endurece y su cuerpo está siempre tenso y defensivo, listo para atacar, bajo el pretexto de que solamente se está defendiendo.

Las emociones habituales se transforman en rasgos distintivos de la personalidad. Cuando hablamos de una persona sarcástica, indicamos que el estado emocional típico de ese individuo es la irritabilidad y el desprecio por los demás. Por su parte, la depresión, la angustia y el resentimiento no son emociones pasajeras, sino trastornos emocionales que incluyen modos de pensar con temas repetitivos y conductas habituales.

Un importante aspecto del control emocional es el uso de patrones musculares. Para modificar o reducir la emoción primitiva, podemos contraponer el patrón muscular de la emoción contraria. Por ejemplo, los hombres machistas lucen un poderoso tórax para exagerar su fuerza y prepotencia, y de esta manera ya no perciben sus inseguridades.

También podemos controlar el enojo anticipando imaginativamente las consecuencias drásticas de alguna acción violenta. Cuando es lo suficientemente viva, la mera imaginación activa los patrones musculares del miedo, por lo que llegamos a sentir esa emoción.

Las emociones negativas que perduran largo tiempo, (ira, ansiedad, tristeza, frustración, entre otras) producen las mismas reacciones que experimentan quienes se enfrentan a una gran emergencia o un grave peligro. El sistema nervioso y las hormonas permanecen en estado de alarma, preparados para huir o luchar.

Comparados con las emociones, los sentimientos humanos son más estables y no dependen tanto de las condiciones que nos rodean. Entre los sentimientos más elevados están el amor fraterno y la amistad que nos mueven a tratar a los demás como queremos que nos traten a nosotros mismos. Por eso, se dice del mejor amigo que es otro yo. Entre otros importantes sentimientos humanos están el cariño, el entusiasmo y el deseo de la justicia social.

Fisher opina que las prácticas de socialización de los niños y las niñas son ciegas e ignorantes con respecto a los mensajes del cuerpo. Hace falta una educación que los enseñe a comprender, de manera inteligente, su propio organismo como objeto psicológico. Los niños de los dos sexos necesitan un vocabulario enriquecido para captar y expresar los importantes eventos que suceden en su interior. Además de las palabras de rutina para el mundo emocional, como enojo, miedo, tensión, dolor de cabeza y dolor de estómago, urge ofrecerles términos que describen los matices más finos de sus impulsos, deseos y sentimientos.

De esta manera, podrían saber si sufren indigestión por haber comido demasiado, o náuseas porque están hartos de todo el mundo, o movimientos estomacales desagradables que indican una sensación de abandono y soledad, o tensión estomacal que refleja la necesidad de vomitar y eliminar ciertos pensamientos y deseos inaceptables, etcétera. En la opinión de ese autor, los seres humanos somos capaces de hacer distinciones muy precisas en relación con nuestras sensaciones internas.

La inteligencia emocional

La inteligencia social es la habilidad para comprender a los demás y relacionarnos con ellos de manera amistosa, sea con hombres o mujeres, niños o niñas, pobres o ricos. Por su parte, la inteligencia emocional (Goleman) es una variante de la inteligencia social. Nos capacita para tomar conciencia de las emociones y sentimientos, propios y ajenos. De esta manera, los podemos distinguir y apreciar, conociendo su tipo y su intensidad; aprovechamos esta sabiduría para normar los propios pensamientos y dirigir mejor nuestras acciones.

La inteligencia emocional engloba cinco actividades. Usted las puede practicar todos los días durante algunos ratos, con el fin de irlas desarrollando.

1. Conciencia de uno mismo: usted puede observar cuidadosamente su interior, con el propósito de reconocer sus sentimientos y emociones a medida que vayan emergiendo.
2. Cuidado emocional: todos necesitamos manejar nuestra vida emocional de manera que sea lo más constructiva y apropiada posible. Para ello, nos conviene darnos cuenta de lo que hay detrás de los sentimientos. Necesitamos encontrar maneras de superar los miedos, ansiedades, enojos y tristezas. Mejora notablemente la calidad de vida de las personas que cultivan sus mejores sentimientos y las emociones más positivas.
3. Motivación propia: en lugar de dejarnos llevar por las emociones, sin pensar siquiera, podemos dedicarnos a canalizarlas, al servicio de algunas metas que valgan la pena. En otras palabras,

podemos aprovecharlas de manera inteligente. Por ejemplo, en lugar de maldecir el destino, un joven se puede dedicar a capacitarse mejor en lo que hace, o en lo que le interesa hacer mas adelante.

4. Empatía: necesitamos cultivar la sensibilidad para entender los sentimientos y los intereses de las demás personas, poniéndonos en su lugar y comprendiendo sus puntos de vista. Apreciar el hecho de que cada persona tiene distintos sentimientos y opiniones acerca de las cosas.

5. Habilidades sociales: desarrollar suficiente competencia social para no engancharnos con los problemas emocionales de los demás. También para crear y apoyar los climas emocionas positivos que favorecen el bienestar de las personas y grupos que nos rodean.

La inteligencia emocional no es el arte de manipular a los demás para aprovecharnos de ellos. Tampoco es un novedoso instrumento gerencial para lograr mayor éxito en los negocios. No tiene que ver con repetir, de manera hueca y vacía, frases como: "Te entiendo, te acepto de manera incondicional, te amo, etcétera".

Consiste en conmoverse y sentir empatía por la otra persona, ponerse en sus zapatos y tratarla como si fuera parte de uno mismo, de manera compasiva. Es la base indispensable para compartir sentimientos y emociones, y de esta manera disfrutar relaciones de amistad (algunas de ellas sexuales) que tengan verdadera intimidad, sean mutuamente satisfactorias y valgan la pena.

En el primer nivel de competencia emocional, las personas tienen libre acceso a sus propias emociones y sentimientos, que son una fuente importante de información intuitiva acerca del universo y de las personas que les rodean. En otro nivel más avanzado, aprenden a controlar y expresar sus propios sentimientos, lo mismo que a tolerar los de los demás individuos.

En el nivel más profundo, se empeñan por adquirir un conocimiento comprensivo del propio campo de conciencia emocional, para salir de sus estados emocionales negativos y cultivar los positivos.

La inteligencia emocional tiene gran utilidad para mejorar el clima de las empresas. Es frecuente ver empleados y obreros temerosos, angustiados y resentidos. No están bien capacitados y sus labores son rutinarias y carentes de sentido. Sus jefes son narcisistas prepotentes, despóticos e impredecibles. Presionan a algunas personas para obligarlas a renunciar –sin la debida indemnización legal– cuando ellas están hartas y su salud (emocional y física) está minada. Las ven como esclavos asalariados, tuercas de una máquina o robots productivos, y no como personas.

A continuación propongo un ejercicio para que usted pueda enfocar su atención hacia el interior de su propio organismo con el propósito de ir mejorando su inteligencia emocional. Se trata de percibir, durante unos quince o veinte minutos, lo que sucede dentro de usted mismo. Dedíquese a escuchar atentamente esos mensajes empleando su conciencia corporal.

Siéntese o acuéstese. Colóquese en una postura cómoda, procure relajarse y cierre los ojos. Preste atención a todo lo que acontece en el interior de su cuerpo, a cada sensación. No intente entender o explicar lo que está pasando: solamente observe con su mirada interior.

Mientras respira de manera cómoda y tranquila, vaya recorriendo todo el cuerpo. Concéntrese en alguna sensación que le llame la atención, por ejemplo: los párpados están más pesados, el ritmo de la respiración a veces cambia, siente tensión en los hombros, tiene el estómago encogido.

Si descubre que alguna parte de su cuerpo manifiesta algún problema o molestia, por ejemplo fatiga, dolor o tensión, o surge el recuerdo de algún incidente, no trate de analizarse intelectualmente ni busque soluciones. Solamente déjese invadir por la sensación. Trate de percibir y entender esa molestia de manera global, intuitiva y emocional. (Un par de minutos)

Busque una palabra, frase o imagen que represente –de la manera más exacta posible– la experiencia corporal, teniendo en cuenta el tono emocional (Gendlin). Algunas de las palabras o pistas clave que pueden reflejar el problema son: confuso, celosa, triste, rechazado, oprimido, desanimada, enojado, etcétera. (Un minuto más o menos).

Compare la frase o imagen –la clave– con su experiencia corporal. Haga esto varias veces, poniendo atención a uno y luego al otro de esos dos aspectos. Si acaso las sensaciones varían, cambie la representación; cree una frase o imagen que coincida con el problema. (Tres o cuatro minutos, en caso de que haya algunos cambios).

Pregunte luego a su experiencia corporal qué es lo que está causando estos sentimientos, problemas o molestias (lo que expresa la clave, la palabra o imagen que los representa). Por ejemplo: "Tienes celos y eso te enferma, te retuerce el estómago".

Trate de escuchar lo que le dice su cuerpo, las respuestas que brotan espontáneamente de su propio organismo. Si le parece que tales respuestas no encajan con su situación, o no las entiende bien, puede hacer otras preguntas, como: "¿Qué es lo malo de esta situación? ¿Qué tengo que hacer para sentirme bien? ¿De qué manera es tan molesta tal o cual representación?" (Esto puede llevar tres o más minutos.)

Advierta cuidadosamente las respuestas, imágenes y soluciones que brotan de su propio interior, y se dará cuenta de que una de ellas es la correcta, la que encaja de modo perfecto, como la pieza que reúne todo el rompecabezas. Al momento en que toma conciencia y su mente se amplía, su cuerpo se siente bien, descansa y desaparecen las molestias.

Usted ha escuchado la sabiduría de su cuerpo y lo ha tomado en cuenta. Puede darle las gracias porque trató de ayudarle a usted de la mejor manera posible. (Otros minutos más.)

Considere la posibilidad de hacer algunos cambios en su vida diaria, según las instrucciones intuitivas que recibió de su propio organismo. Algunas veces es bueno reflexionar más acerca del asunto. A usted le conviene repetir este ejercicio de manera regular para dialogar a veces con su cuerpo, y tener en cuenta los mensajes emocionales e intuitivos que brotan del interior de su verdadero ser.

El cultivo de las emociones positivas

Comparados con las emociones, los sentimientos humanos son más estables y no dependen tanto de las condiciones que nos rodean. Entre los sentimientos más elevados están el amor fraterno y la amistad que nos mueven a tratar a los demás como queremos que nos traten a nosotros mismos. Por eso se dice del mejor amigo que es otro yo.

Por su parte, la compasión (al estilo del Buda) es amar y tener cuidado de todos los seres vivos. Entre otros importantes sentimientos humanos están el cariño, el entusiasmo, el amor incondicional y el deseo de la justicia social.

Como advierte Fredickson, no es lo mismo remediar los problemas causados por las emociones negativas, es decir salir de la depresión, el resentimiento o la angustia, que cultivar las emociones positivas, los mejores sentimientos. Lo primero es un primer paso muy importante para salir del narcisismo. Sin embargo, disfrutar las emociones positivas es mucho más que la mera ausencia de las emociones negativas.

Cuando una persona desarrolla y disfruta sus emociones positivas, mejora su salud y acrecienta su bienestar personal. Tiene mayor confianza en sí mismo y recibe de los demás muestras de aprecio y afecto. También es capaz de brindarles lo mismo que recibe. Las emociones positivas amplían los modos habituales de percibir la realidad y de pensar e imaginar. También acrecientan la capacidad para responder creativamente ante las tareas y los problemas de la vida cotidiana. A continuación propongo las ventajas de las principales emociones positivas.

La alegría nos acelera intelectualmente y facilita los movimientos corporales libres y espontáneos, por ejemplo, los del baile o cualquier deporte. Nos mantiene activos por largo tiempo, con altos niveles de energía y entusiasmo. Amplía los contactos sociales nutritivos, porque la gente se siente mejor y prefiere la compañía de las personas alegres, mientras que evita a las tristes. Incluye la búsqueda de juegos y diversiones. Hay juegos físicos y sociales, pero también los hay artísticos e intelectuales.

El interés, la curiosidad, la excitación y la sorpresa nos mueven a investigar, involucrarnos y expandir el propio yo incorporando nuevas experiencias e información acerca de los objetos y personas que han despertado nuestra atención. Según Izard, éste es un pensamiento acelerado que nos impulsa al crecimiento personal, las actividades creativas y al desarrollo de la propia inteligencia.

La satisfacción, la serenidad y el desahogo brotan en situaciones tranquilas, seguras y sin complicaciones. También se experimentan cuando los demás nos aceptan y nos cuidan en una relación de mutuo aprecio. En estas situaciones, la persona se deleita en sentirse receptiva, y esto ayuda para integrar sus experiencias, expandir su mente y sentirse unida a las demás personas y al universo que le rodea.

Las emociones positivas aumentan el nivel de euforizantes (endorfinas) en el cerebro, por lo que los pensamientos y los movimientos corporales se amplían. Podemos observar que parejas infelices son estructuradas, predecibles y rígidas, mientras que las parejas felices son más espontáneas e interactúan entre ellas de manera más espontánea e impredecible. Además, las personas felices reparten algo de su felicidad a las demás personas y las hacen sentir bien en su compañía.

Friderikson sugiere que las emociones positivas sacan a las personas del aislamiento social y las retornan a la acción creativa y entusiasta. Optimizan el funcionamiento del sistema cardiovascular y ayudan a neutralizar los efectos de las emociones negativas, como la angustia y la depresión. También aceleran la mejoría fisiológica en el caso de las heridas y las enfermedades, incluyendo al cáncer, debido a que favorecen la respuesta del sistema inmunológico.

Como sabemos, las personas alegres y amables construyen a su alrededor un mundo de amistad y salud, mientras que las que son depresivas, resentidas y hostiles, como los machos narcisistas, generan a su alrededor rencor, soledad y sospechas.

Greenwald opina que cualquier persona recibe, en sus encuentros con los demás algunas experiencias que contribuyen a su bienestar y desarrollo. Tiene también otros encuentros que son nocivos y tóxicos. Cada quien es responsable de buscar las relaciones que le nutren y satisfacen emocionalmente. Por el contrario, necesita evitar las que son perjudiciales o poco gratificantes. En general, hay dos tipos de personas: las nutritivas y las tóxicas.

Los individuos nutritivos son más sinceros y auténticos en su trato personal. Son buenos maestros, artesanos competentes, artistas creativos, profesionistas notables, buenos esposos, madres cariñosas, etcétera. Han desarrollado sus potencialidades humanas. Tienen suficiente confianza en sí mismos y asumen la responsabilidad de sus propias necesidades emocionales. Manifiestan de modo directo lo que quieren. Son más sensibles y sociables, pero no imponen su presencia a los demás.

Nutren emocionalmente a otras personas, pero también se nutren y disfrutan de la compañía con los demás. Ofrecen simplemente lo que son, sin intentar persuadir de su bondad a nadie. Es más fácil dar a una persona nutritiva, porque es menos demandante y aprecia lo que recibe. También es más sencillo recibir de ellas, puesto que no queda uno atado por la culpa, ni está obligado a pagar de ninguna manera.

Las personas tóxicas, como las narcisistas y machistas, son manipuladoras. Exhiben conductas y cualidades opuestas a las de las personas nutritivas. Nos sentimos mal después de cualquier encuentro con alguna de ellas. En efecto, intentan llenar sus vacíos emocionales con detrimento de los demás: los ven como simples medios para obtener sus fines, por lo que abusan de ellos.

Son absorbentes y se sienten insatisfechas en sus relaciones personales. Carecen de tolerancia y se comportan de manera rígida, inflexible, molesta y poco adaptable. No son capaces de respetar la libertad de los demás y viven generando quejas y reproches. Cuando surge algún conflicto y se enojan, amenazan con romper las relaciones de manera definitiva. Tienen poca capacidad de disfrutar de la vida y hacen sentir culpables a quienes los rodean por sus malestares.

Se les dificulta aceptar a los demás como son, porque son demasiado críticas. No aprecian las cualidades ni los atractivos propios y ajenos, sino que se dedican a ver defectos, carencias, problemas y manchas. Su insatisfacción profunda les impulsa a buscar compulsivamente, y a demandar de los demás cada vez más dinero, diversiones, objetos materiales, sexo, alimento, alcohol y drogas.

Tienden a rodearse de personas igualmente resentidas, frustradas, fracasadas e infelices. Se sienten inseguras y disgustadas cuando encuentran personas felices, sanas y llenas de vida. No parecen darse cuenta de que buscan ambientes mórbidos, deprimentes y rencorosos porque les resultan reconfortantes.

Sin embargo, la mayoría de ellos no son malvados, ni pretenden dañar a los demás de manera deliberada. En su niñez y juventud tuvieron muchos encuentros nocivos, y quedaron lastimados emocionalmente. Además, utilizan manipulaciones y patrones de comportamiento que demuestran escasa inteligencia emocional. Carecen de intuición y de creatividad.

Cuando nos damos cuenta que ciertas personas tóxicas nos hacen sentir mal y nos dejan vacíos, es mejor evitarlas, en la medida de lo posible. Desde luego que no nos conviene mostrarles nuestra intimidad, porque saldremos lastimados. De esta manera, quedamos libres para cultivar otras relaciones que nos ofrecen entusiasmo, apertura y alegría. Todos necesitamos relaciones nutritivas que favorezcan nuestro crecimiento emocional y nos ayuden a comprendernos mejor.

Como parte muy importante del propio desarrollo personal, a usted le conviene controlar las reacciones emocionales que le impulsan a depresión, la angustia o a la violencia. Si las deja correr sin ningún freno, terminarán por enfermarlo, y además dañará de manera irreparable a las personas que le rodean, en particular a los niños. Algunas emociones y sentimientos son apropiados en ciertas circunstancias, pero otros no lo son. Por otra parte, usted necesita fomentar sus mejores sentimientos.

Para ello, le conviene expresar claramente sus necesidades emocionales, así como sus demandas y deseos, para que puedan ser entendidas y satisfechas. Si usted utiliza palabras demasiado dulces, insultos, manipulaciones, culpas y reproches, espera que los demás le lean el pensamiento, sin arriesgarse a pedir algo concreto. Los mensajes emocionales confusos son poco comprensibles para los demás.

Los hombres y mujeres que acostumbran manipular a los demás terminan por no saber lo que quieren en realidad. Con demasiada frecuencia tratan de encontrar afuera cosas que llevan en su propio interior, por ejemplo su propia seguridad, su alegría y su salud. Es preciso que usted se empeñe en mirar hacia su propio interior para saber lo que en realidad quiere o necesita. En seguida, formule su petición de modo amable, directo y concreto. Trate de negociar con los demás de la mejor manera posible.

Es verdad que usted corre el riesgo de una negativa cortante. Le pueden decir que su petición no es razonable ni oportuna, o que usted mismo puede hacer lo que está pidiendo a los demás. Tal vez se sienta un poco lastimado o rechazado por esto. Sin embargo, sabrá a qué atenerse y evitará muchas cavilaciones inútiles. Por otra parte, muchas veces el que pide recibe, y al que toca le abren la puerta.

Según Simonov, las emociones negativas, como el miedo, se tornan menos intensas cuando contamos con suficiente información para alcanzar nuestros propósitos de manera racional. Mientras más sabemos, menos tememos. Por ejemplo, el niño que empieza a caminar siente miedo cuando se cae. Eso impide que corra de manera impulsiva y llegue a dañarse. Más adelante, cuando aprende a caminar, se cae menos veces y desaparece gradualmente su temor a lastimarse cuando corre.

Los niños sienten una mezcla de cariño, rencor y miedo cuando sus padres los castigan. Las situaciones complicadas activan dos o tres emociones conflictivas. En esos casos, las personas están confundidas por sus reacciones fisiológicas y por las fantasías angustiosas que corren de modo desbocado. Los músculos se preparan para la acción, pero otros mensajes emocionales los paralizan. El estómago y el intestino se contraen y se frena la respiración. En estos casos, les conviene respirar calmadamente, y también necesitan relajarse.

A veces, los pleitos y las discusiones son el único camino para ser escuchados, poner límites y evitar que los demás nos sigan lastimando. Si nos sometemos y nos tragamos el enojo, la única salida sería la sumisión forzada y resentida.

Después de un pleito limpio, en el que ambas personas expresan sus desavenencias de modo pasional, pero de manera entendible y negociada, a veces brota la intimidad real acompañada de mutuo respeto y comprensión. Sin embargo, no siempre nos conviene manifestar el enojo directamente, porque nos iría peor. Existen otros modos de desahogarnos sin lastimar a nadie.

No podemos aspirar a una vida emocional rica y placentera cuando nos sentamos gran parte del día a ver televisión sin hacer nada más. Podemos iniciar o retomar actividades artísticas, culturales, deportivas, sociales. con el fin de alegrarnos y divertirnos. Si no hacemos nada por el estilo, nos sentiremos cansados y enjaulados; nos volveremos irritables.

Existen otros muchos medios que usted puede utilizar para neutralizar las emociones negativas y fomentar las emociones positivas. Por ejemplo, las técnicas de relajación, las estrategias para generar pensamientos positivos y encontrar sentido a la vida, los juegos de imaginación, la meditación, el masaje, el yoga, las relaciones sexuales, entre muchos otros. También necesitamos controlar nuestros pensamientos, salir de las posturas corporales torturadas y tomar decisiones apropiadas para mejorar nuestras condiciones.

Los seres humanos disfrutamos el contacto con las diversas formas de expresión artística, por los sentimientos gratos que nos proporcionan: música, literatura, teatro, pintura, escultura, cine y otras. Ese camino ayuda a cultivar nuestra sensibilidad y desarrolla las emociones superiores (los sentimientos) de ternura, reverencia ante la naturaleza y la vida, compasión, comprensión, valentía frente a las adversidades y religiosidad auténtica.

Además de realizar algunas actividades gratas e interesantes, es bueno mantener ciertos contactos humanos que nos revitalizan, nos llenan de alegría y nos entusiasman. Nos conviene dedicar tiempo para cultivar amistades que nos ayudan a desarrollar y expresar nuestros mejores sentimientos.

Capítulo 10

¿Cómo se engañan
a sí mismos los narcisistas?

Cuando alguien genera frases positivas sustentadas por su inteligencia emocional y su verdadero ser, no sólo hace esto, sino que también cambia de manera favorable la química de todo su organismo. Los pensamientos y las fantasías afectan cada una de las células y funciones del cuerpo vivo. Como afirma Linus Pauling (premio Nobel), no puede haber pensamiento alterado sin molécula alterada. Si usted elabora pensamientos agresivos, ¿está sonriendo, o se enfurece?

El origen de la introyección es el lazo emocional temprano, tan intenso, que los niños de los dos sexos forman con sus padres, en particular con su madre. Se apegan a ella de una manera que al principio es casi simbiótica: absorben los estados emocionales de la madre que los amamanta. También registran las palabras y los gestos que ella y otras personas les dirigen, aunque al principio no entienden su significado.

Las madres consentidoras, sufridas y resentidas, y los padres machos prepotentes, generan culpas, vergüenzas y temores en sus hijos e hijas; los narcisistas reproducen continuamente las frases acusatorias de sus padres, aunque no se dan cuenta de lo que hacen.

Freud llamó *superyó* a la parte introyectada que somete al débil yo. Por su parte, Perls denominó *perro fuerte* a la parte que se dedica a culpar al *perro débil y sumiso*. En mi opinión, es más apropiado llamar *niño inseguro* a la parte débil, lastimada y temerosa de los narcisistas, mientras que *el gran ego sádico y demandante* es la parte que los impulsa a lucirse ante los demás para obtener admiración y aplausos.

En efecto, los pensamientos neuróticos de los narcisistas son de dos estilos: 1. De tipo niño inseguro, con temas de autodevaluación, inseguridad, dependencia e inacción, y 2. De tipo juez demandante: "Tienes que ser mejor que los demás, el gran macho, el gran seductor, la mujer más bella del mundo, no puedes mostrar debilidad ni sentimientos, debes triunfar a toda costa, debes tener tal automóvil, tal pareja, necesitas aparentar, enojarte."

Esta dualidad refleja su conflicto básico: por un lado están los núcleos internos de inseguridad, terror e inmadurez, y por el otro, el ego compulsivo y falso que necesita verse reflejado en los demás. Desde luego, les conviene eliminar la palabrería absurda y compulsiva que proviene de ambos lados, porque sustenta —y se origina en— sus rasgos neuróticos que no cumplen ningún propósito sano, ni valen la pena.

Mediante el desarrollo armónico del propio yo, sustentado en profundos sentimientos de alegría, vitalidad y paz interior, desaparecen, de manera definitiva, estas dualidades neuróticas, junto con las molestas voces que luchaban entre sí, desperdiciando la energía vital y desgarrando a las personas por dentro.

Cuando a los narcisistas les faltan las atenciones y cuidados de los demás, se les activan automáticamente las valoraciones destructivas que sus padres les repitieron cuando eran niños y adolescentes: "Eres un retrasado mental, haces todo mal, tienes la culpa, vas a fracasar, nadie te va a querer, eres horrible, sólo piensas en sexo, no eres atractivo, no sirves para nada, cualquiera es mejor que tú, eres débil, afeminado."

En el fondo de sí mismos, saben que su grandioso ego es un fraude y la gran mentira. Por eso se vuelven apáticos y se deprimen; sin embargo, aunque están vacíos y desmoralizados, creen que tienen derecho al apoyo y al cariño de los demás, sin tener que hacer nada. En esta etapa despiertan la ternura y el apoyo de las mujeres sumisas, abnegadas y consentidoras que abundan en nuestro país. Se aprovechan de ellas de todas las maneras posibles.

Después se violentan contra todo mundo: "Me espían, me creen incapaz y poco hombre, pero les voy a demostrar que están muy equivocados; voy a conquistar otra mujer, voy a hacer otro negocio, voy a construir otra casa, voy a tener otro hijo, voy a ser el nuevo jefe, me van a elegir otra vez, arrollaré a todos con mi belleza, con mis palabras." Pretenden acallar las voces internas que cuestionan su veracidad y sus aptitudes teniendo éxito, o al menos aparentando que lo tienen.

Según Felipe Ramírez, un problema es el rebote: cuando se les ocurre la posibilidad de que ellos mismos causaron los problemas familiares y de trabajo, de inmediato piensan: "Eso no puede ser, porque yo soy tan bueno; lo que pasa es que los demás (mi pareja, hijos, jefes, amigos y subordinados) son malvados envidiosos que me ofenden y lastiman de manera injusta; son acreedores a castigos y violencia de mi parte: yo solamente me estoy defendiendo."

Cuando las cosas les salen bien y reciben sumisión, adulaciones y trato especial, florece otra vez su ego narcisista; se creen fuertes, bellos, invulnerables y omnipotentes. Se proponen metas demasiado elevadas e ideales imposibles de cumplir; fabrican fantasías poco realistas de enriquecerse y ser famosos a corto plazo de manera mágica; se pavonean orgullosamente ante los demás, y se deleitan con cualquier triunfo.

Se identifican otra vez con su bello y atractivo cuerpo, sus músculos o su gran inteligencia, y se olvidan de cualquier problema e inseguridad, porque eso es de mujeres y afeminados. De manera febril y obsesiva, diseñan una nueva imagen (*new look*) y maquinan otros engaños: calculan a quién seducir y *transar*, cómo conseguir otros halagos, sexo, diversiones, aplausos, dinero, votos, ropa elegante, fiestas y viajes.

Aunque algunos narcisistas alcanzan cierto éxito relativo, nunca están satisfechos: necesitan conquistar otra mujer, hacer otro negocio, alcanzar otro puesto laboral o político, tener otra casa más grande, otro automóvil, disfrutar mayor fama y tener nuevos admiradores.

Los errores del pensamiento narcisista

La inteligencia fría de los narcisistas les permite aprovechar a su gusto las situaciones, mientras que las personas sensibles se detienen antes de cometer actos en perjuicio de los demás. Los farsantes utilizan frases seductoras y chantajistas para engañar y defraudar a los otros, y los machistas fabrican palabras para ensalzarse y justificar sus conductas violentas y mentirosas.

De manera arbitraria e infantil, juzgan a las demás personas como buenas o malas por completo: buenas son las que apoyan sus manipulaciones, los alaban y admiran su ego ilusorio; al contrario, los sacan de quicio las perversas personas que rehúsan someterse a sus demandas, no les muestran el debido respeto, o los ponen en ridículo. Estas merecen castigo inmediato porque no reconocen su gran valía y amenazan su existencia (la existencia de su ego falso).

Suponen que tienen la razón en todo, son buenos, lo saben todo, son gente bonita, muy galanes y muy machos, santos y muy espirituales, mientras que los demás son una bola de ignorantes, *nacos*, afeminados, buenos para nada, pecadores. La simple verdad es que todos tenemos nuestras cualidades y defectos, aunque ellos se creen la gran cosa.

Sus juicios no están sustentados en procesos emocionales internos espontáneos: un proceso binario elemental de blanco-negro, sí-no, bueno-malo, ignorante-sabio, bonito-feo, verdad-mentira.

Temen que las acciones de los demás les causen un impacto destructivo si no se cuidan a cada instante; creen que se burlan de ellos a sus espaldas, tratan de robarles sus ideas y quedarse con su trabajo. Carecen de sentido del humor; por eso, los demás se sienten obligados a tratarlos con pinzas, como jarritos de Tlaquepaque. La mayoría de las veces, sus sospechas paranoides carecen de fundamento.

Los machos y los farsantes pasan por encima de los sentimientos y los derechos de los demás como si nada. Esto acarrea gravísimas consecuencias de violencia familiar y social, como expliqué en capítulos anteriores. Una mujer violada comenta: "Lo que yo no puedo entender es como ese macho cabrón, estúpido y sádico, puede pensar, dentro de su pequeño cerebro, que eso a mí me gustó".

Problemas y soluciones

Las frases que nos repetimos determinan la manera como nos sentimos y evalúan nuestras conductas en términos de lo que podemos hacer o no. Los patrones de pensamiento de las personas narcisistas son particularmente autodestructivos y carentes de lógica emocional sana.

Se sienten mal y fracasan de dos maneras: 1. Viéndose a sí mismos como seres indefensos, porque esto los lleva a la depresión, y 2. Creyendo que son superiores a los demás por orgullo narcisista, lo que genera mentiras, violencia, prepotencia y una audacia que a veces pone en riesgo su vida; considera que las demás personas son meros objetos.

Sus monólogos internos son divergentes de su conversación abierta por la ausencia de sentimientos. No se ubican en el justo medio, sino que a veces se creen demasiado y se exigen mucho, mientras que otras veces pierden el tiempo en la inacción y no se atreven a hacer nada. Sus conductas son meras actuaciones que —tarde o temprano— generan desconfianza y desilusión en las demás personas. Muchas de ellas se alejan para siempre y los dejan solos.

Los narcisistas mexicanos (hombres y mujeres) se identifican con algunas partes de ellos mismos, como su sexualidad sádica, sus músculos, su bello rostro, su cuerpo atractivo o su inteligencia fría y manipuladora. La ternura, el apego y el corazón salen sobrando.

A partir de algunos fragmentos de sí mismos, construyen un ego ilusorio, rodeado de máscaras sociales, que confunden con la realidad de sí mismos. Una parte de ellos acusa a la otra, pero nunca se ponen de acuerdo; desperdician sus energías en luchas internas interminables.

Buscan por fuera halagos y aplausos, porque no encuentran dentro de sí la medida de su propio valor, ni el sentido de su existencia.

Mientras beben en compañía de sus amigos, los machos mexicanos repasan sin fin estos temas: 1. Sus fracasos y su supuesta grandeza; 2. Son galanes muy conquistadores; 3. Las mujeres son pérfidas y traicioneras, aunque algunas son buenas para el sexo; 4. Nadie los comprende (y menos su mujer), sino su sufrida madrecita santa; 5. Tienen mucha tristeza, se sienten solos y quieren llorar, y 6. Están llenos de ira y buscan un pleito.

En qué quedamos: ¿Son machos mujeriegos, valentones, echadores y prepotentes que no se rajan, o son niños débiles y asustados que dependen de su madre (o una pareja igualmente consentidora) y de una serie de aduladores y paleros? La verdad es que su personalidad es inmadura, contradictoria y poco integrada.

Las personas estresadas, ansiosas y deprimidas, lo mismo que las narcisistas, padecen una serie de alteraciones del pensamiento que son muy típicas. A continuación se presentan esos problemas, junto con algunas soluciones prácticas (adaptadas de Humbert):

1. Visión estrecha, de túnel: solamente pueden ver las crisis y los problemas; se concentran en lo negativo. Se imaginan –erróneamente– que su situación es tremendamente difícil y demasiado complicada.

   Para solucionar esto, usted puede consultar a otras personas, dejar pasar un poco de tiempo, serenarse y relajarse. Tome perspectiva y considere todas las alternativas de acción posible.

2. Tienen miedo y terror de que las cosas les salgan mal, e imaginan que van a fracasar y que los demás se van a burlar de ellos.

   La solución es tomar las cosas con sentido de humor y preguntarse qué haría si no tuviera miedo ni enojo. También puede calcular, de manera realista, qué sería lo peor y lo mejor que podría pasar. A nadie le conviene vivir en función del "¿qué dirán?" Ni tampoco al servicio de un ego ilusorio y narcisista.

3. Confusión: sienten que han perdido el rumbo y no saben qué dirección tomar.

La verdad es que no se atreven a tomar en cuenta lo que más les conviene, ni cuidan sus verdaderos intereses, incluyendo a su familia. Es necesario que piensen acerca de sus prioridades, necesidades y metas. A continuación les conviene realizar algunos cambios importantes en su propia vida.

4. Culpa: algunos suponen que han pecado o lastimado a los demás y merecen castigo. Si usted se equivocó o cometió alguna falta, pida perdón, arregle las cosas, aprenda la lección y siga adelante.

Es común que algunas personas se sientan mal porque tienen miedo de sentirse bien; los narcisistas no suelen decir por favor ni gracias, hágalo usted.

5. Vergüenza: creencia de valer menos que los demás (y no tener derecho a existir por tener algún defecto, supuestamente terrible e incurable). La persona se siente mala y despreciable, no por algo que haya hecho (culpa), sino porque tiene eso y es así.

La solución es el pensamiento claro. Ninguno debe sentirse avergonzado por su raza, color, apariencia física, etcétera. Cualquier limitación física sirve para que usted sea más fuerte, aproveche mejor sus cualidades y muestre más compasión hacia los demás. Tener sentimientos no es un crimen, sino que es algo propio de los hombres y las mujeres.

6. Soledad: las personas que creen que nadie las quiere y que no le importan a nadie, se apegan de manera desesperada a cualquiera, o regresan a sus madres.

Esto crea dependencia, mas no verdadera intimidad. La solución es valorarnos de manera realista. Aunque no todos nos van a querer, si nos abrimos y nos damos a conocer cómo somos, formaremos amistades –y relaciones de pareja– que valgan la pena.

7. Resentimiento: el enojo se acumula y la persona se queda trabada en algún maltrato real o imaginario de su pasado. Algunas personas pasan la vida jugando el papel de "víctimas" y recordando eventos dolorosos.

La solución es salir del pasado. Vale más expresar el enojo y olvidar luego, que acumularlo y convertirlo en culpa. Las personas no siempre son bondadosas ni justas. Sin embargo, podemos comportarnos de manera justa, amable y fuerte: entonces, muchas personas nos tratarán de la misma manera.

8. Dudas de sí mismo: hay personas que cuestionan sin cesar sus propias habilidades, opiniones y acciones. Piensan que valen poco y no se atreven a llevar a cabo sus proyectos personales.

La solución no es construir egos ilusorios y falsas apariencias. Consiste en actuar de manera decidida. Pensar bien y luego hacer las cosas. Conviene empezar por cosas sencillas, pero tiene que empeñarse en terminarlas. Usted es el único experto que cuenta con la sabiduría de vivir su propia vida: procure hacer esto de la mejor manera posible, saliendo del temor y la duda. Vale y puede lo mismo que cualquier otra persona, ni más ni menos.

9. Terquedad: la dificultad o incapacidad para cambiar de rumbo, ver las cosas de otro modo o admitir que cometió algún error.

La solución es un poco de sabiduría y humildad. Todos cometemos errores y solamente los idiotas no los reconocen. Siguen en el camino que los lleva al desastre. A usted le corresponde buscar mayor información, ser flexible y abierto a los cambios positivos. Cuando la situación lo demande, atrévase a hacer los ajustes necesarios y tome otro curso de acción.

Usted mismo puede dirigirse algunas frases positivas. Es mejor que utilice el tiempo presente, aunque se trate de metas que desea alcanzar a futuro, por ejemplo: Yo estoy tranquilo, me siento contento y satisfecho, disfruto de buena salud, puedo manejar bien este trabajo, soy un excelente estudiante, me gusta aprender, los hombres también podemos tener corazón y sentimientos, no soy ni mi niño inseguro ni mi gran ego, las mujeres y los hombres tenemos los mismos derechos, yo puedo ayudar y ser ayudado."

Conviene que usted repita las declaraciones positivas varias veces, en sesiones de unos tres minutos por sesión, con 3 o 4 sesiones cada día. Durante ese tiempo, escuche, sienta, vea, saboree y huela todo lo que tiene que ver con los pensamientos gratos y con las imágenes que los acompañan. Ubíquese también en su corazón y en sus vísceras, y reciba con atención y respeto los mensajes emocionales que allí se originan.

Sabrá que va teniendo éxito en esta tarea cuando su conciencia regresa espontáneamente a esos pensamientos y usted sonríe y se siente en paz. Con este sencillo ejercicio muchas personas mejoran su estado de ánimo: después de dos o tres semanas, se sienten más ágiles y ligeras. También alcanzan sus propósitos con mayor facilidad.

Las frases neuróticas no son el verdadero ser

A hombres y mujeres narcisistas les corresponde darse cuenta de que los diálogos automáticos que fabrican (para sustentar su ego y anestesiar sus temores) son ilusorios y falsos. El poder de la vida reside en reconocernos como creadores de nuestros pensamientos, y no en las frases subliminales neuróticas que nos repetimos sin darnos cuenta.

Algunos individuos tienen el hábito de predecir que les va a suceder lo peor en cualquier situación. Otros creen que saben de antemano lo que los demás piensan acerca de ellos: "Está enojado conmigo, está pensando que no soy atractivo, ya no me quiere, me odia". Se dedican a culparse y azotarse; piensan en términos del deber y de la obligación de hacer las cosas: "Debería dejar de fumar, debería ser más cariñoso con mis hijos y con mi pareja, debería relajarme y descansar," aunque nunca lo hacen.

Echan la culpa a los demás de todo lo que les sucede: "Me chocaron, me reprobaron, me corrieron del trabajo, mi pérfida esposa no me quiere". Se etiquetan y ponen letreros a los demás: "Todos son unos ignorantes, yo soy perfecto, soy un galán muy seductor, nadie me entiende, soy de lo peor, soy muy macho".

Transforman los eventos inocentes en batallas personales (personalizan): "Como llegó un poco tarde, es que le caigo mal; como mi esposa tiene la cara seria, es que está enojada conmigo y ya no me quiere".

Los narcisistas necesitan detenerse a examinar el sustrato emocional de las frases que elaboran. Así podrán controlar su parte neurótica de niños asustados, y su ego falso e ilusorio. La verdad es que no tenemos que creer en nada, ni siquiera en lo que consideramos nuestros propios pensamientos, sin haberlos sometido a un cuidadoso examen. Muchos de ellos brotan de la inseguridad y de los vacíos emocionales.

El pensamiento saludable, lógico y optimista es la opción que conviene elegir para salir de la baja estima y de la ilusoria prepotencia narcisista. Ambas alteraciones emocionales dependen de una serie de hábitos nocivos automáticos en la manera de crear los pensamientos. Y todos podemos eliminar esos hábitos, como se explica a continuación.

Ellis sugiere que muchas personas se perturban de manera desmedida porque agitan ideas irracionales, y entonces se vuelven ansiosos y depresivos. Ellos mismos se culpan, se enfurecen o se compadecen por algo que en sí no vale la pena.

Las terapias del pensamiento (cognitivas, racional-emotiva, etcétera) se basan en el hecho de que las reacciones emocionales dependen, en cada momento, de las interpretaciones, creencias y frases que elaboramos sobre cualquier situación concreta. Lo que pensamos, imaginamos y nos decimos (no tanto lo que realmente nos sucede) provoca las emociones positivas o negativas que nos invaden en un momento dado.

En caso de que ideas de ese tipo le provoquen a usted reacciones emocionales indeseables, tiene en sus manos una solución muy simple y eficaz: ¡Examine sus propios pensamientos! Después ¡atrévase a cambiar los programas de su computadora mental!

Advierta en qué situaciones ocurren los pensamientos negativos. ¿Van en aumento? ¿Le resultan insoportables y lo enferman? ¿Le deprimen y desmotivan? Para entender alguna emoción fuerte y molesta que le invade de manera súbita e inexplicable, distinga claramente:

1. La situación, el evento social real, eso que usted y otros hicieron, y los resultados. Ejemplo: su pareja y usted discutieron los planes para hacer algo juntos esa tarde, ir al cine, salir a bailar, o visitar a su familia. Él(ella) se salió con lo que quería, aunque usted no estuvo muy de acuerdo. Fueron a ver a los familiares.

2. Los pensamientos, imágenes y deseos que usted tenía antes, durante y después del evento, en particular antes de sentirse mal. Esto incluye lo que usted había esperado: adónde irían, cómo la pasarían, y también lo que piensa y cómo se siente ahora que eso no funcionó. Por ejemplo: "Mi pareja no escucha mis necesidades; yo quería que él(ella) la pasara bien con mi familia para que la visitemos más a menudo; siempre tengo que hacer lo que él(ella) quiere, él es fanático de los deportes y yo los odio; yo no quiero quedarme en su casa con sus padres; me hubiera gustado ir al cine o a bailar".

3. Sus reacciones emocionales sobre el evento y los resultados. Siguiendo el ejemplo: "Yo me siento frustrado(a), me lastimo, me culpo y me enojo porque mi pareja no cumple mis gustos, es egoísta, me siento asustado(a) porque mi relación no va a durar mucho tiempo, etcétera".

Como primer paso, usted necesita percibir las ideas (las frases subliminales) concretas que lo desmotivan y le causan problemas. En vez de reaccionar de manera inmediata, necesita detenerse. Deje de escuchar el monólogo automático, ilógico y destructivo. Evite las respuestas demasiado viscerales que no pasan por el cerebro frontal.

Para corregir los errores del pensamiento, lleve un registro diario de sus pensamientos negativos durante algunas semanas. Utilice pequeñas hojas de papel (vea el cuadro 4) para llevar un registro diario. En el lado izquierdo, vaya usted anotando las situaciones en las que se sintió molesto o deprimido. En el centro, escriba los pensamientos (y las fantasías) que brotaron ante esos eventos.

Cuadro 4. Ejemplo de una hoja de registro diario.

Acontecimientos	Pensamientos automáticos	Interpretación alternativa
1. Mi jefe no me saludó	Todos me rechazan	El jefe estaba ocupado y no se fijó
2. El jefe me preguntó por un documento	Cree que soy un descuidado	No tuvo intención de molestarme, estima mi trabajo
3. Mi esposa me preguntó cómo me fue en el trabajo	Es una entrometida que me quiere molestar	Se preocupa por mí porque me quiere
4. ...		

En la primera columna, un empleado anota los eventos. En la segunda, sus pensamientos automáticos, emocionales y poco lógicos. En la tercera, escribe nuevas interpretaciones, racionales y serenas, que no están teñidas por la depresión, las sospechas y el resentimiento.

A continuación, caiga en la cuenta de que vio solamente lo malo y fabricó frases arbitrarias, inexactas, deprimentes o resentidas. Sitúese (con su imaginación) en sus aspectos sanos, capaces y responsables. Tómese el tiempo para ver las cosas de otra manera, más razonable. Cambie la temática de sus pensamientos. Deles rumbos más lógicos, sanos y constructivo. Substituya las frases que no vienen al caso por otras que son más realistas y oportunas.

En la tercera columna, anote una interpretación alternativa, más razonable y optimista ante los eventos que a primera vista parecían catastróficos y demasiado irritantes. Haciendo esto, usted se sentirá mucho mejor en unas cuantas semanas. Empéñese en cultivar estos hábitos durante toda su vida.

Se dará cuenta de que algunos pensamientos que crea para evaluar ciertas situaciones son poco razonables, exagerados e inoportunos, y le provocan malestares emocionales. Procure razonar serenamente consigo mismo, analizándose y analizando la situación concreta que le preocupa. Recurra a la lógica (a su sentido común), y a su educación, para cuestionarlas y reducirlas a su justa medida. Si le ayuda, platique sus problemas con alguna persona de su entera confianza.

Como ejemplo, un hombre relata: "Antes mi pareja me decía cualquier cosa. Yo pensaba: me ofendió y me lastimó, le caigo muy mal y ya no me quiere. Por eso, yo le gritaba, me enojaba y luego bebía demasiado. Sin embargo, todo eso es una estupidez. Ahora entiendo que ni me dañó ni quiso ofenderme; sólo se impacientó. Por eso me siento mejor en mi estado de ánimo y ya no bebo tanto.

Antes necesitaba preocuparme de todo lo que me decían, porque me sentía inseguro y no sabía que podía pasar. Creía que todos se burlaban de mí y que trataban de estorbarme en mi trabajo. Todo eso no tiene ninguna lógica. No me podía enfocar en mí y me deprimía por semanas. Me creía todo lo que me decían y lo exageraba sin analizarlo siquiera. Tampoco pensaba en la manera práctica de solucionar mis problemas de trabajo".

Las frases que lo pueden enfermar a usted

Antes se suponía que las ideas irracionales que causaban la mayor parte de las miserias humanas eran sólo 10 o 12. Ahora se piensa que existen centenares de ideas falsas que conducen a la depresión y al fracaso (Ellis). Las personas depresivas y ansiosas las utilizan para convertir en terribles catástrofes las desilusiones comunes de la vida; suponen que los eventos externos –y las demás personas– las están dañando, y no se dan cuenta de que lo que más las enferma son sus propios pensamientos.

El pésimo hábito de ver catástrofes y tragedias por todos lados contribuye de manera importante a la ansiedad, la depresión, el alcoholismo, el abuso de drogas y comer demasiado. Cada persona tiene algunas frases favoritas con las que se tortura (se azota) todos los días.

A continuación propongo algunas creencias falsas de las personas narcisistas y machistas. Examine con cuidado la lista, para determinar si usted comparte alguna. Después anote en una hoja de papel al menos cinco de sus creencias falsas, ya sea que estén en esa lista o no.

Algunas de las ideas negativas que usted elabora le parecerán absurdas, mientras que otras son más sutiles y parecen convincentes. Sin embargo, todas ellas producen emociones indeseables, por lo que le conviene aprender a cuestionarlas. Si lo desea, también puede discutirlas con alguna persona de su entera confianza.

- Debo procurar que todos me sirvan siempre.
- Tengo que ser perfecto y no debo equivocarme nunca.
- Todos los demás son ignorantes, flojos y mentirosos.
- Al pasar de los 30 o 35 años ya no tendré ningún atractivo.
- Soy un fracasado porque me pasó tal o cual cosa.
- La gente vale sólo por lo que tiene (dinero y posesiones).
- No soy capaz de tomar ninguna responsabilidad.
- Mi destino está escrito y ya no puedo hacer nada para cambiarlo.
- Hay que vivir solamente para descansar y gozar.
- La corrupción somos todos.
- Las demás personas deben hacer lo que yo quiero.
- Los sentimientos son ridículos, cosa de mujeres.
- Las mujeres son inferiores a los hombres y están para cuidarlos.
- Los demás deben apoyarme y admirarme siempre.
- Para ser hombre necesito ser violento, mentiroso y prepotente.
- Puedo resolver siempre mis propios problemas y no necesito ayuda de nadie.
- Mi mujer me pertenece y tiene que pedirme permiso para todo.
- Si golpeas a las mujeres y las maltratas, te van a querer más.
- Yo puedo tener las mujeres que quiera, pero a mi mujer le basto yo.
- Si me parezco a tal actor o a tal persona famosa, voy a tener éxito y dinero.
- Si no me visto de tal manera, o me hago tal cirugía, soy horrible.
- Seré inmortal si me aplauden y si salgo en la televisión.

Una de las principales fallas del pensamiento narcisista es atribuir a causas externas (la mala suerte, su pareja, su karma) sus propios errores y fracasos. Esto se debe a que mantienen una falsa premisa: creen que nacieron perfectos y que no pueden equivocarse nunca. Además toman cualquier triunfo como una prueba indudable de que lo pueden y lo saben todo.

A veces, nuestros deseos o preferencias se vuelven demandas estrictas, *tiene que ser así*. La charla interior va acompañada de un lamento subyacente de que las cosas deberían ser distintas, como si fuera la voz de un niño que gimotea y dice que la situación es terrible, odiosa e insoportable.

Los narcisistas necesitan caer en la cuenta de que –para los humanos– la cosa más fácil del mundo es equivocarnos; todos necesitamos corregir nuestros errores y seguir adelante. Este nuevo pensamiento les cambiaría el rumbo de toda su vida. La verdadera sabiduría consiste en empeñarnos en ser mejores y corregir nuestras fallas, en lugar de negarlas y taparlas, como si fuéramos niños asustados. Los que viven para la apariencia y el qué dirán, en realidad no existen, son como fantasmas o muñecos de plástico, pura pantalla.

Los individuos que se creen perfectos no pueden aprender nada nuevo. En este mundo de avances continuos, tarde o temprano los superan otros individuos más conocedores que manejan mejores técnicas. La solución es aceptar que usted es parte de su familia, de la sociedad, del mundo, pero no el centro del mundo, ni es superior a ningún otro ser humano. Todos los seres vivos compartimos el regalo de la vida.

Es válido opinar que el machismo no funciona. Usted puede usted iniciar la ruta de quitarse el machismo y el narcisismo, que son programaciones familiares y sociales demasiado absurdos y destructivos. ¿Qué es lo peor que le podría pasar? ¿Qué van a pensar sus amigos, su pareja? Tal vez algunos se burlen, pero a la larga, usted se va a sentir mucho mejor sin estas falsedades. Si usted da cariño a su pareja y a sus hijos, eso es lo que va a recibir.

Usted no es una extensión de sus padres. Cuestione y rechace las falsas premisas que tantas madres mexicanas les meten a sus hijos en la cabeza: "Yo te di la vida, y por eso eres mío; estás obligado a pertenecerme para siempre; naciste perfecto, pero sin mí (o sin una mujer como yo) no vales nada; pobrecitos de los hombres; no pueden dejar de beber, de acostarse con cuantas mujeres pueden; se enojan por todo, así son ellos".

Quizá la opinión más ridícula de los narcisistas es: "Los demás (mi pareja, mis hijos) tienen que ser como yo quiero que sean", siendo así que cada individuo tiene derecho a ser como es, aunque a nosotros no nos guste ni estemos de acuerdo con eso. Cada adulto es capaz de tomar sus propias decisiones y recibe las consecuencias de sus actos.

Cuando usted advierte que algún pensamiento destructivo entra en su mente, haga un esfuerzo por reconocerlo como tal. En una libreta anote esos pensamientos y confróntelos. Cree pensamientos más razonables para evaluar esas situaciones y para guiar sus conducta. A medida que usted vaya anotando sus propios pensamientos negativos y los substituya por otros más razonables, irá recuperando su alegría y su paz interior.

La verdad es que cualquier cosa que nos sucede es parte de la vida: es natural y de ninguna manera es horrible y espantosa. Tiene una o varias causas que la pueden explicar, y usted puede entenderla de manera lógica y serena. Las conexiones –las leyes– que existen entre las causas y los efectos son inevitables; esa es la naturaleza de cosas, como afirma Ellis.

En sus momentos de lucidez, los hombres machistas se dan cuenta de que están emocionalmente ausentes y desapegados de su pareja y de sus hijos. Se han convertido en individuos ásperos, prepotentes, obstinados y con rigidez prematura. Viven insatisfechos, inseguros y temerosos, llenos de vacíos emocionales.

Sus hijos o hijas adolescentes no les hacen el menor caso. Al fin y al cabo, ellos salieron sobrando, porque la familia salió adelante sin sus mejores sentimientos y sin su participación en la familia. Ni las amenazas ni los gritos, ni los golpes, ni el terror sirvieron para nada. Se quedaron solos. Después de la mitad de la vida, contemplan la pérdida permanente de su alma, que es la parte sensible, intuitiva e iluminada que cualquier ser humano lleva dentro (Jung).

Técnica para detener el pensamiento

Las frases que fabrican los narcisistas reflejan sus temores y su ego prepotente. Entramos al terreno de los prejuicios, las sinrazones, las conclusiones falsas, las generalizaciones sin base, las proyecciones, los falsos valores y los juicios subjetivos. Cuando usted se siente mal, ¿En qué está pensando? ¿Qué cosas se imagina? En lugar de dar cuerda a los pensamientos indeseables y sentirse peor, puede frenarlos de manera muy sencilla (Rimm y Masters).

En el momento en que usted –desde su parte adulta– reconoce la voz interior del ego prepotente (o del niño inseguro), dígase en voz baja y con toda firmeza: "¡Cállate!" Otras instrucciones que detienen los pensamientos destructivos pueden ser: "¡Basta, alto, sal de allí, ya bájale, no *manches*!"

Si le parece apropiado, puede utilizar otras frases: "Esa basura (mierda) me la metió mi mamá (o mi papá) en la cabeza", "eso me decían cuando me regañaban", "ya fueron suficientes azotes; no tengo por qué seguir culpándome". Otras personas se dicen espontáneamente: "Tranquilo", "cálmate" y otras frases parecidas para frenar el torrente de fraces emocionales distorsionadas que podrian la clara visión de alguna situación concreta.

Cuando regresen los mismos pensamientos, deténgalos otra vez utililizando la misma técnica. Poco a poco necesitará menos esfuerzo. Si lo desea, lleve un registro diario de las veces que detiene los pensamientos autodestructivos. Haga una raya en una hoja de papel cuando utilice la técnica y sume las rayas al final del día. Puede utilizar una pequeña libreta para esto.

El registro diario se utiliza para hacer una gráfica semanal que ilustra la disminución gradual de los pensamientos negativos. La gráfica y los registros semanales se llevan durante seis o siete semanas. Este tiempo basta, en la mayoría de los casos, para eliminar a corto plazo la mayoría de las preocupaciones de tipo obsesivo. Puede repetir el registro en alguna otra ocasión, si esto vuelve a ser necesario.

Una vez que usted ha podido acallar la palabrería del crítico interno, conviene cambiar los pensamientos negativos por otros positivos: "Yo soy único, inteligente y valioso, hago las cosas bien, o al menos lo mejor que puedo, soy cariñoso, triunfador, me controlo a mí mismo y tengo derecho a disfrutar de la vida".

Con el simple uso de la técnica de detener el pensamiento, usted se dará cuenta de que mejora su propia estima, y disfruta estados de ánimo más agradables. Si desarrolla el hábito de utilizar esta técnica y otras parecidas, podrá observar (para su sorpresa) que la parte acusatoria ha desaparecido casi por completo. Disfrutará la sensación de ser una persona integrada, en lugar de una serie de fragmentos que generan voces internas confusas y contradictorias.

El arte del pensamiento relativo

El modo de ver las cosas depende mucho del punto de vista, la personalidad –y los estados de ánimo– de cada quien. Como dice un conocido-

refrán: "Todo depende del color del cristal con que se mira". Nuestros juicios pueden estar demasiado teñidos de emoción y subjetivismo narcisista.

Un amigo nos comenta que esa tarde lluviosa es triste y que la película fue aburrida y no vale nada ni le puede interesar a nadie. Con este comentario, nos revela mucho acerca de su estado de ánimo. Para otras personas, las tardes lluviosas son alegres. Esa película divierte y conmueve a otros espectadores que la consideran magnífica.

Los adultos guiamos nuestras acciones mediante un amplio repertorio de instrucciones verbales que a menudo quedan al margen de la conciencia directa. Es típico que las personas machistas y narcisistas utilicen frases extremosas y categorías opuestas de modo habitual. Tienden a ver todo como blanco y negro, sin ver los colores ni los matices intermedios.

Sin embargo, en la mayoría de las personas, incluyendo los neuróticos machistas y narcisistas, no está dañada su capacidad lógica. Pueden echar una segunda mirada para analizar sus diálogos internos. También pueden aprovechar los nuevos datos que reciben del exterior mediante sus órganos preceptuales. Además, se pueden abrir a los puntos de vista de los demás, tomando todo como un complemento, o un cuestionamiento, de los puntos de vista parciales que sostienen.

De ninguna manera es objetivo afirmar que el divorcio, el aborto o la homosexualidad son un crimen, una tragedia o un pecado grave que merece el infierno, que las mujeres no piensan, que hay que golpear a la pareja y a los hijos, o que debemos aprovecharnos de los demás. Estos juicios, tan cargados de emociones negativas, revelan mucho acerca de los prejuicios, tradiciones y personalidad de quienes los expresan, y no tanto acerca de las circunstancias reales y concretas.

Como sabemos, en las sociedades abiertas existen distintos criterios y opiniones acerca de muchas cosas. Algunas personas toman decisiones y adoptan costumbres que a otros les parecen inoportunas, socialmente censurables o injustificables. Cada individuo tiene derecho a sus propias opiniones y a sus particulares puntos de vista. Cuando alguien expresa una opinión diferente a la nuestra, no siempre nos está atacando de manera personal.

Los que idolatran a los *maestros iluminados* que los llenan de supersticiones, en el fondo desean ser engañados. En ciertos institutos orientales y en las sectas religiosas se indoctrina a los adeptos para "matar el ego" y "olvidarse de sí mismos" sin desarrollar la autonomía del propio yo. Los creyentes, en su mayoría mujeres, se tornan cada vez más dóciles e infantiles y se alejan de su familia; de esta manera sus *guías espirituales* los explotan con mayor facilidad, apoyados por el grupo de fanáticos que censura cualquier divergencia.

Según Krishnamurti (en *Lutyens),* la Verdad no tiene límites ni condiciones; por eso, nadie nos puede obligar a aceptar ciertas creencias, porque entonces se cristaliza y se muere; se convierte en un dogma, una secta o una religión que algunos imponen a los demás. Las creencias son personales, por lo que a cada persona le toca encontrar su propia Verdad dentro de sí misma.

Con mejores estados de ánimo –y mayor cultura– usted podrá disfrutar una visión más objetiva y sana de sus circunstancias cotidianas y de las intenciones de las personas que nos rodean. Las personas más cultas y optimistas utilizan el pensamiento de manera flexible y poco dogmática. Son capaces de cambiar sus opiniones y el rumbo de sus vidas según la percepción intuitiva y lógica de cada momento, a pesar de que sus valores más profundos quedan inalterados.

Usted puede generar frases frescas a cada instante, a partir de los datos siempre cambiantes que recibe del exterior, así como del interior de usted mismo. Con un poco de ironía fina, en lugar de afirmaciones radicales, emplee otras más alegres y realistas, que tomen en cuenta sus verdaderos sentimientos, en el contexto de las personas y las oportunidades que le rodean. Puede buscar explicaciones tentativas en varias direcciones, como en una tormenta de ideas.

Por ejemplo, con un modo de pensar relativo (más abierto y flexible, sin culpas neuróticas) un divorcio o una separación no se califica como algo espantoso, un fracaso definitivo, algo inmoral ni el fin del mundo. Tampoco significa esto que alguien sea malvado, carezca de atractivo o esté fuera de la moral. Lo más probable es que ambas personas hicieran serios intentos por comprenderse, pero que no sirvieron de nada.

Si usted y su pareja no se entendieron y dejaron de amarse, y más si hay violencia y ni siquiera se respetan, es mejor que se separen y dejen de lastimarse. De esta manera, tendrán otras oportunidades de ser felices, podrán escoger nuevas amistades. Como siempre, los que se separan recibirán críticas e incomprensión de algunos familiares y amigos, pero contarán con el apoyo y la simpatía de otros.

Ambas personas cuentan ahora con mayor experiencia y, por eso mismo, lo más probable es que tendrán mayor claridad en la búsqueda del amor sexual en pareja. En cuanto a los niños, no sufrirán demasiado si la separación es rápida, en los mejores términos posibles y si ellos conservan el cariño de ambos, y –cuando es posible– el contacto con ambos.

Para los niños, el divorcio es preferible a un ambiente de mentiras, engaños o pleitos. Desde luego que ellos merecen explicaciones serenas y honestas. No es justo que el padre o la madre los utilicen para cobrar venganza de hechos y circunstancias que no les corresponden y tal vez ni pueden entender.

Ciertos individuos miran pasivamente, sin interés alguno, todo lo que acontece a su alrededor. Consideran las maravillas que les rodean como algo común y corriente, o sencillamente las ignoran. Han perdido la curiosidad y las ganas de aprender. Según Maslow, la falta de curiosidad intelectual es uno de los trastornos del pensamiento más importante y frecuente de nuestro tiempo.

Eso no es natural en el hombre adulto, ya que cualquier niño que goza de salud manifiesta interés por explorar de manera activa el universo que le rodea –con sus manos, vista y olfato, con su inteligencia y su imaginación.

Resulta indispensable que encontremos respuestas abiertas e inteligentes para nuestras preguntas e inquietudes. Necesitamos un clima de libertad y serenidad para aprender. También importa mucho que mantengamos vivo el interés por seguir aprendiendo.

Si usted cultiva el arte de repetirse frases alegres e inteligentes para guiar sus conductas, estará bien ubicado en la realidad y aprovechará mejor las oportunidades que se le presentan. También mejorará su propia estima. A usted le conviene cultivar un sano sentido del humor: la risa es buena medicina.

La preparación profesional, técnica, laboral y humana no termina nunca. Empéñese en seguir adquiriendo todos los conocimientos que pueda. Las personas más preparadas tienen mejores oportunidades de trabajo y alcanzan niveles más elevados de éxito económico, personal y social. Una parte del aprendizaje exitoso es que vaya descartando los conocimientos que dejaron de ser provechosos, para dar paso a ideas más abiertas y a nuevas tecnologías más eficientes.

CAPÍTULO 11

El control y el cultivo
de la imaginación

La imaginación es una función distinta del pensamiento y no debe confundirse con él. El hemisferio izquierdo del cerebro se especializa en el manejo verbal, lógico y secuencial de los eventos internos y externos. Por su parte, el hemisferio derecho es intuitivo; elabora sueños, ensueños y fantasías, para interpretar todo lo que sucede dentro y fuera del organismo. Utiliza el lenguaje de los símbolos y las analogías; refleja mejor nuestros impulsos y sentimientos.

La actividad de cada hemisferio predomina durante periodos que oscilan entre 25 y 280 minutos. El que prevalece en un momento dado controla principalmente a la persona, apoyado en sus propios recuerdos y sentimientos. En la mayoría de la gente, el hemisferio izquierdo se activa por mayor tiempo mientras están despiertas (es el dominante); por eso, los diálogos internos dirigen las conductas, y las fantasías no tanto.

Al contrario, cuando estamos dormidos (o fantaseando) se avivan las actividades del hemisferio derecho, en ocasiones fuera de toda lógica (Ornstein).

Los narcisistas se refugian en un universo de fantasías, poblado por imágenes simples o complicadas. En su imaginación agitan fragmentos de lo que otras personas dijeron o hicieron; mantienen contactos imaginarios con ellas y procuran imitarlas. Adoptan identidades sociales tradicionales o contemporáneas, como las de cualquier astro cinematográfico, cantante de moda, amigo o amiga.

Construyen una imagen fabulosa de su ego, luego se la creen, le dan vida y habitan dentro de ella. Para mantenerla, necesitan ayuda de toda clase de paleros y mujeres complacientes que los llenan de favores y halagos. Con la suprema grandeza de su ego ilusorio, pretenden cubrir sus miedos e inseguridades; otra gran ilusión es que los demás están obligados a tratarlos como seres excepcionales, divinos, perfectos, príncipes, ángeles, bellos, fuertes y omnipotentes.

Sin embargo, las fantasías y las ilusiones no sustituyen a las persona reales, ni tampoco nutren las necesidades emocionales de manera satisfactoria.

Los sentimientos espontáneos y cambiantes (y las relaciones de mutuo intercambio emocional) nos hacen sentirnos vivos y humanos, por lo que ya no necesitamos habitar en el mundo de las fantasías. A los narcisistas les convendría valorarse por lo que son y por las cosas importantes que hacen, y no tanto por los aplausos y halagos que reciben; mucho menos por las reacciones de miedo, lástima y resentimiento que arrancan de las demás personas utilizando manipulaciones prepotentes y egoístas.

La popularidad y la fama se ganan y se pierden fácilmente; cierto tipo de amigos y amigas duran mientras que usted los invita a comer y beber, o les hace toda clase de regalos. ¿En verdad son sus *amigos* los que solapan sus errores destructivos y aplauden su falsa fachada, venga o no al caso?

Existe una conexión afortunada entre las fantasías y los sentimientos. Además de generar sentimientos positivos, cualquier persona puede ser más creativa en lo que hace cuando utiliza su imaginación de manera adecuada. Para sentirse mejor, usted necesita salir de sus ensoñaciones inútiles, sean éstas catastróficas o ilusoriamente bellas. Con la ayuda de las fantasías dirigidas, disfrutará una salud más plena y podrá aliviar toda clase de malestares.

Ventajas de la imaginación creativa

Existe creciente interés científico por la imaginación. Un conocido ejemplo es la literatura de ciencia-ficción, que a partir de Julio Verne ha previsto numerosas aplicaciones tecnológicas que ahora son reales y cotidianas, como los submarinos, la televisión, los viajes espaciales, etcétera. La imaginación nos permite acomodar los hechos naturales en un orden diferente al de la realidad, mientras que la fantasía es la misma facultad aplicada a las cosas que no existen en la naturaleza. Según eso, *imaginario* es lo inventado, y también lo irreal o ficticio.

Piaget (en Beard) insiste en la relación que existe entre los juegos de los niños y las niñas, y el desarrollo de su imaginación creativa. Los juegos no son una mera preparación imitativa de las actividades y de los roles adultos; también sirven para que vayan asimilando mejor las experiencias cotidianas de la realidad externa. Los niños más creativos buscan debajo de las cosas, manipulan objetos, los vuelven de arriba abajo y desarman objetos para ver cómo funcionan.

Cuando algo no resulta, los niños con imaginación más viva y creativa son capaces de encontrar una solución. A veces, los castigan y regañan por hacer travesuras y tener las ideas más locas, pero esto demuestra su imaginación sin límites. Los jóvenes de rápida imaginación pueden ser desesperantes, porque ven las contradicciones y las excepciones en lo que afirman sus maestros. Tienen ideas sorprendentes y poco comunes. En sus dibujos y en sus narraciones manifiestan un estilo distintivo, muy personal.

Los temas preferidos por los adolescentes, cuando sueñan despiertos, son el enamoramiento, las relaciones sexuales y el éxito personal. Las canciones y las películas más populares del momento (y los artistas que van estando de moda) contribuyen de manera importante para dar rumbo a las fantasías románticas de los adolescentes. Por lo demás, la gran mayoría de las elecciones profesionales de los adultos, se manifestaron de modo inicial (años atrás) en sus fantasías adolescentes (Singer).

Los adolescentes soñadores y tímidos son distintos de otros jóvenes, más inquietos, que son distraídos y no controlan la secuencia de sus pensamientos. La timidez tiene mucho que ver con la inhibición de la expresión externa de las emociones. Los muchachos y las muchachas que son demasiado soñadores, a menudo necesitan apoyo de sus familiares y amigos para desarrollar sus habilidades sociales y no encerrarse en sí mismos.

Creamos fantasías concretas (al ritmo de 600 imágenes por hora), para acompañar los acontecimientos ordinarios de la vida (Singer). La mayoría de ellas no tienen importancia particular y algunas de ellas llegan a estorbar nuestra concentración. Por el contrario, el cerebro también elabora otras imágenes valiosas, de perspectiva más amplia y cargadas de intensas emociones positivas, que cambian el rumbo de nuestra vida porque ofrecen soluciones brillantes.

Una de las cualidades de la persona creativa es la capacidad para navegar libremente entre el mundo de la realidad y los vastos universos de la fantasía. Su flexibilidad mental, su profunda sensibilidad y su aguda percepción de la vida provienen de la actitud receptiva a vagas intuiciones y obscuros presentimientos, que a otras personas les llegan a parecer absurdos y ridículos.

Los avances científicos, técnicos y artísticos no se deben a la casualidad: demuestran la importancia de la imaginación creativa. Sin embargo, la creatividad exitosa requiere otros importantes rasgos de personalidad, como la observación minuciosa, constancia y tenacidad.

El mal uso de la imaginación

Los narcisistas viven en la imaginación, en un trance hipnótico, y experimentan el éxtasis cuando alguien los aprecia, los halaga y los aplaude. Entonces creen que son la gran cosa, porque su ego obtiene resultados, y validan de nuevo su existencia ilusoria y teatral.

En nuestro país hay una notable propensión a vivir en la fantasía y gastar el tiempo en ensoñaciones, (soñar con los ojos abiertos). Chava Flores nos recuerda: "A qué le tiras cuando sueñas, mexicano". Sumergidos en sus fantasías, muchos individuos intentan olvidar sus frustraciones, problemas y malestares emocionales, lo mismo que sus presiones económicas. Se absorben en ellas, sin prestar atención a la realidad. Además, la parte de niño indefenso y su ego grandioso luchan entre sí, sin ningún control, e impiden el desarrollo de su verdadero ser.

Muchos narcisistas mexicanos no se atreven a iniciar acciones concretas para mejorar su calidad de vida, sino que acusan a los demás de sus propios conflictos. Recurren al alcohol y a las drogas alucinógenas, o comen, juegan y trabajan demasiado para refugiarse en mundos irreales. De esta manera intentan evadir, al menos transitoriamente, el estrés y la ansiedad.

Sin embargo, tarde o temprano, retornan –con mayor intensidad– los mismos problemas y situaciones que trataron de evadir. Estas peligrosas adicciones limitan la percepción del mundo exterior y activan algunos procesos internos muy destructivos: depresión, engaños y violencia familiar y social.

La imaginación juega un papel muy importante en exacerbar las emociones negativas. Las expectativas catastróficas generan angustia. Algunos imaginan que morirán si viajan en un avión o que tendrán un accidente si conducen un automóvil en la carretera. Su estómago se encoge y empiezan a sudar frío. Sin embargo, no por fantasear tal o cual cosa, ésta sucede necesariamente. Si usted imagina monedas de oro, no por eso aparecerán delante de sus ojos. No es lo mismo imaginar que causar o hacer. Lo imaginario puede ser irreal y ficticio.

Perls llama *capa esquizoide* al archivo de fantasías, recuerdos e imágenes visuales que guardan las conductas y las emociones del pasado. Allí habitan los rostros enojados y las voces acusatorias de los padres y de otras personas, junto con una maraña de recuerdos dolorosos y tristes. La activación de esos recuerdos, de manera subliminal, es la explicación de muchos cambios desfavorables en los estados de ánimo.

También tenemos las fantasías de éxito instantáneo que acarician tantos mexicanos. Para los machos y los narcisistas, su gran ilusión es que las mujeres sufridas y complacientes los sigan atendiendo en todo y caigan rendidas a sus pies. Por su parte, estas mujeres acumulan toda clase de rencores, depresiones y frustraciones. Tarde o temprano se cansan y se rehúsan a seguir siendo maltratadas y abusadas, como expliqué en el capítulo segundo. Amenazan al hombre con la separación.

Cuando estos hombres ven amenazados sus privilegios, se sienten muy mal. Como advierte Felipe Ramírez, enrojecen, sienten que les falta la respiración, entran en angustia, se enojan y se tensan. Se imaginan entonces que se van a morir, que pierden su hombría, que todos sus amigos se van a burlar de ellos, que su padre les dice que son unos afeminados, que algún amigo les dice que a todas las mujeres hay que golpearlas para que después sean cariñosas.

Los "machos" neuróticos entran en una especie de trance hipnótico (con frecuencia ayudados por el alcohol), se ubican en su ego, pierden la cabeza y estallan en violencia: insultan y golpean a su mujer y a sus hijos por cualquier cosa, hasta porque los miraron feo, o porque se están imaginando cosas malas de él. Mediante el enojo se exaltan y neutralizan la sensación de que están frente a una gran catástrofe que pone en peligro su existencia: necesitan crecer, porque ya no son niños.

La solución racional a estas sensaciones que parecen tan trágicas, y a estas fantasías descabelladas, es caer en la cuenta de que lo que en realidad se muere es sólo su falsa e imaginaria identidad como *seres superiores* con *poder absoluto* y *derechos por encima de todas las mujeres*. A pesar de esto, siguen vivos y gozan de buena salud; en realidad, todos somos seres humanos que necesitamos dar y recibir apoyo y cariño, igual que las demás personas.

Usted necesita aprender a controlar su pánico y su miedo a desintegrarse y no ser nadie si deja de ser macho neurótico. Para lograr esto, sugiero que respire profundamente unas cuantas veces, con el propósito de borrar todos los rostros imaginarios que le atormentan, hasta lograr poner la mente en blanco por unos instantes.

A continuación, dueño de la parte loca de su mente, usted queda fuera del alucine machista en el que creyó amenazada su virilidad. Cerrando los ojos, puede mirar dentro de sí mismo; se dará cuenta, con gran alegría y alivio, de que en realidad su organismo no ha sufrido ningún daño.

Luego puede recorrerlo parte por parte, para comprobar que sigue intacto; todos los órganos están en su lugar, y no le falta ninguno, ni tampoco su hombría. Sigue muy vivo, igual que siempre, y su corazón late con toda su fuerza, aunque su orgullo (su ego tan ilusorio) haya sido lastimado.

Si continúa respirando con calma durante otros minutos, llegará a sentirse más alegre y entusiasmado. Podrá comprender, poco a poco, que su ego no tiene nada que ver con su propia vida, ni con la realidad de su propio yo; el ego no es otra cosa que la apariencia externa que usted está acostumbrado a exhibir ante los demás.

Aunque se arrancara de manera permanente el ego machista (o el ego de cualquier otro estilo), usted seguiría vivo, porque el ego es una ilusión, una fantasía, una imagen publicitaria que muchas veces no corresponde a la realidad de su verdadero ser, ni es tan valiosa como el universo de sentimientos, impulsos y vida que usted lleva dentro.

Puede comprobar que siendo amable y desarrollando su inteligencia emocional recibirá de su pareja y de sus hijos el cariño y el respeto que usted tanto necesita. Puede recordar que las personas sensibles no pierden la virilidad, sino que son mejores amantes, como explico en el capítulo quince. Lo cortés no quita lo valiente.

Según Bandler y Grinder, para avivar sentimientos de culpa, algunos individuos construyen la imagen del rostro severo, agrio y acusatorio de alguna persona (amigo, padre, madre, pareja, Jesucristo, etcétera) que responde así ante algo que hicieron y –supuestamente– no le gustó.

La persona en cuestión puede estar viva o haber fallecido. Una vez que han creado la imagen fija del rostro atemorizante, la memoria se encarga de avivarlo de nuevo, venga o no al caso. De esta manera, se sienten culpables por cualquier cosa que hicieron o dejaron de hacer, sin saber por qué.

La técnica para eliminar culpas indebidas es sencilla y efectiva: en la medida que uno logra cambiar esa imagen por otro rostro más amable y comprensivo, dejará de sentir esa culpa. Usted puede reconocerla como ajena –su parte de ego– y a continuación puede salirse de ella, o borrarla. Sin embargo, también es deseable que cuente con otras perspectivas, más objetivas y constructivas, para evaluar sus propias conductas.

Los principales motivos que impulsan a los suicidas son meras fantasías (Álvarez). La mayoría de estas personas repasan sin cesar sus resentimientos y fracasos. Se les traba el video y por eso se enferman emocionalmente y se aíslan de los demás. También fantasean que su suicidio sería una ofrenda mágica a las divinidades del más allá.

Se imaginan que renacen y llegan –después de la muerte– ante un ser comprensivo y cariñoso, al cual le cuentan sus penas. Creen que recibirán de esa persona imaginaria (Dios, algún pariente o amigo que ha fallecido) todo el apoyo que necesitan, por lo que saldrán ganando al suicidarse. Cegados por sus deseos de venganza, otros fantasean que los demás se sentirán peor que ellos, porque se culparán toda la vida por eso, mientras que sus sufrimientos terminarán de golpe; además, gozarán viendo la pena de los demás.

Más desquiciada es la fantasía de quienes imaginan que regresarán, después de la muerte, para atormentar, como fantasmas, a las personas que no soportan. Creen que en realidad no son ellos los que se mueren, porque su cuerpo ya no les pertenece: lo sienten extraño, molesto y ajeno. Sin embargo, la fantasía de la muerte les fascina.

No es lógico ni sano, de ninguna manera, confundir las fantasías enfermas del niño asustado, ni las del yo engrandecido, con "la verdad". Las personas que gastan sus energías en fabricarlas, no resuelven sus problemas reales. Se aíslan y se alejan de los demás, y de esta manera se instalan en la depresión y en resentimiento, ayudados por el alcohol, las drogas y el activismo. Muchos de ellos también comen de manera apresurada y compulsiva.

Por nuestra propia salud emocional, nos conviene someter los ensueños al control de la lógica racional, para descartar los que nos dañan, e identificar como ilusiones a las que sólo son eso. También necesitamos frenar de modo tajante las fantasías egoístas, mentirosas, agresivas y desmoralizantes, lo mismo que hicimos con los pensamientos negativos. En muchos casos, basta con emplear la técnica para detener el pensamiento (del capítulo anterior).

Ejercicios de fantasía dirigida

Usted puede dar rumbos constructivos a su imaginación, en vez de dejarse arrastrar por ella para fabricar catástrofes o para engrandecer su ego ilusorio. Los ejercicios en los que usted guía su imaginación (fantasías autodirigidas) le ayudarán a relajarse y conocerse mejor. También le proporcionarán alegría, salud y entusiasmo.

Su cerebro, en sus áreas menos conscientes, no reconoce la diferencia entre una experiencia real y otra imaginaria. Por esta razón, genera los cambios físicos y hormonales congruentes con la visualización, como si se estuviera frente a una realidad. Cuando la visualización es positiva, todo el organismo cuenta con mayor energía. Cuando es negativa, usted se va a sentir muy mal.

Escenas tranquilas para la relajación

Cualquier individuo es capaz de recordar algunas situaciones especiales en las en los que se sintió despreocupado, calmado y lleno de felicidad. Visualizando esos momentos de relajación agradable, usted disfrutará la calma y la alegría. Para que se pueda relajar, no ayudaría una escena agitada; sería difícil relajarse mientras fantasea que escala una montaña o que nada en un río.

Algunas escenas favorecen la relajación. Por ejemplo, usted se puede imaginar que está descansando en una playa, en un día soleado, o que está sentado en una pequeña lancha en un lago tranquilo. Otras escenas parecidas: usted camina despacio en un bosque mientras admira un hermoso atardecer, o está sentado en la cima de una montaña, contemplando el hermoso valle, lleno de vegetación, que está abajo. Elija una de estas escenas, o elabore otra, cómoda y agradable, que tenga significado muy especial para usted.

Dedique unos 10 o 15 minutos a los ejercicios de visualización. En una habitación poco iluminada, siéntese cómodamente en el suelo, o en un sillón. Respire profundamente, de manera cómoda y pausada por unos instantes. Luego cierre los ojos y fabrique el escenario que va a recorrer con los mayores detalles que pueda.

Por ejemplo, usted está caminando sin prisa al lado de un arroyo limpio que corre a través de una planicie. Imagine los detalles más pequeños: la claridad del agua, los reflejos del sol en el agua, el murmullo del arroyo, la suavidad del pasto bajo sus pies, las colinas con su vegetación, los árboles, las nubes en el cielo azul, el canto de los pájaros, los peces y los insectos en el agua, etc. Sienta el agradable calor del sol de primavera y respire profundamente.

Disfrute los olores de la pradera y de las flores. Luego puede sentarse a la sombra de un árbol frondoso mientras sigue contemplando el agua que fluye en el arroyo. Permanezca allí el tiempo que quiera, disfrutando las sensaciones de profunda calma y bienestar, muy a su gusto.

Cuando sienta deseos de salir de la fantasía, abra los ojos y mire en todas direcciones. Luego empiece a moverse poco a poco. A continuación, prosiga con sus tareas habituales.

Hay otras situaciones de fantasías guiadas. Por ejemplo, entrar a una casa con muchos objetos dentro, tener un encuentro con una persona del sexo opuesto, con una fiera, con el ideal del verdadero ser, con Dios, etc. Usted fabrica diálogos imaginarios con los objetos, animales o personas, y permite que ellos respondan y le ofrezcan mensajes y posibles soluciones a sus problemas.

Usted fabrica descripciones detalladas y coloridas de un mundo totalmente nuevo. Aunque vive en el mundo de su fantasía, también se da cuenta de lo que está haciendo. A veces se intensifican algunos estados emocionales de tristeza o resentimiento y surge el llanto, la ira o la ansiedad, que luego se descargan, por lo que surge la paz. También brotan algunas emociones positivas.

Mediante estos ejercicios, va explorando aspectos poco conocidos de su propia personalidad. Procura integrar y reconciliar las situaciones, a medida que éstas se presentan. Por ejemplo, puede mirar a una fiera a los ojos, hablarle, procurar tocarla y domesticarla, entre otros. En caso extremo, también puede matarla o destruirla. Es importante que en ningún caso fabrique frases que son contrarias a las tendencias espontáneas del momento. Apóyese en sus mejores intenciones, sentimientos y deseos.

Resolver problemas y conocerse a sí mismo

Otro ejercicio de fantasía es la consulta a un sabio. Si usted tiene un problema que no puede resolver, por más que le da vueltas, piense en una persona que sí podría hacer eso (un amigo, maestro, escritor, un genio, algún familiar, héroe, figura religiosa, etcétera). Escoja luego un sitio tranquilo donde pueda estar solo y sin ninguna interrupción. Siéntese cómodamente en el suelo, sobre un cojín o una alfombra, e imagine con toda claridad que la persona sabia que usted va a consultar está enfrente. Le escucha atentamente, de modo cálido y comprensivo. Procure imaginar sus ojos, la expresión de su rostro, el modo como está vestido, etcétera.

Hable en voz alta, exprese un aspecto del problema. Utilice el tiempo presente, mostrando sus dudas y sentimientos. Por ejemplo, "mi pareja quiere separarse de mí; yo me siento traicionado y resentido..." Luego cambie de lugar, colóquese enfrente y tome el papel del sabio. Con ayuda de su imaginación diga en voz alta alguna solución que se le ocurra, del modo más espontáneo y concreto posible.

Luego regrese al sitio anterior para recapitular, en pocas palabras, aquello que le puede ayudar. Continúe y proponga otro aspecto del problema. Tome de nuevo el papel del sabio para responder dudas, tranquilizar y plantear soluciones. Regrese al lugar de usted y prosiga el diálogo hasta que sepa lo que le conviene hacer o dejar de hacer, y se sienta mejor. Para terminar el ejercicio, despídase del sabio y agradézcale su ayuda. Puede emplear de 10 minutos a media hora en este ejercicio. Repítalo en otras ocasiones, cuando llegue a necesitarlo.

Una técnica para que usted no tome tan en serio las palabras que fabrica (des-identificación del pensamiento neurótico) es como sigue: Practique la respiración profunda durante unos 15 minutos. Al mismo tiempo, dedíquese a observar lo que sucede dentro y fuera de su organismo, y un poco más adelante procure dejar la mente en blanco.

Después de unos cinco minutos, cierre los ojos, olvídese del exterior y concéntrese en su propio interior. Encuentre allí toda clase de cosas: el valor, el sentido y la centralidad de su cuerpo vivo sensible e impulsivo, que se manifiesta mediante los biorritmos, deseos y fantasías. Las fantasías, las sensaciones, los sentimientos y los deseos que brotan de su organismo reflejan lo que usted es en verdad, mientras que son falsos los engaños de la imagen cosmética que usted procura dar a las demás personas.

Vaya cayendo en la cuenta de que sus pensamientos solamente son una parte, un aspecto del propio yo, muy útil y necesario cuando es sereno y lógico. Sin embargo, usted necesita echar una segunda mirada a las frases que fabrica, para comprobar si las premisas y las conclusiones son lógicas y verdaderas o no.

También necesita asegurarse de que sus frases estén sustentadas por el conjunto de vivencias que ocurren en el interior de su organismo, de su verdadero ser y sentir. Finalmente, necesita comprobar si en verdad corresponden o no a las circunstancias externas, y guardan proporción con las actitudes de las personas que usted tiene delante.

Si usted practica esta técnica regularmente, se dará cuenta de que van desapareciendo las voces neuróticas que provenían del niño inseguro y del juez severo, o ego ilusorio. Al final, se percatará de que usted es conciencia con cuerpo, y no un cuerpo con pensamientos obsesivos y falsos. Usted no es su ego, sino que es su propio yo, es decir la totalidad de su organismo vivo.

Meditación centrada en su propio corazón

A continuación propongo un ejercicio (adaptado de Colby) para que usted pueda desarrollar todo su potencial humano. En la meditación centrada en el propio corazón, usted necesita recorrer cinco etapas.

Dedique algún tiempo todos los días a este ejercicio. Pase al siguiente paso a medida que se sienta cómodo con el anterior. No importa que usted practique un paso durante semanas o meses. Lo importante es que usted siga aprovechando los beneficios que obtiene, sin darse por vencido nunca.

Conviene advertir que el progreso es como una espiral; a medida que adquirimos mayor experiencia, podemos retornar a las etapas que alcanzamos antes, para permanecer en cualquiera de ellas el tiempo que lo necesitemos.

1. *Concentración en el corazón.* Enfoque su atención al ritmo de su corazón en el pecho, mientras usted respira de forma profunda y tranquila. Sea conciente de las pulsaciones que ocurren en cualquier parte de su organismo, como usted quiera: lados del cuello, cabeza, abdomen, la aorta, muñecas, genitales, etcétera. Advierta el retraso entre el latido del corazón y el pulso.

2. *Contemplación del corazón.* Centre su conciencia en su corazón. Además de sus latidos, perciba la presión continua dentro del corazón, que empuja hacia fuera las costillas, así como del campo magnético (bioeléctrico) del corazón. En esta etapa puede usted descubrir las dimensiones emocionales de su corazón: amor, alegría, tristeza, enojo, entusiasmo... Su propia identidad emocional está en el corazón.

3. *El corazón del universo.* En esta etapa descubre usted el corazón de todos los corazones, el corazón cósmico. Los corazones indi-

viduales son parte de ese corazón, y también lo llevan dentro, a la manera de una holografía. Esta expansión de su corazón produce una expansión de la mente, que adquiere la dimensión transpersonal. Esto lleva a la pérdida transitoria de la individualidad, y a la conciencia de que el propio corazón es como una gota en un océano, cuya superficie es la mente universal.

4. *Viviendo dentro del corazón.* A pesar de que usted retiene la experiencia del corazón universal, recupera la individualidad de su verdadero ser. Este nuevo sentido de individualidad, elimina al ego ilusorio. El propio yo aparece rodeado de una vasta y rica atmósfera de calidez y vida que lo rodean a usted a donde quiera que vaya. Literalmente puede caminar dentro del corazón del universo, en plena sincronía con todo lo que sucede.

5. *Simbolismo del corazón.* La mente (inteligencia, imaginación, capacidad de decidir) y el corazón trabajan juntos. La mente actúa como una lente que dirige la luminosidad cálida del corazón hacia aquellas personas, situaciones y aspectos del propio ser que necesitan la comprensión del corazón, su valentía, su creatividad y su paz. El corazón irradia paz; manda ondas vibratorias que armonizan a todos los que toca, creando una convergencia de propósitos, integrada y armónica, en favor de la vida cósmica y planetaria.

Para terminar, me permito señalar que los primeros dos pasos de este proceso incluyen la asimilación o incorporación de aspectos impulsivos y emocionales poco conocidos del organismo, utilizando una conciencia corporal ampliada que cualquiera puede practicar. Los otros tres pasos favorecen la aparición y el desarrollo del verdadero ser humano, con sus dimensiones sociales y transpersonales, lo que trasciende (elimina y supera) el ego de los narcisistas.

Visualizando el mejor rendimiento y el éxito

Muchas personas adquieren confianza en sí mismas –y mejoran su rendimiento– cuando logran visualizar con claridad que hacen algo de manera exitosa. Por ejemplo, los buzos que imaginan un buceo prefecto y los profesores que anticipan una clase excelente, alcanzan un desempeño más satisfactorio, al menos durante diez o quince minutos. Para que tenga eficacia, el ejercicio debe repetirse varias veces a la semana.

También puede usted dedicar el tiempo necesario para inventar soluciones nuevas, más provechosas, para sus problemas. Imagínese cómo podría funcionar cada curso de acción, qué resultados obtendría si elige tal ruta. Considere las soluciones poco comunes, lo mismo que una combinación de soluciones. Decida cuál es la mejor opción entre todas. Cuando se distraiga por otras fantasías que no tienen que ver, acéptelas tranquilamente y regrese para retomar y resolver el problema principal.

Dedíquese a imaginar exactamente, con el mayor detalle posible, lo que usted quiere hacer y decir cuando solicita trabajo, busca pareja, desea bajar de peso o dejar de fumar y beber, busca una solución a un conflicto familiar, tiene que hablar en público, etcétera. Procure sentirse confiado y seguro y respire de manera cómoda mientras visualiza detalladamente la conducta deseada.

Con una actitud mental positiva, imaginando el desempeño ideal, el estudiante puede obtener buenas calificaciones, un artista puede crear obras maestras, el futbolista puede anotar goles, etcétera.

Haga esto varias veces, hasta que llegue el momento de la verdad. De esta manera aumentará notablemente sus probabilidades de éxito. En general, el tiempo de preparación puede tardar de 15 minutos a una hora, según lo complicado del asunto.

Muchas personas desean bajar de peso, porque eso les impide ser tan activas y atractivas como desearían. Si alguien está decidido a hacerlo, encontrará útil el siguiente ejercicio. Cuando se mira en el espejo, ve su aspecto actual y la mente dispone solamente de esa imagen para trabajar. Quizá le resulte difícil imaginarse de otra manera, es decir con el peso ideal que usted desea lograr, pero eso es muy importante para crear un estado de ánimo, más favorable, para lograr su propósito.

Nuestro cerebro está programado para impulsarnos y alertarnos cuando nos fijamos un objetivo concreto (una meta o un propósito). Por eso, ayuda mucho representar visualmente el resultado final, imaginarlo como si ya lo hubiéramos alcanzado, como si fuera una realidad. Si desea bajar de peso, usted puede decirse: hago ejercicio con regularidad, peso... kilos y visto prendas de talla... Imagine su nuevo aspecto ideal con entusiasmo, lo más colorido, brillante, cercano, cálido y lleno de alegría, movimiento y actividad.

Cuando haya logrado fabricar esa representación, continúe visualizándola. Haga esto varias veces al día. De este modo usted se sentirá más motivado a conseguir su meta. Sin embargo, para lograr su propósito, también necesita comer de manera sana y equilibrada. Además, le conviene hacer el debido ejercicio para ayudarse a perder peso. El mismo procedimiento ayuda para dejar de beber o fumar.

El joven que desea ser médico se visualiza a sí mismo curando enfermos de modo exitoso al final de sus estudios. Así se siente satisfecho y bien consigo mismo, motivado para estudiar y compasivo hacia sus semejantes. Esta imagen positiva lo sostiene durante todos sus estudios, y el joven no se olvida de recurrir a ella en los momentos difíciles, hasta que hace realidad el propósito visualizado.

La imagen mental de su meta ideal le ayudará a mantenerse centrado en su propósito y entusiasmado para hacerlo. En los momentos de estrés y ansiedad, puede recurrir a los procedimientos para relajarse que ya se explicaron antes.

En la actualidad, los atletas olímpicos cuentan con la ayuda de un psicólogo para obtener victorias. Se ha llegado a decir que la diferencia entre dos atletas, uno que triunfa y otro que fracasa es 20% física y 80% mental. En efecto, los triunfadores se preparan imaginativamente y repasan detenidamente cada aspecto de la competencia, hasta que se encuentran dispuestos a ganar.

Los mejores competidores también anticipan lo inesperado y están preparados para resolver cualquier problema. Al competir, no pierden su concentración y evitan las fantasías derrotistas. Es muy importante que sepan respirar profunda y pausadamente, para elevar así sus niveles de energía y evitar la ansiedad y las demás emociones negativas.

Los mejores atletas también repasan cuidadosamente los videos de su propio desempeño, y los de sus competidores, para corregir sus defectos y mejorar el rendimiento. Como resultado final, la observación imaginativa del propio desempeño, mientras compiten, se convierte en un hábito que les evita tensiones innecesarias y les facilita el triunfo.

De igual manera, la diferencia entre los buenos actores y los que no lo son, es su imaginación. Según Stanislavsky, la persona necesita romper los lazos de la experiencia ordinaria antes de estar preparada para abrir el corazón a la percepción de la vida. Para ser creativo, el actor necesita atender al exterior y al interior de sí mismo. También es importante que tenga buena voluntad y valentía que vencer el miedo.

Mientras que un actor de segunda trata de representar a su personaje como una parte de sí mismo, los actores de mayor altura mantienen un intenso encuentro con su personaje. A través de éste, identifican las tensiones y las ambigüedades del rol que les toca actuar. Finalmente, comprenden que ellos mismos llevan en su interior conflictos parecidos, puesto que dichos aspectos forman parte de toda la humanidad.

Visualizaciones con fines curativos

La fantasía también se puede utilizar con fines curativos y para mejorar la salud. En vez de imaginar que cada vez usted está peor, imagínese que está sano y goza de entera salud; escuche su propia voz que le dice que va progresando y que se siente mejor día con día.

Los ejercicios de fantasía guiada se pueden aplicar al sistema inmunológico. Las personas pueden imaginarse que aumentan la producción de glóbulos blancos y rojos. Para esto, consiguen unos dibujos de estos glóbulos y luego se imaginan que reactivan la médula de los huesos para que produzca mayor cantidad de estas células tan necesarias para combatir todas las enfermedades.

También puede utilizar las técnicas de visualización para combatir las enfermedades. Por ejemplo, si usted tiene alguna infección o un tumor, imagínese que las bacterias o virus –o las células cancerosas– son bolas de nieve que se derriten por el calor del sistema inmunológico (glóbulos blancos, etcétera).

Los Simonton han utilizado las imágenes mentales como instrumentos para la salud. Se basan en la opinión de que uno puede imaginar lo que quiere que le suceda, como una especie de profecía favorable que luego se cumple. Combinan de modo exitoso algunas técnicas de fantasía con los medicamentos para curar o detener el cáncer. Los pacientes que las utilizan han reportado los siguientes cambios: Disminución del miedo, cambios en las actitudes, mejoría física, alivio del estrés y mayor comunicación con áreas poco conscientes de su personalidad, las cuales pueden revelarles el significado de su enfermedad.

El tratamiento consiste en fabricar tres veces al día películas mentales en las que el paciente visualiza su cáncer, e imagina que una armada de glóbulos blancos se apiña para eliminar a las células malignas. Los glóbulos blancos expulsan luego a las células enfermas a través de los riñones. Los pacientes también se visualizan a sí mismos como sanos y con su sistema inmunológico trabajando perfectamente. También se pueden imaginar al cáncer como un conjunto de animales, por ejemplo peces grises, que poco a poco van siendo devorados por otros más fuertes y saludables, como tiburones blancos.

De manera parecida, si tiene algún dolor agudo o crónico, puede imaginarse que el dolor es una aguja roja que señala 90 en un medidor. A continuación, usted se empeña en desplazar mentalmente hacia abajo la posición de la aguja, con el fin de reducir el dolor que experimentaba. De esta manera logrará que el dolor disminuya.

Como apunta Harris, algunas áreas en las que se han observado buenos resultados con la ayuda de técnicas de visualización son la artritis, los problemas de visión, el zumbido de oídos y el control del dolor. Lo mismo con la depresión, las fobias y los trastornos alimentarios (obesidad y bulimia).

El cultivo de la imaginación

Cuando la cultivamos, nuestra imaginación continúa evolucionando hasta alcanzar niveles más amplios y productivos. Los individuos dotados de gran imaginación pueden contribuir a la conservación de los recursos naturales de nuestro planeta, elevando la calidad de vida de sus semejantes mediante sus inventos.

El primer paso para recuperar el poder de nuestra imaginación es dejar a un lado los puntos de vista moralistas acerca de las fantasías y los sueños. Conviene dejar que las fantasías nazcan de manera espontánea, sin tratar de enjuiciarlas ni calificarlas, ya que no son buenas ni malas. La persona que las teme y las reprime sin razón, nunca llegará a desarrollar plenamente su potencial creativo. Es mejor verlas con serenidad y dejar pasar aquellas que nos parezcan atemorizantes o que no podamos manejar.

Si nos dedicamos a percibir intensamente el mundo que nos rodea, disfrutamos de un proceso creativo elemental, como los niños felices. Permitimos que nuestro cerebro interactúe libremente con la realidad cambiante que nos circunda. En lugar de encerrarnos dentro de nosotros mismos, saboreamos, olemos y tocamos. Es conveniente abrirnos algunas veces, sin traba alguna, a nuestras percepciones y a los intensos sentimientos cambiantes que las acompañan. Esto nutre nuestra imaginación.

Los visionarios e iluminados tienen una clara percepción imaginativa e intuitiva de las circunstancias que les rodean. A nivel más ordinario, existen algunos médicos y psicólogos dotados de un ojo clínico muy certero. Suelen ser personas que han vivido y visto más que otros. Por lo mismo, cuentan con mayor experiencia y tienen perspectivas más amplias acerca de la vida. Sin embargo, para algunos, la intuición es una habilidad que saben utilizar desde que eran niños, sin demasiado esfuerzo.

Ciertos jóvenes viven intensamente y se dedican a su propia educación y cultivo personal, por lo que manifiestan una sabiduría sorprendente, muy superior a su edad cronológica. Las personas creativas experimentan cambios radicales en su vida. Con frecuencia se ven forzados a abandonar sus antiguos modos de pensar y de actuar.

El desarrollo óptimo de cualquiera de nosotros requiere la integración equilibrada de nuestras funciones cerebrales más importantes. Sería muy deseable que aprendiéramos a ser lógicos y también intuitivos. Mejor aún, que pudiéramos ser lógicos e intuitivos al mismo tiempo, por lo menos frente a las circunstancias y las decisiones que tienen mayor importancia.

Podemos cultivar la imaginación visitando los museos de arte, (de historia, antropología, etcétera), asistiendo al teatro o al cine, al zoológico y al circo, contemplando paisajes (el mar, los bosques, ríos y montañas), oliendo una rosa, viajando por otros países, escuchando música, bailando, etcétera. Éstas y otras muchas actividades parecidas, son los caminos para volver a sentirnos niños por dentro y para nutrir nuestras fantasías. Un conocido proverbio chino dice que la observación atenta es la madre de la inventiva.

CAPÍTULO 12

Ejercicios para eliminar los bloqueos respiratorios

La respiración proporciona al organismo el oxígeno necesario para activar el metabolismo de las funciones cerebrales y de cada una de las células del cuerpo. El cerebro contiene 100 billones de células nerviosas. Aunque representa 3% del peso total del cuerpo, consume alrededor de 25% del oxígeno que respiramos.

Los pulmones tienen la capacidad de absorber hasta tres litros de aire. Debido a la vida sedentaria y a su mala postura, muchas personas utilizan la sexta parte de la capacidad pulmonar: en cada aspiración absorben solamente medio litro de aire. Como es natural, las personas que no respiran bien experimentan cansancio y tienen dificultades para concentrarse en sus estudios y en el trabajo. También padecen angustia y depresión. La respiración es vida, y los que respiran a medias, están medio vivos.

Algunas personas tienen el pésimo hábito de encogerse sobre sí mismas. Con esto, el peso del tórax colapsado se apoya demasiado en el diafragma, y eso perturba el ritmo respiratorio: el sistema nervioso simpático se activa y aumenta el nivel de adrenalina, como sucede en las reacciones de alarma, por lo que se aceleran los latidos del corazón y la persona experimenta angustia.

Cuando el diafragma no funciona de manera adecuada, el corazón se ve forzado a trabajar demasiado. Late más aprisa para bombear mayor cantidad de sangre, y la presión arterial se eleva. Con estas medidas, el corazón intenta repartir la misma cantidad de oxígeno que obtendría en caso de que la persona respirara de manera profunda y calmada.

Como ya explicamos, los habitantes de las grandes ciudades estamos sujetos a severos efectos del estrés. Muchas personas se sienten nerviosas, preocupadas e inquietas. Tienen el pulso demasiado rápido, sus manos sudan y su respiración es molesta y superficial. Algunos intentan respirar levantando el abdomen, que se hace más prominente, sin que eso sirva para nada.

El cigarro sustituye, de manera engañosa, la necesidad de inhalar profundamente. Por desgracia, los fumadores absorben nicotina y otras muchas substancias tóxicas, en lugar del oxígeno que su organismo tanto necesita.

Hay varias teorías acerca de la angustia. Básicamente, se trata de una alteración respiratoria de tipo psicosomático. Cuando hay fuerte interés y se anticipa algún contacto agresivo intenso, creativo, erótico o de cualquier otra naturaleza, el organismo se prepara para la acción. Se acelera el proceso metabólico que oxida las reservas acumuladas a partir de la digestión. Surge la imperiosa necesidad de obtener mayor cantidad de aire. Cuando alguien responde de manera espontánea a la excitación, aumenta la capacidad y la frecuencia respiratoria.

Por el contrario, los individuos que intentan frenar su excitación, no permiten que su respiración se acelere, y tratan de mantener el ritmo que tenía antes del súbito interés impulsivo. Como observa Perls, procuran crear para sí mismos y para los demás la ilusión de que están calmados, no les pasa nada y así son felices. Tarde o temprano, su caja torácica se traba y queda casi inmóvil. Sin embargo, nadie adquiere mayor seguridad por el hecho de mantener los músculos intercostales llenos de tensiones.

Debido a sus bloqueos respiratorios, algunas personas experimentan angustia continua, mientras que otras se muestran insensibles y están demasiado tensas y controladas. Las tensiones habituales de la caja torácica disminuyen la vitalidad de manera muy directa. Inhiben la risa, la ira, la tristeza y la inspiración. Mantienen la depresión, la apatía y el cansancio. Contribuyen a limitar los impulsos y deseos que se originan en el vientre y en los genitales.

Como advierten Heller y Henkin, puesto que la respiración es la principal fuente de energía corporal, en cualquier momento podemos elevar el nivel energético aumentando la captación de oxígeno, o disminuir ese nivel, reduciendo la entrada del oxígeno. La respiración profunda agudiza nuestras funciones cognitivas y perceptivas. Además, favorece el alertamiento, la concentración y la creatividad.

Con una buena respiración, mejoran los estados de ánimo, la fatiga nos molesta menos y dormimos mejor. Despertamos con mayor rapidez y nos sentimos más atentos durante todo el día. Las personas que han decidido dejar de fumar, beber o comer de manera compulsiva, lo harán con mayor facilidad si aprenden a respirar mejor: mientras mejor respiren, se sentirán menos inclinados a realizar conductas motivadas por la ansiedad.

Usted puede disponer de toda su energía en cada momento si aprende a respirar profundamente. Además, se sentirá más inspirado en lo que hace. Cuando expele el aire completamente, no solamente limpia a los pulmones de las impurezas acumuladas, sino que también logra que la siguiente aspiración sea más profunda. De esta manera, el tórax se va ensanchando y se torna más flexible en unas cuantas semanas o meses.

Los ejercicios de respiración profunda mejoran los estados de ánimo y eliminan algunas tensiones corporales. La columna vertebral es más flexible y la postura general del cuerpo es menos colapsada. Con la respiración profunda, el cerebro produce endorfinas, substancias que provocan estados de ánimo placenteros y eliminan el dolor. Podemos afirmar que la manera de respirar de cada persona determina en gran parte la calidad de su clima emocional interno.

Las técnicas de respiración le pueden ayudar a usted para recuperar el control y la calma cuando las cosas van mal. Concéntrese en respirar bien, y olvide los recuerdos atemorizantes del pasado y la ansiedad acerca del futuro. Al preocuparse de cosas molestas "que a lo mejor suceden" malgasta su energía y aumenta sus tensiones. Es mejor que respire adecuadamente y dedique toda su atención a lo que está haciendo ahora.

Ejercicios de respiración

El ritmo respiratorio es una de las funciones del organismo que están sujetas al control voluntario. Usted puede darse a sí mismo el gran regalo de utilizar su cuerpo con toda libertad para respirar profundamente.

Ejercicio 1

Afloje la ropa y quítese los zapatos. Póngase de pie, con los pies derechos y las rodillas ligeramente dobladas. Procure adoptar una postura corporal erguida, con la columna vertebral y el cuello bien alineados.

Haga usted un esfuerzo por juntar los omóplatos. Para fortalecer los músculos romboideos (en su espalda) junte sus omoplatos y luego aspire mientras cuenta hasta seis.

Conserve el aire dentro, cuente hasta tres y luego exhale contando hasta doce. Repita este ejercicio seis veces. Hágalo todos los días en algunos ratos libres. Mediante esta práctica, su pecho se levantará y usted irá aumentando su capacidad torácica.

Ejercicio 2

Las personas nerviosas perciben cualquier evento común como si fuera una emergencia. Se angustian porque utilizan una manera urgente de respirar, sin que venga al caso ni les sirva para nada. La respiración nerviosa incluye rápidos movimientos del tórax. Los pulmones se llenan de modo agitado y acelerado. El pecho sube y baja con rapidez, de modo perceptible, mientras que se inhalan grandes bocanadas de aire.

Eso es lo apropiado algunas veces: por ejemplo, uno jadea después de correr mucho. De esta manera, los músculos del cuerpo obtienen con rapidez el oxígeno que necesitan. Sin embargo, si usted cae en la cuenta de que está respirando –sin ninguna necesidad– de manera agitada, ¡contrólese! Intente seguir haciendo esto, deliberadamente, por un poco más de tiempo. A continuación, utilice un ritmo respiratorio más lento y regular, hasta que se logre calmar y se sienta tranquilo.

De igual manera, cuando se sienta nervioso, por ejemplo antes de un examen o de una entrevista para conseguir trabajo, intente respirar de manera calmada y profunda unas cuantas veces. Mediante esta simple práctica, usted se sentirá mejor y obtendrá mejores resultados, lo cual afectará favorablemente su futuro.

Según Baker, la mitad de las personas tiene el tórax trabado en posición de colapso, y la otra mitad en la del sapo o ego inflado... De ordinario, los hombres machistas mantienen su caja torácica demasiado expandida, mientras que las mujeres sufridas, anoréxicas y deprimidas la tienen colapsada. Además, algunas personas muestran notable falta de sincronía entre los movimientos de la caja torácica y los del abdomen, por lo que experimentan notable inquietud.

Ejercicio 3

Cuando alguien se deprime, su cabeza se dobla hacia delante y las costillas se colapsan en la parte del frente. Muchas personas tienen la caja del tórax hundida porque han acumulado en su organismo dolor, vergüenza, culpa o depresión. Se encogen sobre sí mismas, se valoran poco y adoptan el papel manipulador de víctimas indefensas. El tórax colapsado genera molestas sensaciones de desánimo, falta de energía y cansancio habitual. Esconden sus sentimientos y cierran el corazón, creyendo que así son menos vulnerables.

De esta manera, restringen la posibilidad de que su caja torácica se expanda y contraiga con toda libertad. Como resultado, la tensión se extiende a todos los tejidos del cuerpo, lo cual comprime los vasos capilares. Además, también se reduce la cantidad de sangre que llega a las células, por lo que los gases viciados no logran salir completamente de los pulmones mediante la espiración (Heller y Henkin).

Estas personas se controlan y piensan que es peligroso expresar sus opiniones. Creen que si se encogen y tratan de pasar desapercibidas, los demás ya no las van a lastimar, ni van a invadir su privacidad interna.

Las personas que adoptan posturas sumisas y desvalidas absorben en demasía los sentimientos dolorosos de los demás, se sacrifican por todos –venga o no venga al caso–, y también atraen la atención de personas dominantes y agresivas que abusan de ellas. Ahogan todos sus anhelos y parece que no tienen alas para volar.

Estas personas necesitan insistir en la inhalación del aire para irlo expandiendo. Si este es su caso, a usted le conviene ponerse de pie, con los pies paralelos y separados unos treinta centímetros. Mantenga el cuerpo derecho, con las rodillas ligeramente dobladas. A continuación, procure llenar sus pulmones de aire lo más que pueda, lenta y profundamente. Cuente hasta ocho mientras inhala. No eche el aire fuera, sino manténgalo dentro.

A continuación, sin exhalar, utilice el aire de los pulmones para empujar y mover el pecho hacia fuera varias veces, como si estuviera alejando un poste o una mano que presiona el esternón hacia adentro, impidiéndole respirar. Repita este ejercicio seis veces.

Ejercicio 4

En otro ejercicio, conservando el aire dentro de sus pulmones, sacuda usted el tórax y mueva las costillas y la columna vertebral de modo espontáneo. Gire los hombros y el tórax hacia uno y otro lado permitiendo el máximo movimiento de las costillas, la columna vertebral, el cuello, el esternón y los omóplatos. Luego exhale el aire contando hasta seis, y repita el mismo ejercicio cinco veces.

Ejercicio 5

Con el aire dentro, mueva la cabeza hacia uno y otro lado, como si quisiera decir no. También puede dar codazos hacia atrás, primero con un brazo y luego con el otro, siempre con el tórax lleno de aire.

Ayudado por estos ejercicios, usted aprenderá a exhalar e inhalar con mucha mayor facilidad. Su caja torácica se irá ampliando y se hará más fuerte, y a la vez más flexible. Sus pulmones son como globos que usted puede llenar de aire. Sienta que los llena totalmente, que su cuerpo crece y se hace enorme. Si respira bien, usted sentirá que su cuerpo se aligera, como si tuviera alas para volar.

La respiración profunda requiere la participación activa del diafragma. Cuando este músculo pulsa libremente, las vísceras del vientre reciben un masaje rítmico que facilita la buena digestión. Esto contribuye a acelerar el metabolismo: las personas pueden bajar de peso con mayor facilidad y además recuperan la alegría de vivir.

Si usted observa a un niño que duerme tranquilamente, podrá notar que el diafragma pulsa rítmicamente. El diafragma es el músculo en forma de cúpula que separa el tórax de la cavidad abdominal. La parte de arriba de la cintura y la de abajo pierden su sincronía y su integración cuando el diafragma no se puede mover con libertad cuando el tórax está trabado (colapsado o demasiado inflado).

Ejercicio 6

Para respirar de manera alternada, siéntese y póngase cómodo. Coloque la mano derecha frente a su cara. Identifique por cuál de los orificios nasales respira con mayor facilidad, oprimiendo primero un lado y luego el otro mientras respira. Comience el ejercicio con el orificio nasal con el que mejor respire. Suponiendo que es el izquierdo, presione con el dedo pulgar el orificio nasal derecho. Inhale por el izquierdo, contando mentalmente hasta seis.

Presione ambos orificios nasales y sostenga el aire, al tiempo que cuenta en silencio hasta seis. Haga una pausa breve, conservando los dedos a los lados de ambos orificios nasales. Ahora inhale por el orificio nasal derecho y cuente hasta seis mentalmente. Presione ambos orificios nasales y sostenga el aire, al tiempo que cuenta en silencio hasta seis. Luego exhale por el orificio nasal izquierdo y cuente mentalmente hasta seis. Repita el ejercicio tres veces con cada uno de los orificios nasales, inhalando siempre por el mismo orificio nasal por el que exhaló la última vez.

Por el contrario, la caja torácica permanece inflada cuando los músculos intercostales externos están habitualmente contraídos. Cuando esto sucede, el individuo tiene la sensación de que es insensible y duro, y que no puede aflojarse ni descansar. No se permite llorar y trasmite a los demás el mensaje –no siempre consciente– de que rechaza cualquier compromiso y cercanía emocional, como si fuera el hombre de acero o el caballero de la armadura oxidada (Fisher).

Hay personas que mantienen la caja demasiado inflada, con lo que aumentan de manera engañosa el volumen de su tórax y abdomen, como si quisieran darse gran importancia, a la manera de sapos inflados. Ocultan su lado tierno; ésta es de por sí una postura machista y prepotente.

Ejercicio 7

A las personas que mantienen el tórax expandido, les conviene insistir en la exhalación del aire. Si éste es su caso, primero necesita inhalar lo más que le sea posible. Después le conviene expulsar voluntariamente el aire, lo más que pueda, por etapas, a modo de jadeo. Cuando su caja torácica ha quedado completamente vacía, permanezca así un momento, mientras cuenta hasta seis. A continuación, permita la entrada del aire, de modo pausado. Repita este ejercicio seis veces. Continúe esta práctica de manera habitual hasta que recupere el movimiento del diafragma y éste suba y baje de manera rítmica generando oleadas de placer.

Si usted prefiere exhalar por la boca, porque eso le resulta más cómodo, puede utilizar un trozo de manguera o un popote en un vaso de agua. También puede inflar un globo de hule, y luego dejar que el globo se desinfle para volverlo a inflar. Los ejercicios se repiten varias veces.

Ejercicio 8

En otro sencillo ejercicio, usted puede concentrarse en echar fuera el aire de sus pulmones, lo más que pueda. Puede contar hasta quince o veinte mientras exhala, hasta dejar los pulmones completamente vacíos. Luego permite la entrada del aire, lentamente, mientras cuenta hasta once.

Mientras inhala, puede imaginarse que la energía de la vida y de la salud entra por la punta de la cabeza, como una luz brillante y recorre su cuerpo hasta que llega a los genitales y luego a la planta de sus pies. Cuando exhala, imagine que salen de su cuerpo todas las tensiones y preocupaciones, como si fueran una nube obscura. Este ejercicio se puede repetir varias veces, a su gusto.

Ejercicio 9

Respiración diafragmática. Sentado, o cómodamente recostado, afloje su ropa. Coloque su mano derecha sobre la parte alta del abdomen, con los dedos extendidos: el pulgar entre los senos y el meñique a la altura del ombligo. La mano izquierda se coloca sobre el pecho, con los dedos abiertos. Con la boca cerrada, inhale lentamente, procurando que la mano izquierda permanezca inmóvil y la derecha perciba la distensión de los músculos abdominales. Exhale lentamente, manteniendo las manos en la misma posición. Para verificar que está realizando la técnica correctamente, vuelva a efectuar el ejercicio; debe notar que cuando usted exhala, su mano izquierda desciende y la derecha se eleva. Repita el ejercicio cinco veces.

Nota: con la práctica, y una vez adquirida la habilidad, dejará de ser necesario que coloque sus manos en las posiciones indicadas para lograr la respiración diafragmática adecuada.

Ejercicio 10

Un ejercicio de Hatha Yoga: siéntese en el suelo con la columna vertebral recta y procure concentrarse en su respiración. Saque todo el aire de los pulmones, empezando de abajo, del abdomen. Enseguida relaje el abdomen y vaya llenando los pulmones, empezando por la parte de abajo, luego por la mitad del tórax y finalmente por la parte de arriba del pecho. Procure levantar las costillas suavemente y permita que el diafragma se mueva hacia abajo.

Exhale luego, primero por el abdomen, empujándolo hacia adentro, siga hacia arriba, luego inhale de nuevo. Repita este ejercicio cinco o diez veces. Puede practicarlo de manera habitual cuando tenga unos minutos para descansar durante el día.

Ejercicio 11

En otro ejercicio, de estilo meditación, usted puede comenzar a respirar fácilmente por la nariz y la boca, sin prestar demasiada atención al proceso. Deje la boca ligeramente abierta y con la lengua toque levemente el paladar. Al principio esto no parece muy cómodo, pero pronto lo sentirá más fácil y agradable. Permita que sus sensaciones se desplieguen naturalmente. Respire profundamente una y otra vez.

Trate de poner su mente en blanco. Esto requiere bastante tiempo, porque dejar de pensar en algo parece muy difícil. Permita que las fantasías y sensaciones nazcan y desaparezcan sin tratar de controlarlos de ninguna manera. No trate de buscar alguna satisfacción allá afuera. Esta respiración es muy ligera y muy vigorizante. Si usted siente alguna tensión muscular, imagine que su respiración toca la región afectada y la va aflojando.

A medida que su respiración se hace más lenta, profunda y uniforme, su mente se va tranquilizando, queda en paz y las sensaciones fluyen de una manera más agradable. También desaparecen las tensiones y los pequeños dolores y malestares del cuerpo.

Si usted experimenta que alguna sensación fluye, por ejemplo en la garganta o en otra parte del cuerpo, no trate de impedir eso. Simplemente deje que prosiga. Tal vez usted pueda percibir que la sensación se mueve hacia diferentes partes del cuerpo. Finalmente se extiende por todo el cuerpo y usted queda en paz.

Una función de la respiración es el lenguaje oral. Al pasar el aire por las cuerdas vocales, las hace vibrar y produce sonidos. Cuando alguien habla mucho y con gran velocidad, necesita aumentar su frecuencia respiratoria. Todos necesitamos respirar bien para expresar nuestros deseos con la mayor claridad posible mediante la voz.

Cuando el centro de la garganta está bloqueado, la garganta está agitada y las energías del corazón y de los pulmones no se unen bien con la cabeza (Anodea). Para calmar el centro de la garganta, se puede hacer un sonido al exhalar, por ejemplo "ahhh", "ommm", etcétera.

En circunstancias ordinarias, conviene que el tiempo de la inspiración y el de la expiración sean iguales: observe usted cuidadosamente las diferentes cualidades de su respiración. A veces es difícil y agitada o inquieta. Otras veces es profunda. Como usted puede comprender, eso está muy ligado a que usted experimente distintos estados de ánimo, diferentes fantasías y distintas sensaciones.

Se emplea una respiración profunda y pausada para favorecer la relajación y facilitar las regresiones a otros niveles de edad. Cuando respiran con mayor intensidad, algunas personas se quedan con la mente en blanco. Algunas veces, eso es una defensa para frenar el recuerdo de eventos traumáticos demasiado dolorosos del pasado. Otras veces es una señal de que están muy relajados. Por otra parte, el cerebro necesita acostumbrarse a consumir más oxígeno. La hiperventilación puede ocasionar mareos en algunas personas.

Cambiar los hábitos respiratorios (y dejar de fumar) requiere tiempo y paciencia, pero si usted aprende a controlar su respiración y la mejora, habrá dado un paso muy importante para disfrutar estados de ánimo más positivos. Experimentará menos angustia, tendrá más energía y su organismo será más vibrante y saludable.

También se dan cambios favorables en la circulación de la sangre (mayor oxigenación) que elevan la temperatura de la piel y la hacen más sensible: desaparecen el frío y la sudoración excesiva, propias de la angustia y el miedo. Algunas personas experimentan calor y se sienten más sensuales, de manera grata.

CAPÍTULO 13

Ejercicios de movimiento

El incesante mensaje de los músculos tensos y adoloridos mantiene fuera de la atención los recuerdos e impulsos desagradables. Los rasgos neuróticos liberan su carga de vivencias compactadas mediante el empleo de las técnicas de masaje y movimiento. Se perciben entonces las imágenes y los recuerdos asociados con el dolor psicológico, y se pueden incorporar a la propia imagen corporal los aspectos proyectados y disociados, como explicaré en el siguiente capítulo.

Las frases negativas se mantienen debido a la tensión muscular y a la postura neurótica narcisista. En la medida que alguien está más tenso, produce mayor cantidad de ideas y fantasías distorsionadas, lo cual, a su vez, aumenta la tensión. Por el contrario, a medida que se eliminan las tensiones, desaparecen las preocupaciones.

El ejercicio habitual mejora el sueño, elimina dolores de cabeza, crea sensaciones de bienestar y aumenta la concentración y la resistencia a las enfermedades. Es excelente para liberar tensiones y emociones tóxicas. Ejercitando los músculos del cuerpo, usted puede descargar la ira, la frustración y la depresión. Además, evita muchas preocupaciones, porque dedica su tiempo a algo útil y provechoso.

Los hombres se deprimen menos que las mujeres. Las diferencias en sus respectivos estilos de vida tienen mucho que ver con esta realidad. Cuando están deprimidos, los hombres acostumbran recurrir a la acción y a las estrategias de dominio: se involucran en algunas actividades, como el trabajo, los deportes, salir con los amigos, que los distraen de sus problemas y, al mismo tiempo, les brinda sensaciones de alegría, poder y mando.

Es muy recomendable que usted practique algún deporte o haga algún ejercicio de manera regular para liberar sus tensiones y disfrutar mejores estados de ánimo. El ejercicio y el deporte liberan endorfinas en el cerebro, sustancias que favorecen la relajación y fomentan sensaciones de optimismo y felicidad.

Estas actividades, y otras parecidas, como el baile, proporcionan un sentido de control, autodisciplina y dominio sobre nosotros mismos. Junto con esto, mejora notablemente la apariencia física y se puede eliminar el sobrepeso. Los hombres y las mujeres que las practican se sienten –y se ven– más saludables, atractivos y optimistas.

Para disfrutar una vida saludable y placentera, necesitamos abandonar los pensamientos y las fantasías destructivas. Sin embargo, también se necesita abandonar las posturas corporales torturadas y encogidas, lo mismo que las engrandecidas. En particular, necesitamos quitar los gestos de prepotencia, violencia o impasibilidad del rostro. Además de llenarse de alegría liberando las tensiones de todo el cuerpo, también le convendría a usted dedicar algún tiempo para divertirse y realizar actividades gratas.

Es importante advertir que los hombres machistas adoptan, como si fuera normal, una postura prepotente y agresiva que trasmite al cerebro mensajes continuos de alarma y de preocupación. El sistema nervioso autónomo permanece activado, debido a las tensiones musculares crónicas y a la palabrería interna destructiva, siendo que solamente debería acelerarse frente a las situaciones de verdadera emergencia.

Descripción de los ejercicios

Existe un paralelismo sorprendente entre los bloqueos corporales (tensiones musculares, alteraciones viscerales y fallas perceptivas) y los demás mecanismos de defensa: distorsiones del pensamiento y de la imaginación. El observador atento puede advertir que una fantasía agresiva, junto con su carga emocional negativa, se manifiesta como una tensión crónica, o alguna alteración psicosomática en alguna parte de su cuerpo.

Por ejemplo, el individuo que se siente devaluado y triste se encoge sobre sí mismo y casi no respira, por lo que experimenta cansancio y angustia debido a las tensiones en su cuello, hombros y espalda. Otros se tragan el resentimiento contra sus jefes, fabrican fantasías agresivas y padecen úlceras gástricas. No pueden asimilar sus presiones de trabajo y viven el en ácido, aunque tampoco hacen nada por solucionar sus problemas.

Intente usted un sencillo ejercicio: levante sus hombros y encoja el cuello hasta que llegue a sentir la tensión de los músculos del cuello y la espalda. Imagine que conduce un automóvil y está a punto de chocar contra otro vehículo que se le echa encima. Experimentará que las tensiones se extienden por todo el cuerpo, junto con la molesta expectativa de que algo malo le va a suceder. Ahora, regrese a la realidad y relaje el cuello y la espalda para salir del estado emocional desagradable. Mueva y sacuda estas partes para eliminar la ansiedad y la preocupación.

Las posturas favorecen –y mantienen– distintos estados de ánimo, favorables o desfavorables. Nos conviene eliminar las posturas corporales rígidas e inflexibles; de esta manera, nos sentiremos mucho mejor. Además, podremos eliminar con mayor facilidad los pensamientos depresivos, angustiosos y resentidos que las acompañan.

Como observa Harris, la mayoría de las personas utilizan ciertas posturas para propiciar y mantener determinados estados emocionales: tienen el cuerpo más vibrante cuando se sienten llenas de energía. Lo mismo podemos decir de los demás estados emocionales y sentimientos positivos, como la calma, la confianza en uno mismo, el entusiasmo, etcétera. Por el contrario, se encogen sobre sí mismas cuando se sienten aprensivas.

Procure dedicar algún tiempo a examinar el modo como utiliza su cuerpo. Observe su postura y sus movimientos rutinarios. Elimine o cambie las posturas que le causan cansancio y dolor. Por ejemplo, procure mantener la columna vertebral recta mientras está sentado. No se agache al caminar, procure respirar mejor, etcétera.

Es conveniente que usted vaya conociendo su cuerpo y se acostumbre a percibir hasta los más pequeños detalles. Aunque no existe una postura corporal ideal, a cada persona le corresponde eliminar las tensiones y los bloqueos específicos que alteran la postura corporal y limitan la flexibilidad –y la vitalidad– de su propio organismo.

Cuando trabaja con algún elemento específico de su postura, por ejemplo las tensiones de sus piernas, trate de concentrarse en eso. Así podrá usted asimilar los beneficios de cada ejercicio particular, en vez de abrumarse tratando de hacer varias tareas al mismo tiempo.

A continuación se describen algunos ejercicios básicos. Usted los puede practicar de manera habitual, varias veces a la semana, en sesiones de quince a veinte minutos. Repita los que corresponden mejor a sus propias necesidades y le reportan mayores beneficios.

Ojos y frente

Los ojos de algunas personas tienen una expresión vacía habitual, que es parte de una máscara social débil y ausente para evitar el contacto más íntimo. Los de otros individuos muestran dolor, rencor o vigilancia. Las tensiones de la frente acumulan preocupación y anticipación angustiosa.

Para eliminar las tensiones, colóquese frente a un espejo y ensaye toda clase de miradas: dulces, intensas, dominantes, sumisas, etc. Gire los ojos, muévalos de un lado a otro y permítase miradas más libres y espontáneas. Descubrirá que algunos modos de mirar son muy familiares y otros le parecerán extraños y forzados. Observe las miradas que son alegres y las que son falsas y torturadas. Procure ver de cerca los mínimos detalles de alguna flor, fotografía o de algún insecto. Observe también las montañas, las estrellas y las nubes.

¿Qué pretende obtener de los demás con su forma habitual de mirar? ¿De qué manera manipula usted a los demás con sus ojos? ¿Los aplasta y los hace sentir culpables, o pretende arrancarles lástima?

Los ojos pueden ver con mayor libertad cuando están relajados. Entonces, enfocan fácilmente las distancias cambiantes. Al contrario, cuando estamos tensos y preocupados, nos cuesta trabajo ver y el campo visual se reduce: miramos los objetos con demasiado esfuerzo. El buen funcionamiento de los ojos y los oídos se ve afectado por las tensiones de la frente, la quijada y el cuello.

Cuando están contraídos los músculos de la frente, sobre todo el entrecejo, trasmiten al cerebro mensajes emocionales de angustia y confusión. La cara de perplejidad que muestran algunos individuos contribuye a la falta de claridad en sus pensamientos. Cuando mantenemos la frente descansada y sin arrugas, el problema que tenemos delante nos parecerá más fácil de resolver.

Para liberar las tensiones de los ojos, intente moverlos para todos lados. Mire hacia arriba, lo más alto que pueda, mientras mantiene la cabeza derecha. Manténgalos así unos instantes. Luego mire hacia el lado izquierdo, y a continuación al derecho. Finalmente mire hacia abajo. Repita el ejercicio varias veces. También puede rotarlos en círculos, primero hacia un lado y luego hacia el otro. Con esto, también activará las áreas cerebrales correspondientes.

Una manera fácil de descansar la frente es tensarla aún más. Arrúguela y mantenga la presión. Luego descanse un momento. Ténsela de nuevo y a continuación descanse. Repita este ejercicio varias veces. De paso, si usted desea relajar alguna parte de su cuerpo (por ejemplo las manos) lo primero es tensarla, para luego aflojarla. Así, usted aprieta con fuerza los puños de las manos y luego las abre lo más que pueda. Repite el ejercicio varias veces, hasta que las sienta relajadas.

Oídos

No es lo mismo oír que escuchar. La persona que escucha se enfoca y atiende de manera activa a lo que oye. Las personas que no escuchan tampoco se concentran, tienen problemas para aprender, están más tensas y sus movimientos son menos equilibrados.

Escuchar música es uno de los tranquilizantes más conocidos que utilizan las personas. La música y las canciones populares suelen manifestar, de modo contagioso, la alegría impulsiva de vivir y de amar.

Usted puede utilizar selecciones musicales con o sin voces que expresan diferentes emociones básicas para su *musicoterapia* personal. Tristeza, alegría, entusiasmo, aburrimiento, enojo, violencia, etcétera. Al escucharlas, déjese invadir sucesivamente por cada una de ellas, y permita que sus fantasías corran libremente mientras escucha los diferentes ritmos. Como señala Clynes, con el uso de esta técnica algunas personas experimentan emociones que hace mucho tiempo no sentían, por lo que después se muestran más centrados e integrados.

En contraste con la contaminación auditiva y los ruidos molestos de las grandes ciudades, es un descanso concentrarnos en escuchar los sonidos de la naturaleza, como el canto de los pájaros, el murmullo de los riachuelos, la lluvia que golpea la ventana o los golpes del mar contra las rocas.

Según Tomatis (en *Gilmor* y otros), algunas personas experimentan irritabilidad, cansancio y otras molestias habituales a causa de sus bloqueos auditivos. Conviene que el oído derecho sea el dominante al escuchar los sonidos y el lenguaje propio y ajeno. Cuando alguien mejora su capacidad de escuchar, también mejora su comunicación con las demás personas, y se siente más relajado.

En su método para eliminar los bloqueos, uno y otro oído reciben sonidos (música y voces) de manera alternativa, con frecuencia baja que induce oír de modo pasivo, y con frecuencia alta que enfoca el oído y provoca escuchar. El volumen del lado izquierdo se reduce gradualmente para aumentar el dominio del derecho. La música de Mozart logra un balance perfecto entre los efectos de relajación y energía. El canto gregoriano y los cánticos budistas son relajantes. Usted mismo puede utilizar la música que le guste, según sus propias preferencias.

Boca y mandíbula

Advierta usted cuál es la expresión de su boca y cuáles son las tensiones alrededor de ella. Por ejemplo, su boca puede tener una expresión habitual de dolor y amargura, o estar congelada en una sonrisa demasiado artificial y falsa. Su mandíbula puede estar demasiado tensa o demasiado floja, y la barbilla puede estar demasiado echada hacia delante, en un gesto de desafío, o hacia atrás, como un caballo con las riendas demasiado apretadas. Algunas personas se dañan la dentadura porque aprietan con fuerza sus dientes, incluso cuando duermen. Parecen perros que no pueden soltar a su presa.

La quijada es una de las partes más expresivas del cuerpo humano. A veces la cerramos fuertemente, por ejemplo, cuando sentimos cólera o determinación. El cerebro interpreta estas contracciones como si nos viéramos en un apuro o afrontáramos un grave problema. Como resultado, nos invade una sensación de angustia creciente. Para eliminar las tensiones en la mandíbula, uno de los ejercicios básicos es aprender a concentrarnos en cortar, masticar los alimentos y saborearlos.

Según Perls, cuando las personas recuperan la capacidad de masticar y saborear los alimentos, disminuye su irritabilidad general. También mejora su habilidad para concentrarse en las tareas intelectuales a medida que pueden atender sin distracciones a lo que están comiendo.

Otro ejercicio para liberar las tensiones de la mandíbula, sobre todo las que están asociadas con el resentimiento, consiste en tomar una toalla, o un rollo de papel suave, para morderlo. La persona puede sostener la toalla con una mano, mientras que muerde y jala la toalla con los dientes. Al mismo tiempo, hace movimientos de cabeza, de la misma manera que un perro que tiene agarrada a su presa.

Después de unos minutos, suelta la toalla voluntariamente, y luego repite esto mismo varias veces. Este ejercicio es muy útil para liberar las tensiones de las personas que aprietan los dientes y se lastiman cuando están dormidas.

Cuello

A muchos individuos les ayuda gritar, porque así se liberan algunas tensiones del cuello. Para esto, se encierran en un cuarto alejado y gritan hasta quedar satisfechos. También pueden hacerlo mientras conducen en zonas relativamente despobladas, o con los vidrios del automóvil cerrados.

Se puede utilizar la voz para aflojar algunas tensiones internas, en particular de la tráquea. Uno respira profundamente y luego produce el sonido mmmm... de modo prolongado, mientras echa fuera el aire por la nariz. Se varía el sonido, haciéndolo más grave o más agudo, hasta sentir que vibran las estructuras del cuello, la cabeza, el tórax, etcétera.

Las personas demasiado sumisas pueden gritar "no", una y otra vez, con toda intensidad, mientras mueven el cuello de uno a otro lado, para aflojar el cuello y levantar la cabeza. Como ya se dijo, en la terapia de grupo se puede invitar a algunos individuos para que emitan sonidos.

Pueden rugir, llorar o ensayar diferentes voces para dar salida a sus emociones reprimidas. También les conviene imitar otras voces o exagerar algunos aspectos de la propia voz, para irse sintiendo cómodos cuando emplean expresiones más espontáneas y libres.

Otra manera de eliminar las tensiones del cuello consiste en tomar un cojín con las manos y ahorcarlo. También se puede utilizar una toalla para retorcerla. Además, uno se puede imaginar que ahorca al individuo que lo está presionando e intenta hacerle la vida imposible.

Es típico que las manos, antes frías y sudorosas, recuperen el calor y la vibración mediante este tipo de ejercicios. Conviene advertir que algunos dolores de cabeza desaparecen en cuanto las manos recuperan la circulación de la sangre: la sangre ya no se agolpa en la cabeza, de manera dolorosa.

Feldenkreis recomienda evitar las tensiones del cuello cuando caminamos. Sugiere que al movernos podemos imaginar que alguien nos está ayudando y nos jala suavemente por el cabello de la parte superior de la cabeza. De esta manera, la cabeza guía y equilibra el resto del cuerpo.

Hombros, manos y brazos

La postura de los hombros manifiesta ciertas actitudes relacionadas con el trabajo y las responsabilidades. Más en particular, reflejan el modo como cada cual lleva el peso de la vida. Algunas personas están agobiadas por sus sufrimientos. Cuando se encuentran libres de tensiones, los hombros son una plataforma móvil que se desliza sobre el tórax y ejecuta toda clase de movimientos, lo cual facilita el empleo de los brazos.

Por el contrario, las personas tensas padecen dolores de cabeza, cuello, hombros o espalda. Un sencillo ejercicio consiste en levantar los hombros casi hasta tocar las orejas (como quien expresa que algo no le importa) y luego los mantiene así un momento. A continuación los deja caer con fuerza mientras echa fuera el aire de los pulmones. Se puede repetir este ejercicio hasta veinticinco veces.

Las manos son el principal instrumento de que se vale nuestro organismo para establecer contacto y modificar el medio ambiente que nos rodea. Las dejamos caer con desaliento cuando perdemos la esperanza. Sacudimos el puño cuando nos encolerizamos y algunas personas se comen las uñas cuando están nerviosas.

A cualquier persona le conviene aprender a relajar sus manos cuando está en una situación que le produce irritación o fastidio. Esto quita la sensación de nerviosismo y la persona se siente más capaz de hacer frente a la situación. Basta con que cierre los puños con fuerza y luego los abra unas cuantas veces. También puede apretar una pequeña pelota de hule o algún objeto parecido.

Para liberar el enojo, usted puede golpear la cama con los puños o con una raqueta. Hay guantes diseñados para las peleas (en las terapias de grupo), que hacen mucho ruido pero no causan daño alguno. También hay muñecos inflables, de tamaño casi natural, capaces de soportar golpes, empujones y patadas de los participantes que desean expresar su enojo de manera muy emocional, pero inofensiva.

Las personas que utilizan frecuentemente la computadora pueden padecer dolores crónicos en las muñecas, que se extienden a todo el brazo. Para combatirlos, es conveniente que de vez en cuando roten las manos sobre la muñeca, y también que abran y cierren los puños para restablecer la circulación de la sangre.

Tórax y espalda

Además del dolor muscular, muchas personas guardan en su espalda el peso de las responsabilidades, así como mezclas emocionales de miedo y coraje. Otras, viven azotándose mediante pensamientos (las frases del diálogo interno) destructivos. Algunos cargan en su espalda los problemas del trabajo y de su familia, incluso cuando están de vacaciones, porque no pueden salir de su rigidez y de sus preocupaciones obsesivas.

Muchos deportes, por ejemplo, el tenis, fortalecen los músculos del frente del tórax, mientras que los de la espalda quedan estirados y débiles. Los pectorales, demasiado desarrollados, jalan el cuello hacia adelante. Con esto, la persona se joroba, siente cansancio continuo y no respira bien. Entre otros ejercicios, le convendría dar codazos hacia atrás, remar, etcétera, para fortalecer los romboideos. Así se juntan más los omóplatos, se abre la caja del tórax y usted puede respirar mejor.

Para abrir los músculos tensos del tórax, la persona se tiende de espaldas en el suelo, encima de un rollo de cobertores que se acomodan abajo de los hombros; permanece así diez o quince minutos, mientras trata de respirar profundamente. Esta postura, opuesta a estar habitualmente agachado, es útil para aflojar los músculos del frente del cuerpo. Este ejercicio puede provocar temblores musculares o llanto, con lo que se alivian las tensiones emocionales y mejora la respiración.

Feldenkreis propone un ejercicio que tiene la finalidad de mejorar la curvatura lumbar, el cual es útil para eliminar algunos dolores de la espalda baja. La persona se acuesta de espaldas, encoge las piernas y apoya en el suelo las plantas de los pies, alineadas con las caderas y a cierta distancia de las mismas. Luego, mientras respira profundamente, trata de exagerar la curvatura lumbar, imaginando que es un arco que se agranda, o que un pequeño animal puede pasar por el hueco que queda entre la cintura y el piso.

Con esto, uno siente que los pies tratan de sujetarse con fuerza al suelo. Luego exhala y regresa a la posición inicial. El ejercicio se repite varias veces.

El mismo autor recomienda que tratemos de mejorar la conciencia de los músculos, tanto de los flexores como de los extensores, para que de esta manera tengamos una mejor postura y una imagen más integrada de nosotros mismos.

Para liberar las tensiones de la espalda, también son útiles algunos ejercicios de yoga que tienen el propósito de estirar la columna vertebral. Por ejemplo, en la Postura de la cobra (figura 6), la persona se acuesta boca abajo, en el suelo. Se estira y se apoya en los antebrazos, para mantener la cabeza y el tórax algo levantados. Hace una inspiración profunda y prologada. Luego, al momento de exhalar, arquea la espalda hacia arriba y también levanta la cabeza.

Figura 6. Postura de la cobra. La persona se acuesta boca abajo y se apoya en las manos y en los antebrazos; inhala profundamente. Al momento de exhalar, se apoya en las manos (vea la figura) arquea el torax hacia arriba y echa la cabeza hacia atrás.

Al sacar el aire, conviene que emita un sonido espontáneo, como puede ser un rugido o algo parecido. También puede sacar la lengua lo más posible. El ejercicio se repite varias veces

Algunos individuos se dan cuenta de que aprietan la garganta para evitar una respiración más profunda. La persona puede recorrer un rollo de papel a distintas alturas de la espalda; luego estira los brazos lo más que puede. También puede hacer presión en algunos músculos de la espalda baja, como los psoas.

Abdomen

Cuando alguien espera un golpe en el estómago, contrae instintivamente los músculos abdominales. Algunos individuos mantienen estos músculos tensos, por lo que su cerebro recibe continuos mensajes de alarma e inseguridad.

En un ejercicio para liberar las tensiones del abdomen, la persona se tiende boca abajo sobre unos cojines duros o una manta enrollada. A continuación, activa su energía mediante la respiración profunda y fija su atención en sus funciones abdominales. Es importante permitir que los sentimientos broten del modo que sea. La persona puede sentir rencor, miedo o angustia, pero también sensualidad, excitación sexual y alegría de vivir. Asimismo ayuda el masaje abdominal.

Pelvis

Entre los ejercicios que se utilizan para manejar las tensiones del área pélvica están los movimientos circulares, parecidos a los que haría una persona que tuviera un aro en su cintura y lo estuviera haciendo girar. Usted se coloca de pie, con los pies paralelos y separados unos veinte centímetros. Inhala profundamente. Luego, mientras exhala, eleva los talones y apoya el peso del cuerpo en el pie izquierdo, rotando la pelvis hacia el mismo lado (figura 7).

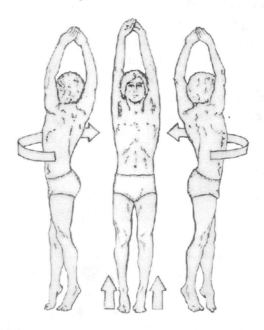

Figura 7. Mientras está de pie, la persona se estira y luego gira el tórax, con el resto del cuerpo, hacia uno y otro lado.

A continuación, permite que el peso del cuerpo descanse en ambos talones y mueve la pelvis hacia adelante. Luego se apoya en el pie derecho, eleva los talones y gira la pelvis hacia ese lado mientras exhala. Finalmente, deja descansar el peso del cuerpo en ambos pies y se mueve la pelvis hacia atrás. El ejercicio se repite diez veces. Se vuelve a hacer, en sentido contrario, otras diez veces.

Otro ejercicio parecido consiste en mover la pelvis hacia adelante y hacia atrás, mientras que la persona se mantiene de pie. La pelvis se echa hacia adelante al presionar el suelo con los talones, mientras expulsa el aire de los pulmones. A continuación, se empuja hacia atrás, mientras inhala profundamente.

Cuando el esfínter anal está demasiado contraído y la defecación es molesta, la persona llega a padecer hemorroides. Un ejercicio sencillo y eficaz para aliviar este padecimiento consiste en apretar y aflojar con fuerza las nalgas y el ano. La persona mantiene la presión mientras que cuenta hasta quince.

A continuación la persona se relaja un instante y contrae de nuevo los músculos del piso pélvico. Puede hacer este ejercicio unas quince veces mientras que está sentada en la oficina, viendo televisión, etcétera. Los músculos del piso pélvico necesitan ejercitarse de manera regular, lo mismo que los demás de todo el cuerpo.

Este ejercicio ayuda a eliminar las tensiones crónicas del piso pélvico y de las nalgas, con lo que resultan más placenteras las relaciones sexuales porque la circulación de la sangre mejora notablemente.

En otro ejercicio parecido, el hombre que está orinando detiene el flujo, y luego permite su salida, lo detiene otra vez, etcétera. Esto mejora el funcionamiento de la próstata y prolonga las relaciones sexuales, porque favorece el control de la eyaculación.

Piernas y pies

Entre los ejercicios para aliviar las tensiones de las piernas están sacudirlas, patear, hacerlas vibrar, etc. Por ejemplo, cuando la persona está tendida boca abajo, apoyada en el suelo con los antebrazos, puede patear hacia atrás, primero con una pierna y luego con la otra, unas quince veces en total para cada pierna. Primero encoge la pierna y luego la suelta con fuerza.

También puede usted tirar patadas mientras está acostado boca arriba en la cama o en una alfombra. Este ejercicio acelera la respiración. En ocasiones, la respiración acelerada y los movimientos corporales expansivos disparan sensaciones, emociones, recuerdos y percepciones que eliminan tensiones y mejoran el estado de ánimo.

Las personas que mantienen las rodillas trabadas también limitan los movimientos de la pelvis. Además, tensan otros músculos de su cuerpo, desde el cuero cabelludo hasta los dedos de los pies, en un esfuerzo por mantenerse derechas. Basta un pequeño empujón en las rodillas para que estas personas pierdan el equilibrio y caigan de espaldas. Por el contrario, los individuos que mantienen flexibles sus rodillas pueden mantener la postura erguida con mayor facilidad, Además, al caminar mueven más libremente sus caderas.

Para aflojar las rodillas trabadas, usted se coloca de pie, y luego adelanta uno de los pies, para echarle el peso del cuerpo. Luego gira la rodilla, haciendo pequeños círculos, primero hacia adentro (unas diez veces), y luego hacia afuera, como se ilustra en la figura 8.

Figura 8. La persona hace movimientos circulares con la rodilla, hacia uno y otro lado, para destrabarla y tonificar los músculos de los muslos y de las pantorrillas.

A continuación, adelante el otro pie, apoye bien el cuerpo, y repita los mismos ejercicios. Después regrese a la postura inicial, eche el peso en el primer pie, etc. Este ejercicio se repite unas cuantas veces. No conviene que usted se sienta demasiado cansado, ya que el propósito de este ejercicio es ir aflojando las rodillas poco a poco.

Las articulaciones de los tobillos también se pueden girar haciendo círculos con los pies hacia dentro y hacia fuera mientras usted está acostado.

Los que vivimos en la ciudad hemos perdido algunos movimientos de los pies porque los tenemos envueltos en zapatos y caminamos mucho tiempo sobre superficies planas. Por el contrario, los que viven en pequeñas poblaciones cerca del mar utilizan sus pies para subir a las palmeras envolviéndolos alrededor del tronco y también caminan descalzos por terrenos rocosos y disparejos. Ellos pueden flexionar sus pies de maneras desconocidas para nosotros.

Como un pésimo hábito, muchos individuos caminan con la punta de los pies apuntando hacia fuera, lo cual provoca estrés indebido en las piernas y en la pelvis. El modo correcto de caminar es con los pies paralelos, mientras que los dedos apuntan hacia el frente. De paso, las personas que se empeñan en caminar de esta manera también van destrabando sus rodillas y recuperan el arco del pie que antes mantenían colapsado.

Una manera sencilla para recuperar la movilidad de los músculos de los pies y aliviar las tensiones diarias es poner una pequeña pelota de hule en el suelo. Se pueden hacer toda clase de ejercicios con ella. Por ejemplo, usted la puede agarrar con los dedos de los pies, rodarla contra el arco, presionarla con los talones, moverla hacia delante y hacia atrás con el filo externo de los pies, darse masaje en toda la planta de los pies, etcétera.

Tendones y ligamentos

Para concluir, presento un ejercicio de movimiento y respiración –una danza espontánea– que es muy útil para eliminar las tensiones de los tendones y ligamentos (articulaciones). Puede ayudar a prevenir la artritis y para eliminar algunas molestias de esa enfermedad.

Póngase de pie, sin zapatos, y usando un mínimo de ropa (lo que sea más cómodo para usted). Deje a un lado todas sus preocupaciones y no piense en nada. Acompañe estos movimientos con la música rápida y alegre que sea de su agrado. Rock, tambores, samba, etcétera. Es muy importante que procure respirar profunda y calmadamente –al ritmo de la música– mientras practica los ejercicios. También puede gritar, cantar o decir en voz alta lo que le venga a la cabeza mientras se mueve.

Puede emplear tres o más minutos en cada parte del ejercicio, según su gusto y de acuerdo con sus necesidades particulares.

Se trata de eliminar las tensiones de los tendones y expandir el cuerpo del modo más agradable posible. Si siente alguna molestia, haga esos movimientos de manera más suave o pase al siguiente ejercicio. Disfrute las sensaciones placenteras que brotan de la relajación.

- Sacuda las manos como si las tuviera mojadas y quisiera remover el agua. Rótelas haciendo círculos. Deje que los movimientos de sacudir lleguen a los brazos. Suba y baje los brazos mientras continúa moviendo las manos del modo más libre que pueda. Rote los brazos en la articulación de los hombros y también agite los brazos para abrir espacio en las articulaciones de los hombros, los codos y las muñecas.

- Ahora gire la cabeza hacia un lado (cinco o diez veces), como si estuviera desatornillando el cuello. Luego gire la cabeza al lado contrario, procurando aflojar el cuello lo más posible. Mientras lo hace, deje suelta la quijada y mantenga la boca algo abierta. Si lo desea, grite o emita algún sonido, como ¡Aaah! o ¡Nooo! Mueva la quijada de un lado a otro.

- Levante un hombro y baje el otro. A continuación, suba el que estaba abajo y baje el contrario. Gire la plataforma formada por las clavículas y los omóplatos. Muévala de uno a otro lado, hacia arriba y hacia abajo. Repita esto varias veces. Permita que las vértebras del cuello y de la espalda giren, se aflojen y se muevan como quieran.

- Gire el tórax hacia un lado y hacia el otro para aflojar la columna vertebral, como si fuera una serpiente en movimiento. Permita que los hombros y la pelvis se muevan como quieran, en todas las direcciones posibles.

- Separe los pies unos treinta centímetros y doble un poco sus rodillas. Mantenga derecha la cabeza y el tórax. Eche la pelvis (las nalgas) hacia atrás mientras inhala el aire. Luego eche la pelvis hacia adelante, mientras deja salir el aire. Amplíe poco a poco estos movimientos y añada cada vez más fuerza, como si golpeara hacia adelante y hacia atrás. También puede girar la pelvis en círculos.

- Estando de pie, apoye el peso del cuerpo en un pie y sacuda el otro pie y la pierna. Luego apoye el peso en la otra pierna y haga lo mismo con la que tenía apoyada. También puede girar y sacudir los pies y las piernas mientras usted está sentado en el suelo, de modo parecido a como lo hizo con las manos. Repita estos ejercicios varias veces.

- Para terminar, separe los pies unos veinte centímetros y sacuda todo el cuerpo como quiera. Afloje los tobillos, las rodillas, los codos, el cuello, las muñecas, las distintas partes de la columna vertebral y la quijada. Si lo desea, brinque un poco o ruede por el suelo, muévase como quiera. Continúe respirando de la manera más profunda y agradable posible durante algunos momentos antes de retornar a sus actividades ordinarias.

Si usted está interesado en otros ejercicios para corregir su postura, puede consultar los libros de Lowen y Lowen, Feldenkreis, Drake, Sölveborn y otros que le sean de utilidad.

Para que usted se sienta más alegre, conviene que dedique tiempo a identificar la postura –y la expresión del rostro– que adopta en los momentos en que siente mayor calma y felicidad. A continuación, intente reproducir esa misma postura, junto con los pensamientos y sentimientos respectivos, en los momentos en que se siente mal y está algo deprimido. En cuanto usted haya logrado alcanzar esto, se sentirá mucho mejor. Recurra a este ejercicio las veces que lo necesite.

Capítulo 14

Masaje psicoterapéutico y catarsis

El cuerpo humano es un sistema dinámico bien integrado. Contamos con un sistema de balance postural continuo, mediante el cual se contraen algunos músculos, mientras que los opuestos descansan. Luego se repite el ciclo: se contraen los que habían descansado, etcétera. Cuando el estrés dura poco tiempo, dicho sistema no se altera, ni se ve afectado el equilibrio general del cuerpo.

Las presiones más intensas y duraderas (así como algunos accidentes) terminan por dañar este equilibrio natural. En los neuróticos narcisistas y machistas funcionan mal los mecanismos diseñados para sustentar el balance equilibrado de los músculos. Algunos grupos musculares quedan acortados y pierden su elasticidad, mientras que otros permanecen siempre estirados (Rolf). Esto origina trastornos habituales de la respiración, la digestión, la presión arterial y las demás funciones y sistemas del organismo.

Hanna advierte que muchas personas padecen amnesia sensomotora: padecen contracciones musculares crónicas que atribuyen erróneamente al proceso de envejecimiento, siendo así que en realidad se deben a la pérdida de la capacidad para relajar determinados grupos de músculos. Este proceso altera el sistema nervioso central, pero repercute en el organismo hasta la médula de los huesos, por lo que también afecta al sistema inmunológico.

En opinión de Brown, la función más importante de las tensiones habituales, la armadura de la personalidad, es conservar un falso equilibrio dentro del organismo; esto requiere y a su vez mantiene un nivel general de energía debilitado. El acortamiento de las vibraciones y de los ritmos vitales imposibilita los movimientos, sentimientos y pensamientos espontáneos alegres y creativos.

Como todos sabemos, en el fondo los mexicanos machistas y narcisistas son depresivos, inseguros, resentidos y aguafiestas, con capacidad limitada para gozar la vida y percibir el mundo como divertido y lleno de posibilidades.

El rechazo y el odio de las personas importantes en la niñez y adolescencia, quedan registrados en el organismo como una mezcla de miedo y rabia interior, es decir, con vergüenza y culpa. Las tensiones musculares y los demás bloqueos corporales también acumulan el dolor psicológico de las experiencias traumáticas, que en la práctica es muy difícil de distinguir del dolor físico.

El estrés hace que la corteza suprarrenal vierta adrenalina en el torrente sanguíneo; con esto, disminuye el volumen sanguíneo, mientras que aumentan el colesterol y la presión de la sangre. Al principio, la persona se siente alerta y acelerada, dispuesta a la acción inmediata. Por desgracia, cuando el estrés continúa, la persona queda expuesta a un rápido desgaste de sus recursos fisiológicos y psicológicos.

Las personas neuróticas experimentan sentimientos de irritabilidad, preocupación y frustración que se vinculan con altos niveles de glucosa en la sangre; además, el estrés prolongado llega a afectar el sistema inmunológico, lo cual facilita el desarrollo del cáncer y de otras enfermedades (O' Hanlon). Todo esto también se relaciona con la ansiedad, y con el hecho de que muchas personas coman y beban demasiado, abusen del alcohol, del sexo y las drogas, y no puedan descansar.

El masaje psicoterapéutico

Nuestro cuerpo conserva en sus tejidos, de manera holográfica, las experiencias negativas que no hemos podido asimilar. Los campos bioeléctricos del organismo que sustentan el holograma de la propia imagen corporal permanecen alterados; los neuróticos experimentan sensaciones muy desagradables, como si ya no fueran suyas algunas regiones y funciones de su cuerpo. Esto es lo que les sucede a las personas machistas y narcisistas.

Los narcisistas tienen escasa conciencia de lo que sucede dentro de su cuerpo y viven volcados hacia fuera, buscando espejos (otras personas) que reflejen su grandeza y los halaguen.

Cuando el psicoterapeuta efectúa la lectura corporal de algún paciente, encuentra zonas de energía estancada, con baja energía, congeladas y frías al tacto. Otros individuos han acumulado molestas y dolorosas tensiones musculares en extensas áreas de su cuerpo. Sienten poco entusiasmo y les cuesta trabajo moverse; padecen ansiedad y otras molestias psicosomáticas.

El masaje profundo estimula la corriente de pulsaciones impulsivas placenteras, musculares y viscerales que sustentan los procesos cognitivos espontáneos y las emociones libres. Favorece el conocimiento de nosotros mismos porque experimentamos nuestro cuerpo vivo de nuevas maneras, mucho más agradables.

Se emplea principalmente para eliminar los bloqueos energéticos de las masas musculares y de las vísceras. Al recuperar los aspectos proyectados y bloqueos, la propia imagen corporal adquiere mayor claridad y coherencia. También genera nuevas maneras de ver el universo que nos rodea; pos supuesto que nos permite la empatía y el apego sentimental hacia los demás.

Para disolver importantes defensas del falso yo neurótico (la armadura de su personalidad) se necesitan meses o años de trabajo constante. Junto con esto, es necesario eliminar ciertas opiniones distorsionadas acerca de lo que supuestamente somos. La conciencia corporal plena y grata de nuestro organismo es un camino muy efectivo para eliminar el ego y sustentar nuestro verdadero ser.

Un terapeuta experimentado puede ocuparse rápidamente de las regiones donde hay problemas. Cuando no se trata en su oportunidad, algo que parece inofensivo como las mandíbulas trabadas, puede convertirse en severos dolores de cabeza, oídos y cuello.

Los músculos crónicamente estirados desperdician energía, por lo que el individuo padece cansancio habitual. Eso propicia la proyección de algunos impulsos y sentimientos. Algunas personas tienen la ilusión de que siempre los vigilan, hablan a sus espaldas o los persiguen.

En caso de hostilidad suprimida, los músculos que suelen estar contraídos son los de la mandíbula, la garganta, el cuello, los hombros y los brazos (Wilber). El individuo que arrastra esos bloqueos desde hace años ya no se siente enojado pero experimenta malestar, dolor y tensión continuos. Si acaso llegara a aflojarse, sentiría miedo irracional a estallar y perder la cabeza. Eso le obligaría a tensarse de nuevo, en un círculo vicioso que solamente puede romperse mediante la psicoterapia corporal especializada.

En general, las personas narcisistas necesitan dar mayor movimiento a sus articulaciones, incluyendo las vértebras y las costillas; para eliminar la angustia y la insensibilidad, deben recuperar las pulsaciones de la caja torácica y mejorar el balance pélvico.

Otras metas son mejorar su respiración y su digestión, así como superar sus bloqueos e inhibiciones sexuales. Cuando tengan sus piernas y pies apoyados con firmeza y flexibilidad en el suelo, ya no vivirán tanto en su cabeza, fabricando inútiles sueños de grandeza.

Painter resume así las modalidades del masaje terapéutico:

- Pases amplios para distribuir mejor las áreas con tejidos superficiales anudados. Más adelante se van destrabando las estructuras musculares complejas.
- Extensos pases con las dos manos, para distribuir con mayor amplitud los tejidos.
- Para capturar los tejidos endurecidos o evasivos conviene torcer, enganchar y dar vueltas con los dedos, codos, nudillos y lados de las manos.
- Seguir los contornos de la superficie exterior del cuerpo, sin tratar de imaginar las estructuras que envuelven individualmente a los músculos.
- Insistir en el tejido conectivo pegado a los huesos o ensanchado alrededor de los tendones y ligamentos. Por ejemplo, sobre el esternón, en el borde de las costillas a lo largo del arco diafragmático, a los lados de la columna vertebral y en los bordes internos y externos de la tibia. No se trata de penetrar los ligamentos, sino que se manejan las áreas sobrepuestas del tejido superficial.
- En el trabajo posterior más profundo se hacen pases en sentido transversal, a lo ancho de las estructuras musculares internas (parecidos a tocar las cuerdas de una guitarra), con el fin de alargar las estructuras.

Conviene que el terapeuta vaya ablandando las zonas más tensas del cuerpo, apretándolas con los dedos de las manos, la palma o codos. Para desbaratar los nódulos de tensión que alteran los tejidos se utiliza el pulgar, alternando con los dedos índice y medio. La presión de los dedos varía en intensidad y profundidad, según la ubicación y dureza de los bloqueos.

Los psicoterapeutas mejor entrenados establecen desde el principio una relación de respeto y comprensión. Junto con los cambios emocionales y posturales, apoyan la reestructuración cognitiva de sus pacientes. Los ayudan a expresar sus reacciones frente a la presión digital, así como los recuerdos, vivencias o fantasías espontáneas que van surgiendo. También colaboran para que vayan integrando los rasgos de su personalidad y sean capaces de tomar las decisiones más oportunas para mejorar su situación personal y familiar.

Cada individuo presenta algunas áreas del cuerpo donde sus tensiones convergen y se acumulan de manera más específica. Allí, la persona se lastima de manera más intensa. Acumula gran cantidad de dolor psicológico, traumas y vivencias emocionales compactadas.

Un ejemplo de bloqueo de energía es sentir un nudo en la garganta. Se trata de una contracción muscular crónica que impide la descarga emocional del llanto o los gritos. Al dar masaje suave a los músculos del cuello éstos se van aflojando, con lo que fluyen los sentimientos que estaban reprimidos.

Junto con eso, recuerda que su madre la castigaba injustamente cuando era niño. Después de sentir temor, el paciente solloza y grita, con lo que desaparece su sensación de constricción en la garganta. También experimenta una grata liberación de tensiones que se extiende a otras partes del cuerpo. A veces, las sensaciones que emergen mediante el masaje de un punto particular se generalizan, y la persona disfruta pulsaciones gratas en todo su organismo. Comprende que está lleno de energía, o más bien, que es energía.

Ciertos individuos tienen poca fuerza en los músculos (y ligamentos) de los brazos y piernas mientras que gastan su energía en cavilaciones y preocupaciones. Les puede ayudar un masaje que distribuya la energía hacia abajo del cuerpo, desde el cuello hacia el diafragma, el piso pélvico y las piernas, con el fin de reafirmar los músculos. También necesitan acelerar sus funciones respiratorias, mediante ejercicios como los que se describieron en el capítulo anterior.

Las personas que han desarrollado una personalidad neurótica narcisista muestran los bloqueos típicos que describí en el capítulo 6. En mi opinión, no conviene emplear una secuencia rígida de masaje que pretenda eliminar las tensiones en un orden céfalo-caudal o viceversa. Es más útil ubicar las tensiones y los bloqueos energéticos que en realidad están afectando a cada paciente en particular, para manejarlos luego de la mejor manera posible.

Durante el masaje se busca la salida óptima de las presiones, emociones congeladas y de las vivencias negativas que ha acumulado cada persona. Al terapeuta que da masaje en alguna parte del cuerpo le conviene anticipar el contenido de las posibles descargas emocionales. Por ejemplo, si da toques rápidos con los dedos sobre el diafragma inmovilizado de una persona que es demasiado controlada e irritable tarde o temprano va a estallar en ira. Más adelante, pueden surgir otros sentimientos, por ejemplo, la ternura reprimida.

La ventaja del tórax habitualmente inflado, que va acompañado por el diafragma tenso, es que las personas narcisistas y machistas ya no sienten miedo ni inseguridad, se creen invulnerables, superiores a todos y por encima de cualquier peligro; sin embargo, evaden la ternura, el enamoramiento, la verdadera alegría y la sensualidad placentera.

Como explico en el libro *Psicoenergética*, el corazón es el centro de la conciencia emocional en los humanos. Con sus vibraciones cambiantes nos permite conocer la intensidad y el tipo de impulsos y sentimientos, a medida que los vamos experimentando. Por su parte, la caja torácica amplifica estas vibraciones y las sustenta mediante la respiración adecuada.

El masaje directo se puede utilizar para destrabar y ablandar el tórax demasiado expandido. Para ello, el terapeuta da masaje con sus dedos en los intercostales externos que están demasiado contraídos. También puede mover la caja del tórax hacia uno y otro lado, sosteniéndola con una mano encima y la otra abajo, mientras que el paciente está acostado y mantiene sus pulmones llenos de aire.

En otro ejercicio, emplea una presión firme y fuerte con ambas manos a los lados del esternón, con el fin de intensificar la fase de exhalación. Al final de ésta quita la presión, pero continúa teniendo contacto con las manos. No conviene aplicar presión sobre las costillas flotantes, debido a que se corre el riego de lesionarlas. Es útil dar masaje en los bordes inferiores de la caja torácica, con el fin de movilizar el diafragma.

Cuando la persona está demasiado angustiada y acelerada es oportuno darle masajes sedantes, utilizando pases firmes por todo el cuerpo, hacia abajo, para darle una sensación más clara de sus límites corporales y de la consistencia física de su cuerpo. Eso también ayuda a contener mejor la energía dentro del organismo. Y se pueden utilizar algunas técnicas de contacto para equilibrar las polaridades eléctricas del cuerpo.

Hay dos tipos de masaje terapéutico. El primero, *relajante o tranquilizante*, es de gran utilidad para neutralizar los síntomas de la ansiedad. El segundo, *energetizante*, tiene el propósito de movilizar los sentimientos y eliminar algunos rasgos neuróticos. Cuando lo da una persona hábil y bien entrenada, permite la salida del dolor psicológico acumulado. Mediante algunos tipos de masaje se propician las regresiones y surgen las manifestaciones de la catarsis.

El terapeuta sugiere a los pacientes las frases que son oportunas para facilitar los recuerdos y favorecer la descarga emocional. También les recomienda que inicien diálogos imaginarios (a modo de fantasías guiadas) con los personajes que mantienen vivos en su imaginación (introyectados), por ejemplo con el padre o la madre.

Además, les pide que emitan sonidos espontáneos –gritos o rugidos– con el fin de expresar mejor sus sentimientos que permitan a sus brazos y piernas moverse como quieran, que intenten recordar cuándo sintieron algo parecido y que vayan describiendo verbalmente sus recuerdos, fantasías y sensaciones.

Durante el masaje, el terapeuta dirige la atención imaginativa de los pacientes hacia el interior de su organismo. Les pide que mantengan sus ojos cerrados. Debido a que fluyen intensamente las sensaciones y los sentimientos no les resulta tan fácil evadirse de sí mismos mediante explicaciones ni cavilaciones.

Al ir destrabando los músculos contraídos se disparan algunas sensaciones de dolor más o menos intenso, que van desapareciendo poco a poco. Los pacientes establecen con el terapeuta una comunicación no verbal que incluye gestos de dolor, suspiros de alivio, movimientos espontáneos del cuerpo, sonrisas, gritos y quejas. Aunque las personas que reciben masaje parecen pasivas se encuentran inmersas en profundos procesos psíquicos, como advierte Martínez.

Es posible pautar el ritmo de la salida del aire utilizando ambas manos a diferentes alturas de la caja del tórax, como si se tratara de un instrumento musical. Con esto se logra intensificar el ritmo vibratorio que corresponde al sentimiento que empieza a surgir. Con el apoyo de sugerencias verbales apropiadas el psicoterapeuta favorece la salida del llanto, la risa, el dolor, la ira y otras emociones contenidas.

Los pacientes pueden acompañar la salida del aire con algún sonido particular, con gritos o golpeando con las manos al mismo tiempo. Cuando se dejan invadir por el llanto convulsivo, se ablandan por la ternura o tiemblan de miedo, todo su cuerpo se unifica y vibra. Al final, se sienten más integrados y liberados. Pueden expresar lo que sienten y en sus recuerdos pueden utilizar imágenes y símbolos.

Cuando las paredes de la caja del tórax se ablandan y recuperan su movimiento el diafragma también se libera, lo cual puede producir angustia que es transitoria. Antes de desaparecer por completo, algunos síntomas se agudizan. Por el contrario, otras personas solamente experimentan niveles sucesivos de mayor alegría y bienestar.

Los movimientos naturales del diafragma (pulsaciones que acompañan la respiración profunda) facilitan la digestión y aceleran la función de los intestinos, lo que contribuye a corregir el exceso de acidez y la colitis nerviosa, junto con la ansiedad, padecimientos que se observan con frecuencia en las personas narcisistas.

Manejo de los trastornos asimilativos

Junto con el tórax y el área del corazón y los sentimientos, la cavidad abdominal es uno de los espacios más primitivos e íntimos de nuestra identidad corporal. Cuando su madre los amamanta, los infantes experimentan allí el placer y la plena felicidad porque sus imperiosas necesidades básicas de alimentación y contacto físico están siendo satisfechas.

Como parte del amor agradable que reciben, sienten que están sumergidos en el pecho y los brazos cálidos de su madre. No han aprendido todavía que su organismo está separado de ella, y por eso experimentan sensaciones pulsantes, oceánicas, de placer y alegría sin límites.

Las vísceras abdominales no sólo asimilan las sustancias nutritivas y generan impulsos básicos. También nos señalan al instante lo que nos agrada o nos desagrada, lo que nos nutre o nos puede dañar. De modo intuitivo, entendemos cuáles motivaciones y deseos son más congruentes con la propia felicidad y el bienestar personal. Quienes ignoran habitualmente lo que acontece en su interior más profundo, terminan por no saber qué es lo que en realidad quieren.

Algunas personas contraen sus vísceras y viven insatisfechas con la visión negativa de sí mismas. Con frecuencia, eso se debe a que sus necesidades de contacto físico temprano no fueron cubiertas durante los primeros meses de vida.

Cuando eran niños padecieron rechazo temprano, abandono, agresividad abierta, entre otros. Arrastran en su interior un sentimiento de insatisfacción persistente y de profundo vacío. Crean dependencias afectivas con algunas personas dominantes que las dañan.

Las necesidades emocionales y sexuales insatisfechas se experimentan como hambre rabiosa, vacío e inquietud visceral. Como advierte Gayton, algunos individuos siempre están hambrientos de cariño y afecto; de niños aprendieron a asociar la sensación de hambre con el miedo, el enojo o la ansiedad. Por esta razón, sienten hambre desesperada cuando padecen soledad, privación afectiva, están resentidos o se sienten avergonzados.

Cuando son adultos, comen demasiado para anestesiar molestos sentimientos de culpa, soledad y frustración emocional. Alcanzan alivio transitorio, pero luego experimentan mayor vacío y culpa, moviéndose en un círculo vicioso. Otras personas insatisfechas beben demasiado. El alcohol proporciona calor placentero (igualmente fugaz) a las vísceras demasiado contraídas o inflamadas por los conflictos emocionales.

Las personas que buscan eliminar el sobrepeso o salir del alcoholismo necesitan tomar conciencia plena de sus necesidades emocionales y de sus frustraciones, para procurar satisfacerlas de manera activa. sin dañarse ni dañar a nadie. La psicoterapia corporal las ayuda a iniciar importantes cambios en sus estilos de vida. Uno de los principales, en las personas narcisistas, es que pierdan el miedo y se atrevan a mostrar ternura y apego hacia las demás personas.

Cuando un terapeuta pregunta a sus pacientes qué sienten en el interior de su estómago, recibe toda clase de respuestas: nada, vacío, disgusto, angustia, sensación de que todos están enojados contra ellos, tristeza, dolor, soledad, pulsaciones gratas, paz interior, alegría de vivir, impulsividad atemorizante y recuerdos tristes.

Las presiones cotidianas provocan respuestas emocionales viscerales inmediatas. La secreción de jugo gástrico del estómago disminuye frente al peligro. Además, la secreción de mucosa aumenta y el organismo se prepara para el vómito o la diarrea. Por el contrario, cuando hay enojo y resentimiento la secreción de ácido aumenta y se aceleran las contracciones del estómago.

El cerebro de la persona que mantiene tensos los músculos abdominales recibe continuos mensajes de alarma, como si anticipara recibir un golpe. El vientre duro y contraído también sugiere que la persona vuelca contra sí misma sus peores energías emocionales. Según Rosen, el vientre contraído sugiere la permanencia de situaciones traumáticas del pasado, mientras que el hinchado indica situaciones molestas recientes que son muy agudas.

Cuando el abdomen está inflamado, la descarga emocional de tipo explosivo está próxima. Con un poco de presión con las manos, la persona siente dolor, molestias e inquietud. Con algunas sugerencias, puede descargar mediante la catarsis emocional las vivencias que le estaban enfermando.

En otro ejercicio, el psicoterapeuta le pregunta al paciente en qué lugar de su cuerpo lleva a su jefe, a su pareja, a su padre o a su madre. Por ejemplo, alguno puede llevar a su padre en los oídos lastimados por los regaños, o al jefe bajo la forma de una úlcera gástrica.

Después que se ubica el núcleo neurótico, compuesto por sensaciones molestas, emociones comprimidas y la imagen de alguna persona mal tragada (introyectada), el terapeuta puede establecer un diálogo liberador entre el individuo y la parte extraña que le provoca culpas indebidas y la enferma (Polster y Polster). Para favorecer la catarsis se utiliza la imaginación junto con el masaje y los ejercicios de movimiento.

El intestino grueso presenta dos patrones opuestos de respuesta emocional frente a las situaciones amenazantes. El primero hace más lentos sus movimientos: el intestino muestra palidez y relajación. En el segundo, las contracciones aumentan y se aceleran.

En casos extremos, el intestino grueso presenta ondas frecuentes e intensas que se inician en el ciego y en el colon ascendente. Estas ondas sustituyen las contracciones rítmicas del lado izquierdo, mediante una contracción sostenida. Además, aumenta la secreción mucosa y se estrecha el lumen del colon.

El patrón de lentitud intestinal corresponde al miedo y a la depresión, mientras que el aceleramiento se relaciona con el enojo y el resentimiento. Cuando el intestino está lento de manera crónica se mantienen demasiado tiempo dentro del organismo sustancias tóxicas y experiencias personales nocivas que deberían haberse eliminado. La colitis nerviosa se relaciona con ciertos acontecimientos inquietantes e irritantes que el paciente no ha terminado de asimilar.

Igual que el estómago y el intestino grueso, el intestino delgado está sujeto a los efectos de las emociones negativas. La figura 9 ilustra esto, según Chia y Chia.

Para los trastornos digestivos, se utiliza el masaje directo en el abdomen mediante una presión leve con la punta de los dedos, trazando círculos cada vez más amplios, a partir del ombligo, en el sentido de las manecillas del reloj. El terapeuta da masaje en áreas más específicas,

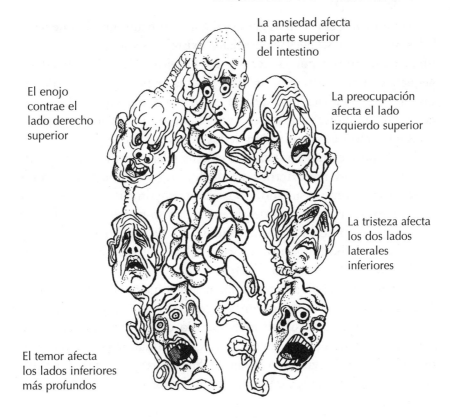

La ansiedad afecta
la parte superior
del intestino

El enojo
contrae el
lado derecho
superior

La preocupación
afecta el lado
izquierdo superior

La tristeza afecta
los dos lados
laterales
inferiores

El temor afecta
los lados inferiores
más profundos

Figura 9. Los efectos de las emociones negativas en el intestino delgado.

por ejemplo arriba de la válvula sigmoidea para aliviar la constipación. Los movimientos circulares, en la dirección de las manecillas del reloj también sirven para acelerar las funciones del intestino (Chia y Chia).

El masaje abdominal profundo suele producir dos reacciones intensas. Una de ellas es una vibración impulsiva ascendente hacia la cabeza. Surge inicialmente de las vísceras abdominales y luego atraviesa el diafragma. Se pueden advertir cambios respiratorios de tipo emocional. Finalmente, las emociones que emergen se manifiestan en la expresión del rostro.

La segunda de ellas es de tipo visceral descendente con pulsación expulsiva de las vísceras intestinales. Está muy relacionada con ciertos cambios en el equilibrio de los líquidos del cuerpo. A veces se aceleran los procesos de eliminación a través de los riñones. Algunos pacientes sienten intensas ganas de orinar después de la terapia.

Según Boyensen, además del sistema nervioso autónomo, que regula las funciones viscerales y sensoriales, existe otro sistema nervioso periférico compuesto por las terminales nerviosas de la piel ligadas a pequeñas células autonómicas. Este sistema responde a los pequeños cambios en las radiaciones, la electricidad y la humedad de la atmósfera. En su opinión, también es responsable de la tensión superficial (presión osmótica) y la difusión de los líquidos del cuerpo.

La armonización de esta capa se efectúa relajando muy suavemente la piel y los músculos externos del cuello, luego los hombros, el tórax y estómago. Como resultado, el paciente experimenta ondas agradables. Junto con las descargas del sistema nervioso periférico, el intestino empieza a pulsar con sonidos parecidos a los de una botella gasificada que se destapa (borborigmos). La vida incluye pulsaciones y ruidos viscerales, como el mar en movimiento.

El páncreas es el órgano relacionado con el metabolismo del azúcar. Además de fabricar ciertas enzimas necesarias para la digestión produce la insulina, que regula el metabolismo de los carbohidratos. Las emociones intensas producen cambios, que normalmente son transitorios, en el nivel de azúcar en la sangre. Sin embargo, las presiones psicológicas pueden alterar, de modo habitual, los niveles de glucosa en ciertas personas.

En la diabetes, el páncreas produce poca insulina y debido a eso los tejidos no la pueden aprovechar. Se eleva el nivel de azúcar en la sangre y aparece en la orina. Las reservas de azúcar en el organismo se agotan con rapidez. Se utilizan entonces las proteínas y aparece un trastorno en el metabolismo de las grasas. Entre los síntomas relacionados con el bajo aprovechamiento de la glucosa están: abulia, depresión, temblores y sudoración.

Liberación emocional, catarsis e integración

El término técnico de *catarsis* significa la liberación explosiva del material impulsivo y emocional, junto con los recuerdos olvidados, que estaba reprimido. La energía potencial e implosiva –volcada contra el propio organismo– se vuelve cinética. Mediante esta descarga, el sistema nervioso autónomo recupera su equilibrio, por lo que se alivian muchos malestares de tipo psicosomático que la gente confunde, erróneamente, con enfermedades que requieren tratamiento médico.

Cuando reciben masaje algunas personas reviven vívidamente pasajes de su adolescencia o infancia temprana: se activa un río de imágenes y palabras. Sin perder la conciencia de su situación actual pueden comprenderse mejor mediante las funciones analógicas, simbólicas e intuitivas que son más propias del hemisferio cerebral derecho (Ornstein). En el ambiente de la terapia, aprenden a manejar como adultos las situaciones traumáticas que antes no pudieron asimilar por falta de apoyo y de madurez intelectual.

Mediante el proceso de integración mente-cuerpo, poco a poco, las personas se van apropiando de los aspectos centrales de su personalidad que estaban reprimidos por el temor a las censuras sociales y los castigos represivos. Cuando algún rasgo neurótico descarga su potencial emocional negativo se debilitan otros rasgos que están relacionados, ya sea por conexión neurológica, por cercanía temporal o por simbolismo psicológico.

En el proceso de la psicoterapia se van manejando, de la manera más efectiva, los dolores, las tensiones y las angustias, junto con el recuerdo de las situaciones que los originaron. Además, es necesario cambiar los puntos de vista infantiles distorsionados por otros más adultos, serenos y alegres. En lugar del ego ilusorio, la persona se va identificando con su propio yo abierto a las demás personas y al universo entero. Es muy importante que los narcisistas desarrollen en el área del corazón la capacidad de tener conciencia de sus propios sentimientos, como expliqué en los capítulos 6, 8 y 10.

La catarsis incluye un rebote simpático-parasimpático o viceversa. Así, el paciente experimenta paz y alegría después de una explosión de enojo y violencia. Este rebote, según Fischer, es necesario para la experiencia mística.

Un resultado conocido de la catarsis es la volabilidad afectiva. El paciente se siente invadido por rápidos e intensos cambios emocionales. Por ejemplo, una persona suda frío y se deja envolver por el miedo. Más adelante, se siente muy cálida y vibrante. Recupera la paz y se siente alegre. Cuando la respiración se hace más profunda, experimenta pulsaciones vibratorias agradables que llegan hasta los genitales, y luego invaden todo su organismo, de pies a cabeza.

En las siguientes semanas reporta que se siente más sensible y que le dan ganas de llorar y reír por cualquier cosa. Las personas que se controlaban demasiado y reprimían su ira, por un tiempo se sienten irritados por cualquier cosa o buscan pleitos.

Además, el video mental (las escenas vistas que estaban trabadas y lo controlaban) corre y la persona experimenta visiones cambiantes en lugar de tener una perspectiva rígida y congelada acerca de la vida y de sus propias circunstancias.

En algunas personas se activan temporalmente sus miedos infantiles. Hay hombres que se imaginan que se van a volver homosexuales porque no van a ser capaces de controlar su sensibilidad ni su sensualidad, mientras que otros individuos sienten que van a perder el control, se van a volver locos o los va a poseer el demonio. Como es obvio, esto sucede porque se activan los impulsos placenteros, sexuales y receptivos que mantenían reprimidos.

A veces brota un llanto convulsivo que sacude todo el cuerpo y que finalmente deja a la persona muy desahogada, con sensaciones de placer y blandura en el área abdominal. Más adelante, el área del abdomen (el hara) es capaz de pulsar agradablemente, con lo que la persona se siente más alegre y tranquila. Experimenta paz y mayor alegría de vivir.

Como sabemos, los hombres machistas experimentan la ilusoria y alucinante sensación de que se mueren, pierden su hombría y se rajan, cuando alguien –su mujer, sus hijos o cualquier otra persona– les retira sus privilegios y se atreve a cuestionar su autoridad prepotente y falsa.

Para salir de este dilema de manera definitiva, ellos necesitan desarrollar núcleos internos de sensaciones viscerales (en el área del corazón y en el vientre), pulsantes y placenteras, que son la base del verdadero yo individual. De esta manera ya no volverán a sentir que se mueren o que pierden su identidad sexual por cualquier cosa. Su ego puede quedar lastimado a veces, pero su propio yo queda intacto, vivito y coleando. La apariencia corporal también puede cambiar, pero la propia identidad permanece intacta.

Al sentir su propia identidad abdominal y afectiva como independiente de lo que su madre deseaba o no deseaba para ellos (su ego ilusorio), también desaparece de manera inevitable la mutua dependencia simbiótica que tenían con ella. En lugar de ser niños egoístas, empiezan el azaroso y apasionante camino de convertirse en adultos responsables. Es como si finalmente hubieran roto el cordón umbilical que los unía a su madre.

Debido a que carecen de un centro visceral, las mujeres anoréxicas se consideran horribles cuando suben un kilo o no tienen en su lugar las pestañas postizas. Una modelo creía que ya no la iban a contratar porque tenía una pequeña cicatriz en un muslo a consecuencia de una caída de caballo. Como expliqué en mi libro: *Cuando amo demasiado*, las mujeres sufridas y complacientes presentan severos problemas de estreñimiento que requieren psicoterapia corporal para su alivio.

Cuando la persona disfruta un núcleo abdominal interno –aceptado y consciente– de sensaciones placenteras, vivas y cálidas que reconoce como lo más profundo, valioso y verdadero de sí misma, desaparece la destructiva dualidad neurótica observado-observador, junto con la compulsión a quedar bien ante los demás, que es tan típica de la neurosis machista y narcisista. Esta misma experiencia puede lograrse a partir de la conciencia del área del corazón, como propongo en el capítulo 10.

Por ejemplo, un paciente siente gran angustia respiratoria y miedo a morirse; su estómago está dolorido y congestionado. El terapeuta le pide que respire profundamente, mientras le da masaje suave en esa área. El paciente mantiene los brazos hacia atrás para ampliar las sensaciones e intensificar los recuerdos. Revive algunas situaciones en que su mamá lo regañaba cuando niño y le daba cachetadas.

Recuerda algunas frases concretas: "Eres malo, me estás matando, nadie te va a querer nunca, eres horrible, te voy a castrar, eres un amanerado", entre otras. Surge el llanto y la ira. Después de esto, el paciente se siente aliviado y menciona que puede respirar mejor y se siente más tranquilo y más ubicado en su propio ser.

A pesar de las expresiones emocionales de rencor y resentimiento que surgen, eso no quiere decir que los padres y otras personas hayan sido, en realidad, odiosos o crueles. La simple verdad es que –debido a su ignorancia– les dieron a sus hijos el mismo trato que ellos recibieron de sus padres. Tuvieron una parte sádica y cruel y otra cariñosa y vital, que tal vez no supieron aprovechar ni manifestar. No tuvieron las oportunidades de crecimiento psicológico que usted tiene.

Mediante el masaje y el movimiento se pueden eliminar también las tensiones crónicas de las nalgas, la espalda baja y el piso pélvico, lo mismo que las de los muslos, piernas y pies. Con todos estos avances mejora notablemente la comunión sexual con la pareja. Por otra parte, debido a la relajación parasimpática y a la respiración profunda, los hombres experimentan erecciones más intensas y duraderas, mientras que a las mujeres se les facilita el orgasmo.

La experiencia placentera de la excitación sexual y la experiencia subjetiva del orgasmo también se intensifican, porque la persona cuenta con mayor energía y mejor capacidad para contener dentro de ella misma la experiencia del placer. Sin embargo, para que la comunión sexual sea inolvidable se necesita la atracción, la ternura, la pasión compartida, la espontaneidad, la comprensión y la confianza mutua.

El masaje terapéutico profundo proporciona una serie de sensaciones agradables relacionadas con la liberación de tensiones y malestares. Existen tres niveles de relajación, con sus correspondientes niveles de conciencia:

Al principio, las sensaciones tienen algún contenido, como alegría o tristeza, calor o frío. Otras son más fáciles de describir: comezón, hormigueo, dolor que luego disminuye, relajación y energía (vibraciones, calor) que se extiende por todo el cuerpo.

A nivel más profundo, el estrato de tensiones se abre hasta llegar a puntos de mayor densidad y firmeza caracterizados por el bloqueo del flujo de energía. Se tiene la conciencia de que el ejercicio se realiza solo, aunque existe el yo que experimenta la sensación. Pero este yo es mucho menos sólido, porque es muy infantil. Es posible revivir situaciones de edades muy tempranas, con lo que también se recuperan los sentimientos e impulsos reprimidos.

En el tercer nivel de sensación, algunas personas alcanzan la ingravidez corporal. Sienten que son energía pura y trascienden los patrones anteriores. Ya no existe ningún sentimiento que pueda separarse o identificarse (se rompe la dicotomía sensación-ego). Experimentan una fusión total con el universo, semejante a la calidad ilimitada de las sensaciones placenteras del orgasmo. Han llegado a disfrutar la conciencia pulsante y luminosa de su verdadero ser.

Se trata de un estado de plenitud y de fruición en el cual desaparecen las preocupaciones porque se acalla la máquina pensante y se trasciende. Las emociones se vuelven relativas, como también los pensamientos. Uno entiende que la vida es energía pura y que se convierte en negativa o positiva, en alegría o tristeza, carga y descarga, quietud y movimiento.

Entre los efectos positivos del masaje, las personas se sienten más vibrantes, livianas y expandidas. Ya no están tan encerradas en sí mismas. El mundo exterior se ve muy diferente a la luz de posturas corporales abiertas y de sentimientos y pensamientos más espontáneos.

Una vez que se han eliminado los bloqueos neuróticos, la conciencia ideal de nuestro organismo es una atención grata, difusa y tranquila, sin ninguna crítica o reproche, que recibe a cada momento los mensajes cambiantes de todas las funciones del organismo.

Tomados en su conjunto, esos mensajes son la expresión directa de los aspectos dinámicos de nuestra verdadera personalidad. Si nos atrevemos a escucharlos, aprenderemos a actuar de manera más libre, creativa y eficiente. Además de la percepción global integrada del organismo, contamos con algunos espacios de conciencia corporal más concretos:

1. El centro intelectual coincide con el cerebro, mediante el cual somos conscientes, producimos ideas y fantasías e integramos los mensajes de nuestro interior con los del universo exterior que nos rodea.
2. El área del corazón conforma el centro de nuestra conciencia emocional y sentimental.
3. Finalmente, en el vientre se ubica la conciencia visceral que nos permite relacionarnos con el mundo con inmediatez cálida, instintiva e intuitiva. Allí evaluamos lo que nos agrada y lo que nos disgusta, así se trate de personas, cosas o situaciones.

A medida que la conciencia corporal se va integrando, tenemos mejor equilibrio entre la percepción de los datos del exterior y los que provienen de nuestro interior. Según Brown, cuando el cuerpo está más vivo y lleno de energía, podemos recibir con mayor intensidad, dentro del campo de nuestra percepción consciente, los estímulos cinestésicos y propioceptivos que brotan de su interior. Sin embargo, no sería útil dirigir la atención de manera obsesiva en un área concreta del cuerpo, porque esto frenaría los mensajes de las demás partes.

A veces nos conviene dirigir la atención hacia algunos aspectos del organismo con el propósito de satisfacer una necesidad particular, como el hambre o la necesidad de cariño, pero también necesitamos percibir el conjunto de nuestro organismo, nuestro propio yo. De este modo entendemos nuestra personalidad como es, y como se nos presente en un momento dado ante determinadas circunstancias.

Conviene complementar la liberación de las emociones negativas que pueden surgir (la *catarsis*) con la trasmutación, proceso que dirige los mejores sentimientos y los impulsos hacia acciones constructivas y relaciones humanas profundas, llenas de amor, paz, comprensión y compasión hacia nuestros semejantes.

Capítulo 15

Sexualidad:
problemas y soluciones

Los adolescentes experimentan una conciencia agudizada que se dirige a las consecuencias sociales de su apariencia física. Son muy influenciables por las opiniones de sus familiares y compañeros. Algunos consideran que los cambios sexuales de la pubertad son agradables, mientras que otros los viven con disgusto: sienten rechazo hacia las partes de su cuerpo que juzgan poco atractivas y tratan de ocultarlas.

La propaganda comercial difunde ciertos tipos ideales de apariencia sexual que considera deseables para todos: héroes y estrellas del cine, deportistas, artistas, etcétera. Estos modelos, con frecuencia importados de otros países, no toman en cuenta los patrones individuales del crecimiento y la maduración sexual. Muchos jóvenes desarrollan sentimientos de inferioridad porque las proporciones de su cuerpo o el color de su piel no son parecidas a las de los ídolos que están de moda y aparecen en la televisión.

Las sensaciones y los impulsos sexuales de los adolescentes se intensifican mucho, debido al aceleramiento hormonal y fisiológico. El principal camino para descargar tensiones es la masturbación, acompañada de fantasías eróticas. Ocurre con mayor frecuencia entre los hombres que en las mujeres. Para los que fueron educados de modo tradicional, va acompañada de sentimientos de culpa e ideas de autodevaluación.

Crece el interés por las amistades con personas del sexo opuesto, para conocer el impacto que produce su atractivo en ellas. Algunas amistades les despiertan fuertes sensaciones sexuales. También se inician las relaciones de noviazgo. A partir de la maduración sexual, hay un periodo, cada vez más prolongado en las culturas citadinas, en el que los jóvenes de ambos sexos no están preparados para afrontar las responsabilidades del matrimonio.

Necesitan estudiar y conseguir trabajo para independizarse económicamente de sus padres. La mayoría de ellos no desea tener hijos antes de poder hacerse cargo de ellos.

Actitudes y expectativas ante las relaciones sexuales

En la actualidad hay toda clase de oportunidades para el uso responsable de los anticonceptivos. En contra de lo que se supone, eso no favorece una vida de promiscuidad desenfrenada entre los jóvenes. Lo más común es que busquen, en sus relaciones de noviazgo, algún tipo de estabilidad, acompañada de cierto compromiso afectivo.

Los animales tienen sexo para reproducirse, mientras que los anticonceptivos permiten a las personas explorar con libertad las dimensiones de la alegría y el placer compartidos. Sin miedo al embarazo, se facilita la ruta del conocimiento íntimo de la otra persona –y de uno mismo– en las dimensiones de la sexualidad y la sensualidad, lo mismo que compartiendo pensamientos y sentimientos.

En la actualidad coexisten actitudes muy diversas respecto a la comunión sexual. Frente a los valores del compromiso, algunas personas buscan la intensidad fugaz de una variedad de intercambios y les interesa solamente el placer y el deleite sensual.

A otras les atrae también el intercambio afectivo, el conocimiento mutuo y la amistad. Y un menor número anhela la comunicación espiritual íntima y la expansión de la mente por medio de la mística del amor compartido.

Muchos jóvenes tienen la impresión de estar atrapados entre dos mundos. Creen algunas cosas, mientras que sus sentimientos las arrastran en dirección opuesta. Para los neuróticos narcisistas, el sexo puede ser una ocasión para lucir sus bellos cuerpos y aliviar tensiones, sin ningún compromiso. Por su parte, las mujeres sufridas mexicanas prefieren a los machos, con todas las consecuencias que esto tiene.

Durante el noviazgo, hay oportunidad de conocer a la pareja de modo gradual, en distintas situaciones sociales y privadas. Las caricias que descubren poco a poco el cuerpo de la otra persona, tienen la finalidad de crear un lazo afectivo de cariño mutuo, que a veces es muy intenso y duradero. Cuando se han seguido todos los pasos, es más probable que se forme un vínculo afectivo entre ambos. Después de la relación sexual, sentirán el deseo de seguir juntos.

Los jóvenes machistas piensan que el único trato que puede tener con las mujeres es de naturaleza sexual, como conquistadores. No les cabe en la cabeza que el sexo se puede combinar con la ternura, ni que puede haber amistades cariñosas con mujeres que no incluyan relaciones sexuales.

Además, llevan en su cabeza una dicotomía absurda: creen que hay mujeres buenas, que serían excelentes madres para sus hijos, porque el sexo no les interesa, y mujeres malas a las que les interesa el sexo, y sólo sirven para divertirlos por un rato. En la sociedad mexicana, por las represiones tradicionales, se propone el mito de la mujer ideal en cuanto virgen, pura, inexperta, pasiva y desprovista de deseo sexual.

Como advierte Mc Cary, estos jóvenes enfrentan un dilema cuando seducen a una mujer: la joven buena se transforma en mala en cuanto tiene relaciones sexuales con ellos (más si las disfrutó); entonces tienen la justificación para desecharla y buscar otra que en verdad sea buena y santa. Sin embargo, algunos se sienten culpables por haberla seducido.

En las jóvenes educadas de manera represiva, se establece una confusión temprana, porque llegan a considerar la violencia como una "fuerza" en el hombre (Mc Cary). En la medida en que su novio sea más agresivo, tal vez las podrá proteger mejor de los otros hombres.

Reich (vea *Conger*) postuló que cualquier tipo de neurosis se refleja en la calidad de las relaciones sexuales. En sus exploraciones del abrazo sexual, desenmascaró la falsa masculinidad que está basada en el miedo, las fantasías sádicas y la compulsión. Algunos hombres no son capaces de relajarse y de abandonarse a la entrega amorosa porque reprimen los lados tiernos y *femeninos* de su personalidad y no se *derriten* sentimentalmente cuando hacen el amor; siguen igual de tiesos.

Para el macho-narciso, el acto sexual no incluye el amor; es demostrar su gran potencia viril, desgarrar, lastimar, destrozar, penetrar a la mujer (violarla) para degradarla y someterla. Manifiestan una *poligamia neurótica* que incluye el afán de conquistar una mujer tras otra, hacerla suya y lucirla ante sus amigos. Habiendo conquistado a la mujer, pierden el interés por ella, y ella pasa a ser un número más de su colección. ¿Cómo dijiste que te llamabas?

Motivado por su prepotencia sexual egoísta, ciertos hombres machistas imponen a la mujer actos sexuales denigrantes que le llegan a causar dolor, por ejemplo relaciones anales violentas, con el fin de humillarla y someterla. La violencia sexual sádica niega los sentimientos humanos más profundos y suplanta las necesidades de compañía y afecto por las de sexo. Destruye de manera irreparable el amor, tal vez demasiado idealista, que la mujer sentía por su pareja.

Las mujeres sumisas se sienten obligadas a aceptar las relaciones sexuales sin importar su propio estado de ánimo, sus ganas o su cansancio. No se atreven a manifestar a su pareja sus preferencias sexuales, ni buscan maneras de lograr su propia satisfacción. Tampoco participan de manera activa, sino que solamente se dejan hacer lo que sea.

La evidencia científica demuestra que el impulso sexual de las mujeres es tan intenso como el de los hombres. Algunas mujeres tienen impulsos sexuales normales, pero se sienten culpables por esto. Consideran que sus deseos y sus conductas sexuales merecen un castigo terrible. Al buscar relaciones sexuales con individuos agresivos, satisfacen sus deseos sexuales y también se aseguran de recibir castigo, en forma de maltrato y no llegando al orgasmo.

Las mujeres quedan vacías, desilusionadas y lastimadas de sus experiencias sexuales con los machos. Sin embargo, habiéndolos conocido, tienen la oportunidad de dejarlos a la brevedad posible, olvidar sus engaños, y elegir otro hombre diferente, con suficiente inteligencia emocional y deseos de compartir el amor en plano de igualdad.

A cada hombre y mujer les corresponde clarificar, tal vez con la ayuda de un psicoterapeuta, sus propios valores y expectativas en el campo de la sexualidad, de manera libre y responsable. Necesita aprender a distinguir las experiencias conducentes al placer compartido con una pareja, acompañadas del mutuo crecimiento emocional, de otras que tienen por consecuencia conflictos inútiles, incomprensión, pleitos y dolor innecesario.

Amor y enamoramiento

Los enamorados sienten alegría y su mente se expande. Están fascinados por la otra persona y sienten intensos deseos de dar todo al amado y fundirse sexualmente con él. Se trata de un estado emocional placentero, muy intenso, de alertamiento total que les permite ver la belleza del universo y favorece la creación de obras maravillosas, incluyendo la nueva vida de los hijos.

Se sienten atraídos por su pareja y todos sus niveles energéticos se aceleran. Aumenta la respiración, están muy despiertos, sus ojos brillan y su piel está sonrosada. Con frecuencia, no se dan cuenta de lo que les pasa, como si hubieran sido alcanzados por un rayo. Puede haber afinidad y verdadera amistad entre ambos, pero a falta de esto, a veces se dejan arrastrar por el encandilamiento.

Algunos hombres y mujeres experimentan una atracción sexual casi irresistible hacia otra persona. Esta pasión deslumbrante oculta, de modo transitorio, las incompatibilidades que pudieran existir. El encandilamiento tiene raíces biológicas primitivas: en especies inferiores, el impulso sexual funciona en la época de celo de modo automático, inhibiendo la agresividad el tiempo suficiente para asegurar la preñez de la hembra (Morris).

La pasión sin freno distorsiona –en mayor o menor grado– la percepción objetiva de la otra persona, porque se proyectan en ella, a menudo sin base en la realidad, las propias fantasías y expectativas. Cuando es la única base de la unión, al poco tiempo se hacen patentes las diferencias que se mantuvieron ocultas; se hacen evidentes serias desavenencias y conflictos que hacen necesaria la separación. En caso de embarazo, la mujer tiene que hacerse cargo del bebé sin el apoyo de su pareja.

Para evitar sorpresas desagradables, conviene que la mujer y el hombre estén enterados de las tareas que cada persona va a desempeñar dentro y fuera del hogar. Necesitan llegar a acuerdos claros y concretos acerca de la procreación y la educación de los hijos, la autoridad en el hogar, la economía familiar, sus preferencias sexuales, etcétera

Hay quienes se precipitan al matrimonio por presiones inmediatas, como el embarazo de la mujer, la urgencia de independizarse de los padres o seguir el ejemplo de los amigos. El sexo sin cariño puede ser una experiencia muy placentera, pero no tiene suficiente profundidad emocional y psíquica. Deja la sensación de que faltó algo en ambas personas. No es suficiente garantía de que van a seguir juntos por mucho tiempo.

Sin amor ni amistad, es fácil que busquen otras personas; nuevas conquistas. No se dieron la suficiente oportunidad para darse cuenta si podían desarrollar una profunda intimidad y superar, con aceptación comprensiva, las deficiencias y las imperfecciones de cada quien. Sin embargo, a los narcisistas y machistas mexicanos no se les puede pedir ningún apego. Algunos de ellos le dicen a su pareja que no desean compromisos, para que ella no se haga ilusiones.

En los seres humanos el erotismo no está determinado únicamente por las sensaciones de los órganos sexuales y las zonas erógenas. Intervienen también los sabores, los olores, las formas y los sonidos. Está ligado con los sentimientos de amor, la complicidad en el placer y la ternura compartida. Desde luego que requiere mucha imaginación e iniciativa.

Según Paz, el sexo, el erotismo y el amor son aspectos del mismo fenómeno, manifestaciones de lo que llamamos vida. El amor es la atracción hacia una persona única: a su cuerpo y su alma. El amor es la elección; el erotismo, aceptación. Sin erotismo –sin forma visible que entra por los sentidos– no hay amor, pero el amor traspasa el cuerpo deseado y busca el alma en el cuerpo y en el alma al cuerpo, a la persona entera. Ambos, el amor y el erotismo –como una llama doble– se alimentan del fuego original que es la sexualidad.

Por su parte, Alberoni menciona que por el enamoramiento la relación sexual se convierte en un deseo de estar en el cuerpo del otro, un vivirse y ser vivido por él o ella, en una fusión corpórea que se prolonga como ternura por las debilidades del amado, sus ingenuidades, sus defectos, sus imperfecciones. Entonces podemos amar hasta una herida de él o de ella transfigurada por la dulzura.

Pero todo esto se dirige a una persona sola y sólo a ella. En el fondo no importa cómo sea –su edad, el color de su piel, etcétera– sino que con el enamoramiento nace una fuerza terrible que tiende a fusionarnos y convierte a cada uno de nosotros en insustituible y único para el otro. El otro, el amado o la amada, se convierte en aquel que no puede ser sino él, el absolutamente especial.

Al iniciar una relación de amor romántico, es común que brote un compromiso que supone, de ordinario, el abandono de otras relaciones similares. Esto deja a algunos dudando acerca de su elección, ya que existen otras alternativas. El amor adulto se basa en la voluntad continua de dar lo mejor de uno mismo al amado, por el bien de la relación.

La unión entre dos personas es un proceso de acoplamiento que no siempre es fácil. Aunque tiene altas y bajas, a la larga, tiende a mejorar o empeorar. En esto, la unión sexual no difiere de otras relaciones humanas, como las amistades. Es muy deseable que la vida marital incluya también el cultivo de la amistad. Los adultos jóvenes que han logrado superar la excesiva dependencia hacia sus padres, el egoísmo y el miedo a la intimidad emocional, pueden buscar el mutuo intercambio sexual de apoyo y cariño.

Problemas del funcionamiento sexual

La frecuencia de las relaciones varía según la edad, la afiliación religiosa, los niveles sociales y los estados emocionales. En los adultos va desde cuatro o más veces por semana, a una o menos. Los hombres y las mujeres que tuvieron un entrenamiento demasiado puritano, arrastran inhibiciones en su conducta sexual que continúan después del matrimonio.

Las disfunciones sexuales pueden ser de cuatro tipos, según Masters y Johnson:

1. Existen problemas del deseo, cuando la persona no tiene interés, ganas, de participar en actividades sexuales.
2. El trastorno de la excitación ocurre cuando alguien se empieza a excitar, pero se frena y no puede continuar con esto. Los hombres pierden la erección.
3. El trastorno del orgasmo ocurre cuando la persona no llega a esa experiencia, o siente dolor junto con el orgasmo.
4. Hay trastornos de dolor sexual cuando alguien siente tal cosa durante las relaciones sexuales. Debido al dolor anticipado, la vagina de algunas mujeres se tensa de tal manera que no permite la entrada del pene, o sienten dolor con la penetración.

Por lo común, las disfunciones sexuales están ligadas con emociones negativas: culpa, vergüenza, inseguridad, miedo al embarazo, ansiedad y depresión. Estas emociones funcionan como un círculo vicioso: mientras más culpa, más problemas sexuales, lo cual a su vez genera mayor ansiedad y culpa. Por el contrario, mientras más alegría y confianza, es mejor el desempeño sexual.

El estrés y la fatiga son las causas más comunes de los problemas en la comunión sexual. Además, las personas que ignoran las maneras de proporcionar estimulación grata a su pareja tienen encuentros sexuales poco placenteros. La *autoobservación* inhibe mucho: la persona que examina su comportamiento sexual y lo critica, o busca demostrar que es un donjuan, en lugar de dejarse ir de manera pasional, termina por sentir poca cosa. Los celos y los reproches son muy destructivos.

Algunas tradiciones religiosas que califican fanáticamente al sexo como sucio y pecaminoso, lujuria y porquería provocan conflictos internos –ansiedades y culpas neuróticas– en muchas personas. Lo mismo hacen las actitudes negativas y represivas de los padres y demás familiares cercanos.

Cuando alguien, hombre o mujer, no encuentra placer en las relaciones sexuales, o no se le antojan gran cosa, es posible que tenga un problema sexual que requiere atención psicológica o médica especializada.

Los hombres que dudan de su orientación sexual y temen ser homosexuales, lo mismo que los que se menosprecian por su homosexualidad, suelen tener problemas en su comportamiento sexual, lo mismo que las mujeres que no aceptan su feminidad, o su preferencia sexual por otras mujeres.

La gran mayoría de los problemas sexuales se deben a causas psicológicas. Muchos de ellos se pueden solucionar a corto plazo con la ayuda mutua de usted con su pareja, utilizando las técnicas, fáciles de usar, que se describen a continuación.

En caso de que no obtengan el resultado esperado, es conveniente que busquen la ayuda de un especialista, sobre todo si alguien abusa del alcohol, las drogas o padece alguna enfermedad. Algunos hombres mayores y ciertas mujeres que llegaron a la menopausia necesitan recurrir (con prescripción médica) al uso de hormonas para recuperar sus deseos sexuales.

Las situaciones de abuso sexual infantil y juvenil, y las de violación y sexo con violencia, generan ansiedad crónica que dificulta el funcionamiento sexual adecuado y a menudo requiere la intervención de algún especialista (Dowdeswell).

Técnicas de psicoterapia sexual breve

En los programas de psicoterapia sexual breve intervienen dos profesionales, un hombre y una mujer, para favorecer la comunicación de la pareja y evitar que uno de ellos se alíe con el paciente del mismo sexo (o del sexo opuesto) en contra del otro.

Para solucionar sus problemas de pareja, se realizan entrevistas con cada persona, por separado. Se les pregunta acerca de la relación sexual: cuánto dura, qué fantasías la acompañan, cuáles son las sensaciones, cuál es el clima emocional de la relación, etcétera. Luego se brinda a la pareja un ambiente adecuado para que ambos puedan expresar sus deseos, preferencias y dificultades.

Muchas personas han elaborado fantasías y expectativas poco realistas o confusas con respecto al amor y a la vida en pareja, que conviene ir clarificando. Además, durante las sesiones de terapia se toman en cuanta los factores negativos de la comunicación, para poder eliminarlos. Por ejemplo, la continua agresividad machista y la falta de ternura de esos hombres hacia su pareja contribuye a que la relación sexual sea tensa y frustrante.

Según Heilbrun, los machos que temen ser impotentes y las mujeres que intentan demostrar que no son frígidas se precipitan a la relación sexual. Como advierte Barlow, para acrecentar las sensaciones sexuales respiran profundamente desde la parte superior del tórax hacia los genitales, mientras que contraen las nalgas y los muslos. Como es obvio, la agitación respiratoria y los movimientos pélvicos violentos les proporcionan una descarga emocional limitada y poco satisfactoria.

Los machos incultos temen convertirse en homosexuales si dejan de ser prepotentes, violentos y agresivos. Las mujeres sufridas se imaginan que van a perder por completo su atractivo y sus habilidades sexuales si se atreven a tomar iniciativa, por lo que reducen su participación a consentir o rehusar, sin ninguna espontaneidad activa. Por eso mismo, rara vez o nunca llegan al orgasmo.

Los individuos narcisistas se precipitan a la relación sexual con un mínimo de caricias a su mujer. Éstas van dirigidas solamente a los genitales y a los senos de la mujer. No toman en cuenta su sensibilidad ni su sensualidad, y la critican por no obtener el orgasmo tan rápidamente como ellos. Todo termina en unos cuantos minutos y la mujer queda insatisfecha. Es típico que tomen una ducha en seguida, tal vez por el miedo a cualquier contaminación por parte de los genitales femeninos.

Califican de frígida a la mujer que no responde a sus demandas de relación sexual, aunque éstas sean agresivas e inoportunas. Sin embargo, esas mismas mujeres no tienen problemas con otros hombres que les resultan más atractivos, y que no son narcisistas ni pretenden manipularlas. Todas las mujeres nacen equipadas para poder experimentar el placer sexual y la experiencia del orgasmo.

Es necesario aconsejar al hombre que muestre delicadeza y comprensión mediante sus palabras y caricias, ya que esto contribuye más a la excitación sexual de ambos que un trato demasiado rudo y mecánico. Un punto importante es la educación sexual, porque muchas personas, en particular las mujeres, tienen un mínimo de conocimientos sobre estos temas.

Es importante que las personas estresadas y tensas se relajen y vayan perdiendo el excesivo control de sí mismas, para que se puedan abandonar de la manera más placentera posible a la intensidad de las experiencias eróticas. En particular, les conviene evitar cualquier fantasía de fracaso, rechazo o culpa durante las relaciones sexuales.

Las tensiones de la coraza neurótica de la personalidad bloquean los impulsos y dificultan la descarga placentera del orgasmo. Todo termina en breves minutos para las personas machistas y narcisistas que están demasiado acorazadas y congeladas.

Tienen particular importancia las tensiones musculares habituales del tórax y abdomen que limitan la respiración, lo mismo que las de la espalda baja, nalgas y muslos, que frenan los movimientos espontáneos de la pelvis y los genitales. Necesitan ayuda para liberar la irritabilidad y la anestesia crónica que mantienen en esas áreas del cuerpo. También les conviene eliminar los patrones de respiración disociados, violentos y ansiosos. El diafragma trabado dificulta de manera importante la sexualidad placentera.

La sensualidad y el erotismo requieren relajación, ritmo, ternura, sofisticación y tiempo. Para muchas personas la grata progresión de las caricias, junto con la ternura compartida y la relajación de las tensiones musculares con una pareja atractiva es muy agradable, aunque no siempre lleve al clímax.

Los terapeutas procuran que los pacientes tensos se relajen y pierdan gradualmente el excesivo control de sí mismos, y que se abandonen del modo más placentero posible a la intensidad de sus experiencias eróticas. También necesitan evitar las fantasías de rechazo, fracaso o culpa durante las relaciones sexuales (Kaplan).

El funcionamiento sexual adecuado, tanto en los hombres como en las mujeres, requiere dos cosas: 1. Una buena preparación mental, con las fantasías y la anticipación de relaciones sexuales placenteras, es decir tener las suficientes ganas, y 2. La excitación y la vasocongestión adecuadas, que generan la erección en los hombres, y la lubricación y ampliación de la vagina en las mujeres. Por lo común, la excitación sexual intensa lleva al orgasmo y a la resolución.

Las sensaciones de la *excitación sexual* se describen como una pesadez agradable, estar muy ligero, flotar o dejarse caer. Muchas personas están condicionadas, desde niños y adolescentes, para sentir temor y vergüenza cuando experimentan algo de esto. Se imaginan que perderían la cabeza, caerían en el vacío, ofenderían a los demás o serían arrastradas por la vorágine de sus impulsos. En otras palabras, se frenan y tensan cuando empiezan a sentirse excitadas.

Las disfunciones sexuales se presentan con mayor frecuencia en las mujeres que en los hombres. Durante los intercambios sexuales, ellas son más vulnerables a las tensiones, el estrés, la depresión, la ansiedad y las cavilaciones. Las afectan los problemas con su pareja (celos, alcoholismo, violencia, indiferencia, etcétera). La falta de deseo en las mujeres hace que algunos hombres se sientan mal cuando obtienen placer a costa de sus molestias.

Dificultades para mantener la erección

El trastorno sexual más común en los hombres adultos es la *impotencia*, que impide la capacidad de tener erecciones después de años de funcionamiento sexual normal. Algunos logran la erección después de una prolongada estimulación directa de los genitales, pero la pierden cuando intentan la penetración o poco después, sin llegar al orgasmo.

Existen notables diferencias individuales en la rapidez con que los hombres tienen erecciones y el tiempo que logran mantenerlas. Hay jóvenes que tienen erecciones vigorosas y prolongadas ante estímulos sexuales leves, como ver una mujer semidesnuda. En el otro extremo, algunos hombres pierden la erección fácilmente y piensan que son demasiado viejos para eso. Sin embargo, tienen erecciones espontáneas antes de levantarse. Como apunta Mc Cary, durante el sueño disminuyen las tensiones y preocupaciones que limitan el funcionamiento sexual.

Es necesario que el psicoterapeuta discuta con el paciente los problemas que contribuyen a tensarlo, como la depresión, la ansiedad y el insomnio. Otras causas son el alcoholismo y la adicción a las drogas y al tabaco. Algunos hombres se sienten cohibidos cuando su mujer les comunica sus preferencias sexuales, o solicita el coito con mayor frecuencia de lo que ellos esperan. Las críticas y burlas de la mujer cuando el hombre no es capaz de mantener la erección intensifican la ansiedad y la inhibición de éste.

Cada individuo necesita examinar la calidad del trato que mantiene con su pareja, para que elimine cualquier pleito, celos indebidos o situación de competencia injusta. El funcionamiento sexual adecuado requiere un clima de confianza y afecto, en el que ambos pueden manifestar libremente sus preferencias y tratan de agradarse del mejor modo posible para compartir el placer sexual sin inhibiciones.

Las causas más comunes de este trastorno son las presiones del trabajo y una mala relación con la pareja. Además, ciertas medicinas contribuyen a la impotencia. También el aburrimiento y la falta de variedad en las relaciones sexuales.

Entre las causas médicas están los trastornos de la circulación, la diabetes, los problemas de próstata y el daño en la columna vertebral. Otros factores psicológicos que obstaculizan la erección son el miedo a no funcionar, los pleitos con la pareja, los pensamientos obsesivos, las creencias religiosas que provocan culpa, la depresión, la falta de atractivo o higiene de la pareja y el temor a envejecer.

El problema de la dificultad para mantener las erecciones no suele estar en el pene. Como primer paso para resolver la insuficiencia eréctil, conviene examinar la relación que la persona tiene con su pareja. Si un hombre ya no desea tener sexo, o no desea continuar la relación con alguna persona, el cerebro puede enviar ese mensaje a los genitales, inhibiendo la erección. Tal vez no tendría ningún problema con otra mujer que le fuere menos atemorizante o más atractiva.

Para solucionar los trastornos de la erección, el psicoterapeuta pide a la pareja que se abstenga temporalmente del coito. Durante algunas semanas, mientras están desnudos, el hombre se coloca en una posición relajada. Recibe caricias de la mujer en todo el cuerpo, con excepción de los genitales, y se concentra en sus sensaciones.

Las caricias sensuales recorren suave y gradualmente todo su cuerpo. Más adelante, en otras sesiones, recibe todo tipo de caricias en el cuerpo y también en sus órganos genitales. A veces, estas caricias permiten una intimidad emocional en la pareja que no se había dado antes.

Es indispensable que la mujer muestre apoyo y comprensión ante las dificultades de su pareja. Por lo general se trata de un problema transitorio. Por otra parte, las técnicas de psicoterapia sexual breve dan muy buenos resultados a corto plazo.

Al recibir caricias genitales, cuando el hombre siente que el orgasmo está próximo, le indica a la mujer que se detenga. Después de una pausa, cuando desaparece la urgencia eyaculatoria, la mujer continúa acariciando el pene. El hombre le indica a ella el ritmo y la presión que le resultan más placenteras. También puede excitarlo con caricias orales, en los genitales y en todo el cuerpo.

Además, el hombre se puede masturbar frente a su pareja, pero se detiene antes de la eyaculación. Es conveniente que repita esto unas cuantas veces. Por su parte, la mujer puede excitarlo mediante caricias orales, etcétera. Las caricias deben ser suaves, debido a que el pene es muy sensible, en particular en la región del glande. En otro paso, el hombre se permite llegar al orgasmo después de varias erecciones intensas, pero sin intentar la penetración, aunque está cerca de la vagina.

Para controlar la eyaculación también pueden utilizar la maniobra de Seeman, que consiste en apretar el pene con los dedos debajo del glande, con suficiente fuerza (figura 10). Esto inhibe el reflejo eyaculatorio y disminuye un poco la erección. Momentos después, ésta se recupera con caricias. El hombre se permite el orgasmo en la tercera o cuarta ocasión. De esta manera elimina el miedo a perder la erección, en vista de que la obtiene de nuevo con relativa facilidad.

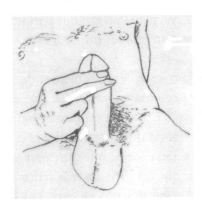

Figura 10. Maniobra de Seeman. Se aprieta la punta del pene para inhibir el reflejo eyaculatorio.

En la actualidad, existen varios productos que mejoran la vasocongestión y favorecen las erecciones, como el viagra. Estos fármacos deberían usarse con supervisión de un médico. Por otra parte, la persona que los usa necesita atender los factores psicológicos y mentales que hacen que la relación sexual sea mutuamente placentera.

Además, para disfrutar una vida sexual más saludable, es necesario que la persona se alimente bien, cuide su aspecto físico, haga ejercicio, esté relajada y evite el consumo inmoderado de alcohol, drogas y tabaco.

Eyaculación precoz y retardada

En los hombres, la sensación del orgasmo incluye la emisión del semen y la eyaculación. La emisión del semen se debe a las contracciones de la próstata, las vesículas seminales y la uretra, ligadas a la sensación de que la eyaculación es inevitable y ya no se puede detener. Después del orgasmo, los hombres se sienten satisfechos y agradablemente relajados (fase de resolución) y no pueden tener otro orgasmo de inmediato.

La *eyaculación precoz* ocurre cuando el hombre llega al orgasmo al minuto de haber penetrado, o antes de penetrar. Como es natural, la mujer queda insatisfecha. En la mayoría de los casos, esta disfunción se relaciona con problemas emocionales como la ansiedad y el estrés. Por el contrario, en otros casos, el hombre tiene erecciones prolongadas, pero no puede eyacular durante la relación sexual, a pesar de que su pareja ya obtuvo el orgasmo (eyaculación retardada).

Algunos hombres eyaculan con rapidez porque no les interesa satisfacer a su pareja: lo único que les importa es su orgasmo y su propio placer, y nada más.

Con frecuencia, eso se debe a problemas de incompatibilidad sexual: el hombre no encuentra atractiva a su pareja, y viceversa. Ambos toman la relación sexual como un trámite breve; hay que salir del paso lo antes posible. Habría que preguntarles si en verdad vale la pena que sigan juntos, o si sería mejor que buscaran otras personas, verdaderamente atractivas, que los hicieran más felices.

En otros casos, el resentimiento no expresado (acumulado) contra la mujer se manifiesta, de modo poco consciente, mediante la eyaculación prematura. A modo de venganza, los machos narcisistas dejan a la mujer insatisfecha.

El tratamiento de la eyaculación precoz utiliza las mismas técnicas mencionadas arriba para mejorar las erecciones, incluyendo la maniobra de Seeman. Después de haber tenido cuatro erecciones suficientemente prolongadas, el hombre se permite la eyaculación fuera de la vagina. Luego se puede proceder al coito.

Son preferibles las posiciones en las que la mujer está arriba. El hombre guía los movimientos de su pareja con las manos en las nalgas de ésta. Cuando siente que se aproxima el orgasmo, detiene a la mujer. Después de unos momentos, ambos reanudan los movimientos con ritmo suave. De esta manera el hombre aprende a disfrutar mayor placer, acumular mayor excitación y controlar mejor la eyaculación.

En otro ejercicio, el hombre logra la penetración mientras que la mujer está abajo, pero no se mueve de inmediato, sino que mantiene el pene erecto dentro de la vagina y se hace consciente de eso. Después ensaya movimientos suaves, pero se detiene en cuanto siente que se aproxima el orgasmo. En otras ocasiones, a medida que aprende a soportar mayor placer, ensaya movimientos cada vez más pasionales y espontáneos. Kaplan advierte que estas técnicas dan resultado casi en 100% de los casos, sin que haya problemas posteriores.

La *eyaculación retardada* es un trastorno sexual masculino poco frecuente. El hombre que la padece no se permite el estado de relajación completa que lo llevaría al orgasmo. Parece que temiera perder el control y desintegrarse. Prolonga la relación sexual de manera rígida y compulsiva por una hora o más, sin llegar al orgasmo.

La mujer, que pudo haber tenido ya varios orgasmos, está cansada y desesperada. El hombre está irritado, y ella no puede hacer nada al respecto. Después, procuran dormir, o el hombre se descarga mediante la masturbación, que suele ir acompañada de fantasías agresivas.

El terapeuta recomienda a la mujer que intensifique la presión de sus músculos vaginales, y se mueva con ritmos más pasionales durante la relación sexual para aumentar el nivel de excitación de su pareja. También puede estimular con sus dedos las áreas genitales que quedan expuestas durante el coito para proporcionar mayor placer al hombre. Con ese mismo fin, también puede utilizar un vibrador eléctrico.

A la raíz de la eyaculación retardada, suele haber rasgos neuróticos severos. Tras una capa de blandura y apariencia de que desea complacer a la mujer, el hombre oculta agresividad irritante, que se manifiesta prolongando la relación sexual de manera dominante, agresiva y compulsiva. A veces la psicoterapia individual es aconsejable. En algunos casos sería conveniente eliminar, mediante una psicoterapia corporal adecuada, las tensiones habituales del cuerpo, en particular las del tórax y piso pélvico.

En lugar de tratar de obtener el orgasmo de manera compulsiva, es mejor que el hombre trate de relajarse lo más posible. No conviene prolongar la relación sexual cuando es forzada y resulta desagradable para ambos. Utilizando la técnica de la intención paradójica, el terapeuta aconseja a algunos que se concentren en tratar de impedir a toda costa el orgasmo y que procuren no obtenerlo nunca. Que intenten tensarse lo más que puedan. Como resultado, se relajan finalmente, por lo que llegan al orgasmo sin mayores problemas.

No eyacular dentro de la vagina puede contener un mensaje simbólico, por ejemplo no estar casado con esa mujer, o el temor de embarazarla. Es aconsejable fomentar la buena comunicación con la pareja. Ayuda mucho que escojan, para la comunicación sexual, los momentos en que están más alegres y descansados, en un clima de mutuo aprecio y respeto, excluyendo críticas, acusaciones, celos y resentimientos.

Los machos narcisistas arrastran, desde su niñez y adolescencia, miedos y resentimientos contra las mujeres, empezando con su propia madre. Algunos necesitan psicoterapia para superar los problemas con sus padres. Les falta desarrollar su propio yo, que incluye la espontaneidad emocional e impulsiva necesaria para disfrutar a plenitud la sexualidad, y la capacidad para dar y recibir amor. La figura 11 ilustra una postura en la que la mujer controla sus movimientos para lograr mayor estimulación de los labios vaginales y del clítoris; de esta manera acrecienta su propia satisfacción. Eso mismo repercute también en mayor placer para el hombre.

Hacia una psicología del orgasmo

Cuando alguien imagina el amor, suele pensar en lo que desea recibir, pero no tanto en lo que puede dar a la otra persona. Las relaciones íntimas de cualquier pareja constituyen un proceso que tiene sus altas y bajas; tiende a mejorar o empeorar. Sin embargo, el amor y la amistad son rutas de dos sentidos: dar amor es importante, pero saber aceptarlo es también todo un arte. Recibir el amor con gratitud y alegría ayuda mucho para mantener una relación.

Las personas se experimentan de nuevas maneras motivados por la intensa energía que genera el amor romántico. Algunas de ellas tienen regresiones, en las que reviven y logran superar algunas experiencias negativas del pasado. Las mejores parejas de amantes son capaces de brindarse un clima de confianza absoluta y de complicidad en el placer compartido, que propicia la expresión emocional espontánea y favorece el crecimiento psicológico de ambos.

La mente produce imágenes o pensamientos, movimientos y sensaciones sin cesar que van en la misma dirección del trance y lo aumen-

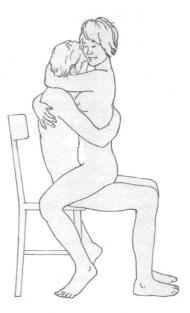

Figura 11. Postura con la mujer arriba, en la que ella se puede mover libremente para lograr mayor estimulación de los labios vaginales y del clítoris. De esta manera acrecienta su satisfacción, y eso mismo repercute en mayor placer para el hombre.

tan. El ser está unificado, no hay brecha entre su cuerpo, sus sensaciones y su mente. Tampoco en relación con el otro. Estamos absortos en una sola cosa: el aquí y ahora del acto amoroso, el otro y uno mismo.

La excitación sexual nos transporta a un estado de conciencia extraordinario, muy especial. Estamos fundidos con el otro ser, no hay pensamientos ajenos, es un estado que acapara nuestra atención. El universo cotidiano deja de existir. Sólo existe lo que refuerza esta experiencia: música, colores, sensaciones, emociones y sensualidad.

Las sensaciones se multiplican, en todo momento el placer está en su punto álgido. El tiempo desaparece, estamos sumergidos en el instante infinito de cada sensación que se transforma en otra. Sentimos lo que el otro experimenta como si fuera nuestro propio cuerpo. Sentimos la caricia que damos como en nuestra propia piel. Nos parece que el cuerpo del otro es una prolongación del nuestro.

El orgasmo es una de las experiencias humanas más trascendentes y conmovedoras. A medida que las personas se entregan a la excitación sexual va cambiando la conciencia de su realidad psicocorporal. Se llegan a sentir como mera vibración o impulso, hasta que se ven inundados por un placer muy intenso, aunque breve. La magnitud de las emociones, la intensidad de los cambios sensoriales y el despertar de la fantasía son muy diferentes para cada persona. Algunos se sienten trasladados a otros universos o perciben colores y sonidos que ni siquiera habían imaginado que existían.

El amor sexual es un camino que la mística natural nos ofrece a todos para comprender la propia esencia y llegar al fondo de lo que somos. Se intensifican los impulsos y las emociones más íntimas, por lo que desaparece el control deliberado de los movimientos. Surge la libertad de amar y de expresarse como uno es en realidad. La vida se experimenta como cambiante e impredecible.

Nos invade la experiencia de que somos energía, movimiento y espíritu. Escapamos, al menos por momentos, a la percepción de las estructuras corporales. Se pierde la noción de la propia edad y tampoco importa la apariencia corporal de cada persona.

El campo de conciencia se amplía y se rompen algunas dicotomías mentales; entonces, la lógica habitual se quiebra y aparecen la visualización, la imaginación auditiva y el lenguaje de los símbolos. Les parece que pueden amar, con amor fraterno, a todos los humanos de cualquier raza, sexo, edad o nacionalidad. Perciben la propia vida transitoria en el contexto más amplio del eterno existir. Sienten que han encontrado a Dios y se encuentran sumergidos en lo divino.

Lo cósmico sobrepasa la ilusión de la propia individualidad, por lo que algunos sienten que son luz, energía pura o dios. Se revive el ciclo de la vida y la muerte, del día y la noche, de la infancia y la vida adulta. Al principio de la excitación, uno es hombre o mujer, después es algo así como un animal, luego un ser viviente, posteriormente es mero impulso, energía y luz, y finalmente oscuridad y nada.

Poco más tarde, volvemos a la conciencia cotidiana de nuestra realidad psicocorporal. La vivencia de ser hombre o mujer, que se pierde durante el orgasmo, también se recupera como parte importante de la propia imagen. Descubrimos que no somos nuestros pensamientos ni nuestros sentimientos, aunque los fabricamos continuamente. Comprendemos que, en el fondo, somos conciencia pura, y que más que un cuerpo con conciencia somos conciencia con cuerpo adjunto.

Diferencias entre las mujeres y los hombres

Al principio de la gestación los fetos son iguales. Luego, la presencia de la hormona masculina (testosterona) en la vida temprana del cerebro masculiniza a algunas personas. Debido a la testosterona, los hombres –en general– tienen mayor proporción de masa muscular que las mujeres.

El cerebro *femenino* también se desarrolla mediante un mecanismo hormonal, en la ausencia de las hormonas masculinas: andrógenos. En la pubertad, el estrógeno desempeña un importante papel en la diferenciación sexual. Se encarga de crear las curvas en el cuerpo de las mujeres y de activar sus órganos reproductores mediante la menstruación y la ovulación.

Cuando los bebés de sexo masculino gatean, exploran mayor territorio que los de sexo femenino, y cuando juegan maltratan más los juguetes que las niñas. Ellos persisten en ciertas tareas que no los llevan a ningún lado, mientras que las niñas se frustran y aburren antes, por lo que abandonan el juego. Sin embargo, las niñas son más sonrientes y se muestran muy sensibles a las consecuencias sociales de sus acciones.

Las palabras les interesan más a las niñas que a los varones, y empiezan a hablar antes que éstos. Dependen de la memoria auditiva para leer y por eso se les facilita la ortografía. Los niños aprenden a leer de manera visual, percibiendo conjuntos. Según las pruebas de inteligencia (muy en particular los *tests* de relaciones espaciales), ellos captan las figuras en tercera dimensión mejor que las niñas.

Los niños tienen más desarrollada la visión global. Su cerebro utiliza, de manera selectiva, las importantes áreas de asociación frontal que están ligadas con el pensamiento abstracto. Por su parte, el cerebro de las niñas se activa de manera más generalizada y está menos lateralizado que el de los niños.

Las niñas emplean ambos oídos para escuchar, mientras que en los niños suele dominar el izquierdo, porque se relacionan mejor con los centros cerebrales de ese lado. Ellos presentan trastornos del aprendizaje, tales como la dislexia y la tartamudez, con mayor frecuencia que las niñas.

En general, a los jóvenes se les facilita la visión matemática debido a la testosterona y a algunas diferencias cerebrales que se explican un poco más adelante. En su trabajo, ellos intentan convencer de manera dominante, mientras que las jóvenes prefieren la negociación concertada. Ellas procuran que el grupo funcione en armonía, con buenas relaciones interpersonales, mientras que los hombres se sienten más atraídos por el poder, el éxito y la competencia.

Éstos se concentran más en lo que están haciendo, tienen mejor opinión de sí mismos, son más tercos, menos capaces de ver sus defectos y les preocupa más su trabajo. Entre ellos observamos mayor número de matemáticos, pilotos de aviones, exploradores, ingenieros mecánicos, arquitectos y corredores de autos.

Por su parte, a las mujeres les interesa más la familia. Ellas sobresalen en el manejo del lenguaje verbal, la expresión emocional y artística, la apreciación estética y la ejecución de tareas detalladas y planeadas de antemano. Tienden a superar a los hombres en empatía y habilidades sociales, así como en la búsqueda de seguridad a largo plazo.

El lóbulo parietal izquierdo del cerebro tiene que ver con la percepción del tiempo y de la velocidad, lo mismo que para mover imaginativamente objetos de tercera dimensión. También se relaciona con la memoria que utilizamos para percibir las relaciones entre las diversas partes del cuerpo.

Se ha descubierto (Conlon, Rabinowicz y otros) que el lóbulo parietal inferior es algo mayor en los hombres que en las mujeres; es bilateral y está situado justo al nivel de las orejas. En los hombres, el lado izquierdo de la corteza parietal inferior es mayor que el del lado derecho. Esta área del cerebro controla las habilidades visual-espaciales y el *espacio mental*. Estas habilidades son necesarias para las matemáticas y la arquitectura.

En las mujeres, la asimetría es contraria, aunque la diferencia entre ambos lados no es tan marcada. El lado derecho permite al cerebro procesar la información que viene de los sentidos y ayuda a su percepción selectiva. Por eso, una mujer puede atender mejor a estímulos muy concretos, como el llanto de su bebé durante la noche. Esta área también se relaciona con la percepción de los afectos y sentimientos, ya sean propios o ajenos; a las mujeres se les facilita la inteligencia emocional más que a los hombres.

En los lóbulos frontales y temporales del cerebro se localizan dos áreas (la de Broca y la de Wernicke) que están relacionadas con el procesamiento del lenguaje. Las investigaciones demuestran que ambas son significativamente mayores en las mujeres. Esto proporciona una base biológica al conocido hecho de que ellas poseen notables ventajas en el manejo del pensamiento asociado con las palabras.

Por otra parte, los hombres cuentan con un número mayor de neuronas en la corteza cerebral, que es la capa exterior del cerebro, mientras las mujeres tienen más neuropil, tejido fibroso que llena el espacio entre el cuerpo principal de las neuronas y les permite comunicarse entre sí: sinapsis, dendritas y axones.

Las neuronas envían y reciben señales eléctricas y químicas que influyen en numerosas funciones corporales y fabrican pensamientos y sentimientos. Existe otra llamativa diferencia: ante los recuerdos muy dolorosos se activa un área ocho veces mayor en las mujeres que en los hombres.

Estas investigaciones podrían explicar por qué las mujeres son más propensas a enfermedades demenciales que los hombres. Aunque un hombre y una mujer lleguen a perder el mismo número de neuronas debido a una enfermedad, el déficit funcional de la mujer puede ser mayor porque las células dañadas se conectan más densamente con otras neuronas.

Le Vay descubrió que existen diferencias de género en el hipotálamo, el cual tiene que ver con las emociones, se encarga de regular la mayoría de las funciones básicas de la vida y controla las hormonas mediante la pituitaria. También se relaciona con la motivación sexual y recibe nervios de los genitales, los pezones y las vísceras.

En efecto, el volumen de un grupo de células del hipotálamo anterior es mayor en los hombres heterosexuales que en las mujeres y en los hombres homosexuales, lo que incita un nuevo debate acerca de las bases biológicas de la homosexualidad.

Conviene señalar que los cerebros de los niños y adultos cubren un continuo que va desde lo muy *masculino* hasta lo muy *femenino* de manera independiente, hasta cierto punto, del cuerpo (género) en el que están encerrados: las hormonas desempeñan un papel muy importante en la orientación sexual de cada individuo.

En opinión de Blum, ningún cerebro está bien o mal, ni el *masculino* es superior al *femenino* o viceversa. Para compararlos, podemos imaginar que fueran computadoras parecidas, pero tienen algunas tabletas diferentes, otros microchips y distintas conexiones.

Las diferencias mencionadas no justifican la restricción de oportunidades para el éxito, la felicidad y el trabajo de las mujeres; tampoco ofrecen ningún apoyo a ciertos estereotipos psicosexuales que nos vende la sociedad, como el del macho y la mujer sufrida. Tampoco son una pauta —o un pretexto— para juzgar lo que es correcto o no dentro de algún grupo social.

Además, esas diferencias no se aplican a todos los individuos. Es fácil encontrar mujeres que son excelentes en matemáticas, física o arquitectura, y algunas de ellas son fuertes y decididas. También hay hombres que sobresalen en el uso del lenguaje oral y escrito. Otros son tímidos y delicados. Después de todo, los hombres y las mujeres difieren solamente por el cromosoma Y.

Muchas otras diferencias individuales se deben a la educación, que puede ser cerrada y tradicional (lo cual favorece el machismo y el narcisismo) o más abierta y humanista, lo que permite el desarrollo del verdadero yo y de la inteligencia emocional.

Necesitamos tener en cuenta que ese cromosoma, que origina tantas diferencias hormonales, cerebrales y genitales, tiene gran impacto en el modo como los hombres y las mujeres nos percibimos y tratamos de comprender el mundo que nos rodea. También en la manera como reaccionamos ante muchas cosas.

La violencia masculina: ¿tiene raíces genéticas?

Algunos opinan que los hombres y las mujeres nacen iguales y que la cultura es responsable de crear la agresividad masculina. Ya describí las raíces sociales y familiares de la violencia machista de los mexicanos en los primeros capítulos de este libro. Sin embargo, desde el nacimiento están presentes algunas diferencias en la agresividad, como resultado de la testosterona en los hombres.

En efecto, debido a la testosterona, los hombres tienen mayor masa muscular, miden menos los peligros, les gustan los deportes violentos y son más competitivos que las mujeres. Además de esto, en los que desarrollan una identidad neurótica de tipo machista, dominante y prepotente, la violencia y la prepotencia se exacerban: rechazan sus mejores sentimientos y tratan a las mujeres como objetos a su servicio.

Por lo que toca a las raíces genéticas de la violencia, Blum opina que en las épocas tempranas de la humanidad éramos una especie polígama, como vemos que son actualmente los gorilas y los chimpancés. Entre ellos, el macho más dominante y agresivo tiene acceso sexual a la mayoría de las hembras.

En las especies polígamas, los varones tienden a operar bajo la regla de que "hay que vivir aprisa, para luego morir". En las sociedades primitivas, los hombres eran los cazadores que necesitaban ser muy fuertes y estar siempre en el filo de la agresividad, para sobrevivir, mientras que los débiles eran desechables.

En la Antigüedad, cada sexo tenía papeles muy definidos que ayudaban a asegurar la supervivencia de la tribu y de la especie. Los cavernícolas cazaban y se encargaban de la navegación, la exploración y las guerras. Las mujeres recogían alimento cerca de la cueva y cuidaban a los niños. En vista de esto, parece que algunas regiones del cerebro se adaptaron y se especializaron para ayudar a que cada sexo cumpliera con mayor facilidad esas tareas tan específicas.

Algunos estudios demuestran que en los animales machos, incluso en los humanos, existe una baja notable en la testosterona después que se han apareado y mantienen relaciones sexuales comprometidas. Esto hace que los hombres sean más amables y menos agresivos. Una hipótesis es que las mujeres acostumbran domesticar a los hombres mediante la monogamia, el compañerismo y la amistad.

En la actualidad, la mayoría de las personas son "ambiguamente monógamas". Las especies únicamente monógamas construyen sociedades muy duraderas, en las que las parejas comparten por igual las tareas de la vida y exhiben lazos de profundo afecto. Los humanos tenemos rasgos monógamos, pero retenemos algunos hábitos polígamos, como la agresión. Nos encontramos en un estado muy interesante, complejo y desconcertante en cuanto a lo que cada persona busca en su pareja.

Las mujeres conocen, mejor que los hombres, la calidad de sus relaciones personales con base en los gestos y expresiones faciales de las demás personas. Esta es otra característica de la inteligencia emocional, que a ellas se les facilita más que a los hombres; necesitan anticipar las intenciones de los que tienen un rango social más elevado para poder sobrevivir dentro de las sociedades machistas que les asignan papeles de subordinación y las violentan de tantas maneras.

También es posible explicar en términos evolutivos el manejo que tienen las mujeres en las habilidades verbales. En efecto, mientras que los hombres necesitaban gran fuerza física para cazar, competir y pelear entre ellos, las mujeres utilizaban el lenguaje persuasivo con el propósito de obtener ventajas sociales, debido a que su fuerza física era menor que la de los hombres.

Por su parte, el doctor Peter presenta agudas reflexiones acerca de lo que corresponde a cada uno de los sexos en los tiempos modernos:

En la jerarquía conyugal, la mayoría de las esposas ya se han visto relevadas de deberes tales como ordeñar vacas, batir mantequilla, atizar el fogón, tejer colchas y poner alimentos en conserva. Muchas se hallan ahora libres de barrer, fregar, pelar verduras y hornear pan.

La televisión, los video-juegos y las computadoras han llegado a cumplir la función de tener quietos a los niños y contarles cuentos. Se espera que la esposa moderna funcione en un nivel más elevado. A medida que el peldaño se mueve hacia arriba, la esposa se convierte en economista familiar, psicóloga infantil y mujer de carrera. Muchas mujeres que hubieran sido competentes en los tiempos pasados (siendo sumisas y dedicándose al hogar) alcanzan su nivel de incompetencia en este peldaño superior.

Ahora, pocos maridos tienen que poner las manos en quehaceres tan antiguos como retirar maleza, uncir mulas, cortar leña, cuidar colmenas y cultivar la tierra (o ir a pelear en las guerras, salvo en los países militaristas). El marido actual se ubica en un peldaño que requiere complicada competencia directiva, diplomática, financiera y amorosa. De esta manera, los matrimonios tienen más probabilidades de hundirse ahora, que cuando la jerarquía conyugal tenía menos peldaños. Necesitan mayor cultura, mayores posibilidades económicas y mejor entendimiento entre ellos.

Los modelos de feminidad de otras épocas proponían la sumisión pasiva como una característica esencial de cualquier mujer, pero en las culturas urbanas ya están muy desacreditados y son sustituidos por nuevos modelos que ofrecen a las mujeres mayores oportunidades de desarrollo social, emocional y sexual. En la actualidad, muchas de ellas ya no quedan relegadas al cuidado de los niños y del hogar, sino que están preparadas para realizar funciones profesionales, sociales, administrativas y políticas.

Cómo evitarse
problemas con los narcisistas

Los siguientes párrafos son para personas de amplio criterio. Nadie garantiza que un macho narcisista se quede con su pareja para toda la vida. Ellos requieren abnegación, paciencia y sacrificios por parte de quienes desean complacerlos. Para mi gusto, las parejas de los machos son serviles y masoquistas; al final de cuentas favorecen las mentiras, la violencia y la absurda prepotencia de los narcisistas.

Si usted se interesa por evitar la ira de los hombres y las mujeres machistas y narcisistas, y desea seguir con ellos a toda costa, necesita mostrar continuo asombro y admiración por todo lo que a ellos les interesa: sus músculos, su bella apariencia física, sus supuestos logros, su atractivo irresistible, su extraordinaria dotación sexual, etcétera. Sin embargo, no debe esperar cariño, gratitud o compromiso de su parte; eso sería como pedirle peras al olmo.

No puede contradecirlos y tiene que estar de acuerdo con ellos siempre, como un reflejo. No le conviene utilizar las frases: "Pienso que... o quiero tal cosa...", porque los narcisistas están convencidos de que sólo a ellos les compete pensar, debido a su gran inteligencia, mientras que los demás nacieron para admirarlos y aplaudirlos de manera servil. Estas reglas fundamentales se aplican en primer lugar a su mujer y a sus hijos, pero se extienden a los "amigos" que se empeñan en ser sus paleros y admiradores.

En palabras de una participante en un grupo de psicoterapia: "Si quieres quedarte con un hombre machista, procura aparentar que eres una bruta y aguanta sin protestar todo lo que te dice y te hace; mejor aún, finge que te estás divirtiendo mucho y que él es lo máximo".

Las mujeres están obligadas a caer rendidas a sus pies, ofrecerles sexo y darles todo lo que necesitan sin pedir nada a cambio; por si eso fuera poco, le tienen que pedir permiso para todo lo que hacen o piensan hacer.

Algunos comentarios que enfurecen y sacan de quicio a los narcisistas de manera automática, por ejemplo: "No te fijaste en tal cosa; te equivocaste en esto; no sabes; no entendiste; no puedes; no te enteraste porque no estuviste aquí ayer; deberías..."

Ninguno de ellos viene al caso, porque cuestionan, directa o indirectamente, su gran ego prepotente, que incluye omnisciencia (lo saben todo), inmensas capacidades para hacer todo bien y hasta omnipresencia, ya que son el centro del universo, son divinos y el mismo Dios está de su lado. Si usted desea evitar ser objeto de su ira, no se atreva a contradecirlos nunca, porque se arriesga a salir lastimada por sus estallidos de violencia irracional.

En caso de que usted sea la pareja de un macho narcisista, recuerde que ha adquirido un niño maravilloso, bienamado por su madrecita santa, y que tiene la obligación, según la tradición mexicana ancestral, de cuidarlo, sacrificando su propia vida y aguantando todo, a pesar de que él la considera un juguete desechable.

Debido a que le encanta la novedad, es probable que su pareja la deje cuando ya la haya chupado, o se haya cansado de usted y de sus hijos; recuerde que él se siente con pleno derecho a seducir a cuantas mujeres encuentra en su camino.

Si el macho la abandona, debe sacar adelante a sus hijos usted sola, aunque merece gran admiración social y religiosa por su abnegación, tan sublime. Por otra parte, si usted desea que en México todo siga igual, tan mal como siempre, eduque a sus hijos para que sean igual de machos que su padre, y prepare a sus hijas para que ellas se devalúen y se sometan a cualquier otro macho. Anímelas para que lo aguanten todo y elijan por pareja a un hombre borracho y golpeador, o al menos a un narciso petulante y mujeriego de los que tanto abundan.

A continuación van otras recomendaciones para las mujeres que desean cultivar su codependencia neurótica con un hombre machista-narcisista (adaptadas de Vaknin). También les pueden servir a las que quieren evitarse, a toda costa, problemas con sus padres o con sus jefes machistas, a pesar de que los últimos les exigen horas de trabajo extra, las insultan y son incapaces de reconocer su dedicación y entrega profesional a la empresa.

1. Escucha con atención cualquier cosa que te dice, mostrando siempre total acuerdo. Aparenta que todo está bien y que no pasa nada, a pesar de que no le creas ni una sola palabra.

2. Ofrécele algo único –que él no pueda obtener de nadie más–; por ejemplo, bríndale amor absoluto y comprensión sin límites; hazle su trabajo perfectamente, para que él no haga nada; ayúdalo para que tenga las amantes que quiera, beba y coma sin límites, se divierta mucho, etcétera.

3. Dedícate a darle todo lo que necesita: buena comida, sexo, ropa, dinero, etcétera. No te atrevas a pensar en ti misma, ni por ti misma, porque eso sería algo demasiado egoísta de tu parte. Tu sagrado deber es respetarlo siempre y reconocer su absoluta libertad de palabra y movimiento. Consiéntelo a cada instante como si fuera el menor de tus hijos y ofrécele comprensión y cariño sin límites.

4. Es necesario que seas independiente en tus necesidades psicológicas y en tu economía, porque un hombre machista-narcisista no te va a proporcionar gran cosa de esto. Ni siquiera te va a agradecer lo mucho que hiciste por él, ya que piensa que es tu obligación. Mejor aún, olvídate de todas tus necesidades emocionales y tampoco cuides tu salud. Si te enfermas, puedes recurrir al seguro social o algún psicólogo, pero lo tienes que seguir atendiendo. Nunca habrás tenido niñez, ni juventud, ni vida propia, pero alégrate, porque eres una gran santa, según opinan los sacerdotes machistas y narcisistas.

5. No te alteres, ni te sientas lastimada si te dice algo ilógico, hiriente, agresivo y brusco. Si te golpea, te aguantas. Es mejor que te quedes callada, con cierto aire de aburrimiento, como si tuvieras muy poca inteligencia y no hubiera pasado nada. Le puedes decir: "Hablaré luego, cuando yo me sienta bien y tu te comportes de manera más razonable". Sólo le puedes gritar y llorar mucho cuando él está a punto de dejarte. Entonces, dile que tienes la culpa de todo y ruégale que te perdone; ofrécele que harás lo que quiera, con tal que no te deje, pero que no puedes vivir sin él, porque es el mejor amante del mundo y el hombre perfecto. De esta manera, a lo mejor reacciona, aunque sea por unos días.

6. Si eres experta en arreglar las cosas, concéntrate en eso. Soluciona todos sus problemas: haz el trabajo que le corresponde o consíguele un buen trabajo en el que le paguen mucho por no hacer nada. Si tu pareja es un alcohólico o un petulante que no trabaja porque no quiere ser el subordinado de nadie, a ti te toca con-

seguir cualquier trabajo para mantenerlo a él y a todos tus hijos. Considera que vives con una persona discapacitada (con un pobrecito "enfermito" y con el menor de tus hijos), porque el no va a cambiar nunca, a pesar de que le proporciones tu "amor" sufrido y complaciente durante toda tu vida.

7. Conócete bien a ti misma: ¿Qué obtienes de la relación? ¿Eres una persona sumisa y masoquista? ¿En verdad hay cosas importantes en la relación que a ti te parecen interesantes, te llenan de alegría y te dan vida? Si eso no es así, ¿Para qué sigues con el? ¿Acaso no eres capaz de encontrar otras amistades, ni otros trabajos? Tus hijos: ¿Estarían mejor con él o sin él? ¿Les vas a dejar a tus hijas el ejemplo de una madre abnegada, deprimida, enferma y resentida, para que ellas busquen otro hombre machista que las maltrate? ¿Vas a convertir a tus hijos en machos prepotentes que abusen de las mujeres como lo hizo tu marido contigo?

¿Por qué se quedan las mujeres con un hombre abusivo?

En el siguiente cuestionario, Meyer presenta, de manera breve, los principales factores que motivan a las mujeres para no separarse de un hombre que abusa de ellas y las maltrata:

¿Crees que no puedes conseguir trabajo por falta de destreza?

¿Piensas que los niños necesitan a su papá?

¿Te sientes desamparada e incapaz de mantenerte a ti misma?

¿Tienes el estado de ánimo bajo y piensas que no puedes valerte por ti misma?

¿Te da vergüenza admitir que tu vida matrimonial no está funcionando?

¿Tienes miedo de quedarte sola?

¿Estás enferma o incapacitada físicamente?

¿Abusaron de ti cuando eras niña, y por eso ahora te conformas con vivir dentro de una relación abusiva?

¿Tu esposo te hace sentir culpable si acaso te atrevieras a dejarlo solo, o te amenaza con quitarse la vida si lo dejas?

¿No deseas que nadie te critique ni te juzgue en caso de que lo dejes?

¿Te sientes culpable debido a la situación actual en la que vives?

¿Temes ser golpeada violentamente de nuevo por tu marido? ¿A veces tienes miedo de perder la vida?

¿Te sientes culpable, y llegas a pensar que tu marido te golpea continuamente por tu culpa, por algo que hiciste o dejaste de hacer?

¿Él te promete que va a cambiar, y tú crees en su promesa? ¿Piensas que si eres más amorosa con él lograrás algún cambio? ¿Es como un niño caprichoso que está pasando por sus terribles dos o tres años? ¿Está muy apegado a su mamá?

¿Te acuerdas constantemente del compromiso eterno que hiciste ante Dios el día que te casaste?

¿Según tus creencias religiosas, opinas que tu deber como mujer consiste en sufrir y tolerar todos estos abusos?

¿En tu familia hay tabú, prejuicios y prohibiciones en contra del divorcio y las separaciones?

¿Te atormentas con preocupaciones de qué pasaría si te vas: Puede ser que no te quedarías con los niños, cómo te vas a sostener económicamente, etcétera?

Las mujeres sufridas de México y del mundo llevan en su interior una confusa mezcla de emociones alteradas: miedos, rencores, angustias, obsesiones, desilusiones y depresiones. Además de los malestares emocionales crónicos y de una multitud de enfermedades psicosomáticas, mantienen una visión devaluada de sí mismas y perciben de manera dolorosa y resentida las circunstancias que las rodean.

La tradicional sumisión masoquista de las mujeres está muy extendida en nuestro país. Constituye un grave y duradero contagio emocional, generado y mantenido por las presiones sociales y familiares de los segmentos tradicionales machistas, apoyados por la represiva religión ancestral y los medios de comunicación masiva que presentan a las mujeres como objetos bellos y "sexys", meros productos de consumo sin valor propio ni derechos sociales ni personales.

Como sabemos, las madres sufridas, con sus consejos y sus ejemplos moldean a sus hijas para que se sometan y complazcan a los machos, empezando por su padre y sus hermanos; solapan a sus maridos alcohólicos y dan alas a sus prepotentes hijos. Los convierten en machos narcisistas.

Un gravísimo problema social es que muchas de ellas tienen escasa educación escolar y dependen de algún hombre para su economía personal y también en la mayor parte de las actividades que realizan. Han desarrollado profundos sentimientos de impotencia, debido a que viven en un mundo machista y narcisista que discrimina y oprime a las mujeres.

Éstas adquieren alguna seguridad sometiéndose a la autoridad de sus padres, de su pareja o de sus hijos. Por miedo al cambio y al uso de su libertad, no se atreven a tomar las importantes decisiones que podrían mejorar sus estilos de vida. Ni siquiera se atreven a pensar por sí mismas, sino que se repiten las frases represivas y denigrantes que les enseñaron sus padres cuando eran niñas. De manera ilusoria, piensan que pueden cambiar a su pareja mediante su abnegación sumisa llena de resentimientos.

Cuando un macho golpea a una mujer y la maltrata, su suegra y sus amigas le dicen, "¿Qué hiciste tú para que se pusiera así? Mejor déjalo, no lo hagas enojar y no le digas nada (cuando bebe y la maltrata). Todos los hombres son iguales. En el fondo, tu hombre es bueno y te quiere mucho; te necesita. No seas malita, no puedes dejar a tus hijos sin padre, los pobrecitos lo necesitan tanto, lo quieren tanto. Las mujeres debemos sacrificar hasta la propia vida por los hijos".

"Además, si lo dejas, ¿quién te va a mantener? ¿Cómo y dónde vas a vivir? A mí me pasó lo mismo con mi marido, se iba de parranda con sus amigos y tenía muchas mujeres, pero yo me aguanté y saqué adelante a mis hijos".

Con tantas presiones, se sienten culpables y avergonzadas por lo que les pasa: "Tal vez si hubiera sabido quererlo mejor hubiera sido más bueno, un mejor padre para sus hijos; no supe ayudarlo para que dejara de beber, el pobrecito; como yo no lo supe querer, por eso buscó otras mujeres; todo lo que pasó es por mi culpa, porque no supe aguantarlo y me cansé de sufrir. En cambio, mi madre, mi abuela, mis tías, etcétera, aguantaron todo como si nada".

Las mujeres que tienen dificultades para terminar con el hombre que abusa de ellas y las maltrata, necesitan acudir a los centros especializados en el manejo de la violencia y de los problemas familiares; el primer paso puede ser solicitar ayuda por vía telefónica a alguna de esas instituciones.

Alberoni, F., *Enamoramiento y amor*, Gedisa, México, 1991.

Allport, G., *Pattern and grouth in personality*, Holt, Rinehart & Winston, Nueva York, 1961.

Altman, J., *Evolving brain*, Scientific American Library, Nueva York, 1999.

Alvarez, A., *The savage God: a study of suicide*, Penguin Books, Middlesex, 1971.

Alvarez, A., "El abuso sexual de menores y sus consecuencias legislativas en México", en Everstine, D. y Everstine L. *El sexo que se calla*, Editorial Pax México, México, 1977.

Anodea, J., *Los chacras*, Robinbook, Barcelona, 1993.

APA (American Psychiatric Association), *Diagnostic and statitstical manual for mental disorders DSM-IV*, Washington, D.C., 1994.

Baker, F., *Man in the trap*, Avon, Nueva York, 1974.

Bandler, R. y Grinder, J., *Frogs into princes*, Real People Press, Utah, 1979.

Bardwick, J., *Psychology of women*, Harper & Row, Nueva York, 1974.

Beard, R., *An outline of Piaget's developmental psychology*, Basic Books, Nueva York, 1969.

Béjar, R., *El mito del mexicano*, Orientación, México, 1971.

————, *El mexicano*, UNAM, México, 1983.

Bem, S., "The measurement of psychological androgyny", en: *Journal of Consulting and Clinical Psychology*, 1974, 42 pp. 155-162.

Blum, D., *Sex on the Brain: The Biological Differences Between Men and Women*, Penguin, Nueva York,1998.

Boadella, D., *Wilhelm, Reich. the evolution of his work*, Dell Pub. Co., Nueva York, 1975.

————, *In the wake of Reich*, Coventure, Londres, 1991.

————, "Transference, resonance and interference", en: *Journal of Biodinamic Psychology*, 1985, 3, 9-31.

Boyensen, G., "The dynamics of psychosomatics", en: *Journal of Biodinamic Psychology*, 1982, 1, 55-72.

Brown, M., "The new body therapies", en: *Psychotherapy*, 1973, 10, 98110.

Bruyere, R., *Wheels of light*, Simon & Schuster, Nueva York, 1994.

Cardoso, L., Discriminadas, 60% de las mujeres, *El Universal*, 8, 19 de noviembre de 1999.

Carrol, J., "A cultural-consistency theory of family violence in Mexican-American and Jewish ethnic Groups", en M. Strauss y G. Hotaling (eds.) *The social causes of husband-wife violence*, U. of Minnesota Press, Minneapolis, 1980.

Carson, R. y J. Butcher, *Abnormal psychology and modern life*, Harper Collins, Nueva York, 1992.

Caruthers, M., Are you entangled with a man who is entangled with his mother? http://www.soulwork.net

Chia, M. y M. Chia, *Chi nei tsang; internal organs chi massage,* Healing Tao Books, Nueva York, 1990.

Clynes, N. *Sentics: the touch of emotions,* Anchor Press, Nueva York, 1977.

Colby, A., *Five stages of heart rhythm practice,* http://www.iamheart.org/method/alcoby.shtml

Conger, J., *Jung & Reich: the body as shadow,* North Atlantic Books, Berkeley, 1988.

Conlon, P., "Brain Structure may influence Male-Female Behavior Differences", *New York Times Syndicate,* 15 de diciembre, 1999.

Darwin, C., *The expresion of the emotions in man and animals,* Apleton-Century, Nueva York, 1920.

Demetrakopoulos S., *Listening to our bodies,* Beacon Press, Boston, 1982.

Doudeswell, J., *La violación, hablan las mujeres,* Grijalbo, México, 1987.

Drake, J., *Postura sana,* Roca, México, 1993.

Dumay, R., *El placer de las mujeres,* Plaza & Janés, Barcelona, 2000.

Dytchwald, K., *Cuerpo-mente,* Lasser Press, México, 1983.

Ellis, A. y Abrahams, E., *Terapia racional emotiva (TRE),* Editorial Pax México, México, 1980.

Elmendorf, M. "México: The many worlds of women", en G. Smock (Ed.) *Women's role and status in eight countries,* Wiley, Nueva York, 1977.

Epstein, J., "Libertad corporal", *Latin Trade,* enero 2001, 57-58.

Farrington, K., "La relación entre el estrés y la violencia doméstica: conceptualizaciones y hallazgos actuales", *Revista Intercontinental de Psicología y Educación,* 1991, 4:1, 87-103.

Feldenkreis, M., *Awareness through movement,* Harper & Row, Nueva York, 1977.

Feltman, J., *El gran libro de los masajes curativos,* Roca, México, 1994.

Fernández, B., "Reproduce la mujer indígena la tradición", *El Universal,* A 10, 10 de marzo, 2001.

Fredrickson, B., "Cultivating positive emotions to optimize health and well-being", en: *Prevention & Treatment,* volumen 3, art. 0001a, 2000.

Freud, S., *Civilization and its discontents and other works,* Pelican, Londres, 1985.

Fromm, E., *¿Tener o ser?,* Fondo de Cultura Económica, México, 1962.

————, *Psicoanálisis de la sociedad contemporánea,* Fondo de Cultura Económica, México, 1966.

————, *El arte de amar,* Fondo de Cultura Económica, México, 1963.

————, *El lenguaje olvidado,* Hachette, Buenos Aires, 1972.

Gendlin, E., *Focusing,* Bantam Books, Nueva York, 1978.

Gibran, J., *Vida y obras selectas,* Editorial Patria, México, 1980.

Goleman, D., *Emotional intelligence,* Bantam Books, Nueva York, 1995.

González, Ma. T., *Mujer: variaciones de lo mismo,* México: Edición particular, México, 1992.

González P.F., *El mexicano, psicología de su destructividad,* Editorial Pax México, México, 1961.

Greenwald, J., *Be the person you were meant to be,* Dell Publishing Co., Nueva York, 1974.

Guilligan, J., *Violence,* Grosset & Putnam, Nueva York, 1992.

Hanna, T., *Conciencia corporal,* Yug, México, 1994.

Heilbrun, C. *Towards androgyny,* Londres, Gollancz, 1973.

Heller, J. y Henkin, W., *Bodywise,* California, Wingbow Press, 1993.

Hochheimer, W., *La psicoterapia de C.G. Jung,* Herder, Barcelona, 1969.

Humbert, P., *Emotional traps,* http://www.philiphumbert.com

Izard, C., *Human emotions,* Plenum Press, Nueva York, 1977.

Jung, C., *Man and his symbols,* Doubleday, Nueva York, 1964.

Kantor, G. y Straus, M., "The 'drunken bu' theory of wife beating", *Social problems,* 1987, 34, 213-220.

Kaplan, H., *The new sex therapy,* Penguin Books, Nueva York, 1978.

————, *The illustrated book of sex therapy,* Quadrangle, Nueva York, 1975.

Keleman, S., *Emotional anatomy,* Center Press, Berkeley, 1984.

————, *Somatic reality,* Center Press, Berkeley, 1979.

————, "El papel del cuerpo en el pensamiento y en el sentimiento", *Revista Intercontinental de Psicología y Educación,* 1992, 5:2, 27-38.

Kernberg, O., *Object-relations theory and clinical psychoanalysis,* Jason Aronson, Nueva York, 1976.

Kohut, H., *The analysis of self,* International University Press, Nueva York, 1988.

Knudson, D., "Que nadie se entere", *La esposa maltratada en Puerto Rico,* en J. Vargas (ed.), La mujer en Puerto Rico, Ediciones Huracán, 1987.

Lasch, C., *The culture of narcissism: American life,* Sphere Books, Londres, 1980.

Lara A. y Navarro, R., "Positive and negative factors in the measurement of sex roles: findings from a Mexican sample", *Hispanic Journal of Behavioral Sciences,* 1986, 8, 143-165.

————, "Self-description of Mexican college students in response to the BRSI and other sex role items", *Journal of Cross Cultural Psychology,* 1987, 18, 331-334.

Leñero, L., *El fenómeno familiar en México y su estudio sociológico,* IMES, México, 1983.

LeVay S., "A difference in hypothalamic structure between heterosexual and homosexual men", *Science,* 1991, 253(5023), 1034-7.

Livier, M., "Comunicación altruista", *El Universal,* 14, 12 de agosto, 2000.

Lowen, A., *Bioenergética,* Diana, México, 1976.

————, y L. Lowen, *The way to vibrant health,* Harper, Nueva York, 1977.

————, *Narcisismo, o la negación de nuestro verdadero ser,* Editorial Pax México, México, 1987.

————, *La espiritualidad del cuerpo,* Paidós, México, 1993.

Lutyens, M., *Krishnamurti, the years of awakening,* Avon Books, New York, 1976.

Mansfield, P., *Split self/split object,* Jason Aronson, Nueva York, 1992.

Martínez, E., "El masaje en la psicoterapia", en: *Revista Internacional de Psicología,* 1992, 5:2, 107-114.

Maslow, A., *Motivation and personality,* Harper & Row, Nueva York, 1970.

Masters, W. y Johnston, V., *Human sexual response,* Little & Brown, 1966.

Merhabian, A., "The three dimensions of emotional reaction", *Psychology Today,* 1976, 10, 57-61.

Meyer. P., *¿Por qué se queda la mujer con el hombre abusivo?,* Centro de Intervención, Iowa, 1998.

Morris, D., *Intimate behavior,* Bantam Books, Nueva York, 1973.

Mc Cary, J., *Human sexuality,* Van Nostrand, Nueva York, 1967.

Mc Williams, N. y S. Lependorf, "Narcissistic pathology of everyday life: the denial of remorse and Gratitude", *Contemporary psychoanalysis,* vol. 26, 3, julio 1990, 430-451.

Naranjo, C., "Present centeredness", en: Fagan, J. y Shepard, I., *Gestalt therapy now. Science and Behavior Books,* California, 1978.

Navarro, R. *Psicoenergética,* Limusa, México, 1984.

————, *El libro para que usted deje de fumar,* EDAMEX, México, 1986.

————, *Psicoterapia antidepresiva,* Trillas, México, 1990.

————, "Alteraciones emocionales, personalidad neurótica y terapia psicoenergética", *Revista Intercontinental de Psicología y Educación,* 1992, 5:2, 39-62.

————, *Psicoterapia corporal y psicoenergética,* Editorial Pax México, México, 1999, 2006.

————, *Las emociones en el cuerpo,* Editorial Pax México, México, 1999, 2006.

————, *Cómo resolver tus problemas emocionales sin acudir a un terapeuta,* Editorial Pax México, México, 2006.

———— *Psicoenergética* (segunda edición), Editorial Pax México, México, 2006.

O' Hanlon, B., *Cómo entender el estrés con sentido común,* Grupo Editorial Tomo, México, 2000.

Ornstein, R., *The right mind,* Harcourt, Brace & Co., Orlando, 1997.

————, *The psychology of consciousness,* Freeman, San Francisco, 1972.

Ouspensky, P., *Fragmentos de una enseñanza desconocida,* Hachette, Buenos Aires, 1984.

Paz, O., *El laberinto de la soledad,* Cuadernos Americanos, México, 1950.

————, *La llama doble,* Seix Barral, Madrid, 1993.

Perls, F., *Ego, hunger and agression,* Random House, Nueva York, 1969.

————, *In and out the garbage pail,* Real People Press, Nueva York, 1972.

————, *Sueños y existencia,* Cuatro Vientos, Chile, 1974.

————, *Gestalt therapy verbatim,* Bantam Books, Nueva York, 1974.

Peter, L., *Las fórmulas de Peter,* Plaza & Janés, Barcelona, 1974.

Plutchick, R., *The emotions: facts, theories and a new model,* Random House, Nueva York, 1968.

Pogrebin,L.C., *Among friends: Who we like, why we like them and what we do with them,* McGraw- Hill, Nueva York, 1987.

Pribram, K., *The languages of the brain,* Prentice Hall, Nueva York, 1976.

Rabinowicz T., Dean D.E., Petetot J.M., de Courten-Myers G.M., "Gender differences in the human cerebral cortex: more neurons in males; more processes in females", *J Child Neurology,* 1999, 14(2), 98-107.

Ramírez, S., *El Mexicano, psicología de sus motivaciones,* Editorial Pax México, México, 1961.

Ramírez, F., *Violencia masculina en el hogar,* Editorial Pax México, México, 2000.

Reich, W., *Análisis del carácter,* Paidós, Barcelona, 1972.

———, *La función del orgasmo,* Paidós, México, 1990.

Resníck, S., "Gestalt therapy as meditative practice", en: Perls, F. *et al. Gestalt is,* Bantam Books, Nueva York, 1977.

Rimm, D. y J. Masters, *Behavior Therapy: techniques and empirical findings,* Academic Press, Nueva York, 1974.

Rodin, J., *Body traps,* W. Morrow, Nueva York, 1992.

Rolf, I., *Structural integration,* Viking Press, Nueva York, 1977.

Rodríguez, M. y A. Villaneda, *Los diez engaños del pueblo,* Cincel Editores, México, 2003.

Rosen, R., *El séptimo sentido,* Mandala, Madrid, 1990.

Saint-Exupery, A., *Le petit prince,* Reynal y Hictchcock, Nueva York, 1943.

Saffire, W., *Metrosexuals in México,* http://zonalatina.com

Saltzman, M, I. Mathatia y A. O'Reilly, *The man of the future,* Mac Millan, Nueva York, 2005.

Sánchez, J., "Agreden a una de cada 4 mujeres", *El Universal,* A 11, 23 de marzo de 2002.

Schutz, W., *Todos somos uno,* Amorrortu, Buenos Aires, 1978.

Shaliff, I., *Focusing on the emoctions of daily life,* http://www.shalif.com/psychology

Simonov, P., "Emotions and creativity", *Psychology today,* 1970, 4:51-70.

Simonton, C., S. Simonton y J. Creighton, *Getting well again,* Tarcher, Los Ángeles, 1978.

Singer, J., *The inner world of daydreaming,* Harper & Row, Nueva York, 1976.

Skinner, B., *Science and human behavior,* Macmillan, Nueva York, 1953.

Sölveborn, S., *Stretching,* Roca, México, 1985.

Stanislavsky, *Stanislavsky on the art of the stage,* Hill & Wang, Nueva York, 1961.

Stark, E., "Androgyny makes better lovers", *Psychology Today,* 19 de junio, 1985.

Ulloa, R. Ma., *Ama de casa a la mexicana,* Edición de la autora, Cuernavaca, 1988.

Vaknin, S., *Malignant self love: narcissism revisited,* Prague and Skopje, Nueva York, 1999.

Winnicot, D., *The maturating process and the facilitating environment,* International Press, Nueva York, 1965.

Wilber, K., *La conciencia sin fronteras,* Kairós, Barcelona, 1988.

Willis, E., *Beginning to see the light,* Wideview Books, Nueva York, 1981.

Yablonsky, L., *Robopaths, people as machines,* Penguin Books, Maryland, 1976.

Esta obra se terminó de imprimir
en enero de 2009, en los Talleres de

IREMA, S.A. de C.V.
Oculistas No. 43, Col. Sifón
09400, Iztapalapa, D.F.